Cambridge IGCSE™

Spanish

as a Foreign Language

STUDENT'S BOOK

Also for Cambridge IGCSE™ (9–1)

Ana Kolkowska and Libby Mitchell

William Collins' dream of knowledge for all began with the publication of his first book in 1819.

A self-educated mill worker, he not only enriched millions of lives, but also founded a flourishing publishing house. Today, staying true to this spirit, Collins books are packed with inspiration, innovation and practical expertise. They place you at the centre of a world of possibility and give you exactly what you need to explore it.

Collins. Freedom to teach.

Published by Collins
An imprint of HarperCollins*Publishers*
The News Building
1 London Bridge Street
London
SE1 9GF

Browse the complete Collins catalogue at
www.collins.co.uk

1st Floor, Watermarque Building, Ringsend Road
Dublin 4, Ireland

© HarperCollins*Publishers* Limited 2019

10 9 8 7 6 5 4 3 2

ISBN 978-0-00-830037-1

British Library Cataloguing-in-Publication Data
A catalogue record for this publication is available from the British Library.

Authors: Ana Kolkowska and Libby Mitchell
Commissioning editor: Lucy Cooper
Series editor and content consultant: Tracy Traynor
Copyeditor: Alison Ramage
Proofreader: Ana Cristina Llompart Lucas
Cover illustrator: Maria Herbert-Liew
Cover designers: Gordon MacGilp and Kevin Robbins
Typesetter: Ken Vail Graphic Design Ltd
Production controller: Sarah Burke
Printed and bound in the UK using 100% Renewable Electricity at CPI Group (UK) Ltd

MIX
Paper from
responsible sources
FSC C007454

This book is produced from independently certified FSC paper
to ensure responsible forest management.

For more information visit: **www.harpercollins.co.uk/green**

This book is produced from independently certified FSC™
paper to ensure responsible forest management.

For more information visit: www.harpercollins.co.uk/green

The publishers gratefully acknowledge the permission granted to reproduce the copyright material in this book. Every effort has been made to trace copyright holders and to obtain their permission for the use of copyright material. The publishers will gladly receive any information enabling them to rectify any error or omission at the first opportunity.

The questions, example answers, marks awarded and comments that appear in this book were written by the authors. In examination, the way marks would be awarded to answers like this may be different.

Contents map		4
How to use this course		7
Advice to help you improve your Spanish		10
Useful language		12
¡Bienvenidos!		14
Refresca tu español		16
Unidad 1	Quién soy y dónde vivo	22
Unidad 2	La vida escolar	40
Para revisar 1		58
Unidad 3	¿Estás en forma?	62
Unidad 4	Vamos a salir	80
Para revisar 2		98
Unidad 5	El mundo del trabajo	102
Unidad 6	De vacaciones	120
Para revisar 3		138
Unidad 7	El tiempo libre	142
Unidad 8	Ponte en marcha	160
Para revisar 4		178
Unidad 9	Nuestro mundo	182
Unidad 10	Seguimos adelante	200
Para revisar 5		218
Grammar		222

	Vocabulary	Grammar	IGCSE Topic Area
¡Bienvenidos!	high-frequency language, instructions	nouns, definite article, indefinite article, numbers, adjectives, verbs: present tense – regular/irregular/reflexive/stem-changing/*me gusta(n)*; preterite	
1 Quién soy y dónde vivo			
¿Listo?	pets, bedroom	present tense: *–ar/–er/–ir* verbs, *tener*, prepositions, question words	
1.1 En mi familia hay…	about me, family	present tense: *ser*	B
1.2 ¡Ven a mi casa!	home, daily routine	reflexive verbs	B
1.3 Con la familia	jobs around the house, family relationships	possessive adjectives, expressions with the infinitive, negatives	B
1.4 Dónde vivo	home location, interjections	use of *ser* and *estar*	B
1.5 Mi barrio	neighbourhood, pros and cons of where you live	negative sentences	B
El mundo hispanohablante: Barrios de México			E
Repaso & ¿Cómo te va?			
Palabras y frases – Unidad 1			
2 La vida escolar			
¿Listo?	school subjects, school and how to get there	adjectives, *me gusta(n)*	
2.1 Mis estudios	school routine, school day	present continuous tense, indefinite pronouns	D
2.2 ¿Qué te gusta y qué no te gusta?	likes and dislikes about school, describing a good teacher	*gustar*, personal *a*	D
2.3 Al salir de clase	after-school activities, benefits of after-school activities	*por* and *para*	D
2.4 Tú y tus amigos	describing yourself and your friends, description of a good friend	*hace* to talk about time	B, D
2.5 ¿Qué haces para ganar dinero?	earning money, part-time jobs	*seguir* + gerund, subject pronouns	D
El mundo hispanohablante: Ir a la escuela			E
Repaso & ¿Cómo te va?			
Palabras y frases – Unidad 2			
Para revisar 1 (Unidad 1 y Unidad 2)			
3 ¿Estás en forma?			
¿Listo?	food, ailments	frequency/how long (present + *desde (hace)* + time), *doler*	
3.1 ¿Qué comes?	meals, opinions about food	comparatives	A
3.2 Me mantengo en forma	keeping fit, doing sport	preterite tense	A, B
3.3 Me encuentro mal	feeling well/unwell, buying products at a chemist's	imperfect tense	A
3.4 Un accidente	describing an accident, calling for help	using the present, preterite and imperfect tenses together	A
3.5 Mente sana en cuerpo sano	health and personal well-being, problems and solutions	adverbs	A
El mundo hispanohablante: Cómo se cuidan los famosos			E
Repaso & ¿Cómo te va?			
Palabras y frases – Unidad 3			
4 Vamos a salir			
¿Listo?	dates, time expressions	tell the time	
4.1 ¿Quieres ir al cine?	arranging to go out with friends, accepting and declining invitations	stem-changing verbs	B
4.2 Los mejores sitios	best places to go with friends, booking tickets for the cinema	superlatives, pronouns after prepositions	B

4.3 ¡Que aproveche!	ordering a meal, commenting on food	immediate future, –*ísimo* (augmentative) form	A
4.4 Hacemos las compras	food and shops, buying food	expressions of quantity	A
4.5 ¡Viva la amistad!	greeting friends, making introductions, offering food and drinks	subjunctive in exclamations, conditional	A, B
El mundo hispanohablante: ¡A comer!			E
Repaso & ¿Cómo te va?			
Palabras y frases – Unidad 4			
Para revisar 2 (Unidad 3 y Unidad 4)			
5 El mundo del trabajo			
¿Listo?	different types of jobs, recognising false friends	ordinal numbers, agreement of job titles	
5.1 Buscando un trabajo	understanding job advertisements, writing a CV and job application letter	future tense, formal 'you'	D
5.2 Las prácticas de trabajo	different job requirements, what a job will be like	*lo + adjective, lo que*	D
5.3 ¿Dígame?	making a phone call, writing a work-related email	object pronouns	D
5.4 Problemas en el trabajo	discussing problems at work, describing what you had to do at work	imperfect continuous, comparisons using clauses	D
5.5 El futuro	possible job plans for the future, describing job qualifications	structures with the infinitive, conditional sentences (*si* + present, future)	D
El mundo hispanohablante: El mundo de la moda			E
Repaso & ¿Cómo te va?			
Palabras y frases – Unidad 5			
6 De vacaciones			
¿Listo?	seasons, giving and understanding directions	weather verbs	
6.1 Fuimos de viaje	describing a past holiday, holiday activities	past tenses for weather	C
6.2 ¿Qué tipo de vacaciones te gustan?	different kinds of holidays, holiday preferences	indefinite adjectives	C
6.3 ¿Dónde nos alojamos?	holiday accommodation, making a reservation	possessive pronouns, *podría/quisiera* + infinitive	C
6.4 De viaje	transport, giving directions	using *lo* for superlatives, imperfect + *desde hacía* + time	A
6.5 ¡Qué desastre!	describing a holiday that went wrong, reporting a lost item	perfect tense	C
El mundo hispanohablante: Medellín, una ciudad para conocer			E
Repaso & ¿Cómo te va?			
Palabras y frases – Unidad 6			
Para revisar 3 (Unidad 5 y Unidad 6)			
7 El tiempo libre			
¿Listo?	free time activities, opinions on TV programmes and films	object pronouns	
7.1 ¿En qué te gastas el dinero?	pocket money, what you spend your money on	present subjunctive with *cuando* and *ojalá*	B
7.2 ¿Puedo probármelo?	shopping for clothing, shopping preferences	demonstrative adjectives, –*ito/–ita* (diminutive) form	B
7.3 Organizando el tiempo	time management, advice on how to manage time better	subjunctive to express a viewpoint	A, B
7.4 ¿Te gustó la película?	films and TV programmes, recommending a film to a friend	subjunctive with verbs of influence	B
7.5 La tecnología	talking about technology, discussing personal experiences of technology	subjunctive with conjunctions of purpose	C
El mundo hispanohablante: El cine y la música, ¿los pasatiempos más populares?			E
Repaso & ¿Cómo te va?			

Palabras y frases – Unidad 7			
8 Ponte en marcha			
¿Listo?	numbers, facts and figures about hometown	expressions with *tener*, approximating numbers	
8.1 Caminos a recorrer	mathematical terms, years and centuries, using high numbers	number patterns	C
8.2 Prefiero estas	what to take on an expedition, advice about clothes and equipment	demonstrative pronouns	C
8.3 No olvides el chubasquero	planning an expedition	imperatives (*tú* form)	C
8.4 Espere un momento	understanding recorded instructions and messages, giving instructions	imperatives (*usted* form)	C
8.5 Colaborar y aprender	volunteering, preparing and giving a presentation	conditional	C
El mundo hispanohablante: Paraísos para los caminantes			E
Repaso & ¿Cómo te va?			
Palabras y frases – Unidad 8			
Para revisar 4 (Unidad 7 y Unidad 8)			
9 Nuestro mundo			
¿Listo?	environmental problems, how you help the environment	use of *quedar*	
9.1 La comunidad en que vivimos	community issues, how you can contribute	*se* instead of the passive	C
9.2 Ayuda a distancia	natural disasters, how you can help	pluperfect tense	C
9.3 ¡Cuida el medio ambiente!	environmental issues, changing lifestyles	subjunctive for commands	C
9.4 Problemas globales	global issues, opinions on global issues	relative pronouns	C
9.5 Somos ciudadanos globales	global citizenship, awareness of what is happening in the world	indefinite adjectives	C
El mundo hispanohablante: Los efectos de un desastre natural			E
Repaso & ¿Cómo te va?			
Palabras y frases – Unidad 9			
10 Seguimos adelante			
¿Listo?	computer-related vocabulary, how to stay safe online	*lo* + adjective	
10.1 En la era digital	how technology has changed our lives, pros and cons of digitial communication	indefinite pronouns	C
10.2 Hacia el futuro	future technologies, impact of future technologies	indirect and direct object pronouns	C
10.3 Hacia el año 2050	future global issues, opinions on future global issues	fractions	C
10.4 Si fuera presidente …	what you would do if you were president, how you would achieve your aims	imperfect subjunctive	C, D
10.5 ¿Qué harás en el futuro?	future plans, ambitions	passive	B, D
El mundo hispanohablante: Inventos tecnológicos españoles			E
Repaso & ¿Cómo te va?			
Palabras y frases – Unidad 10			
Para revisar 5 (Unidad 9 y Unidad 10)			
Grammar reference			

How to use this course

Welcome to *Collins Cambridge IGCSE™ Spanish as a Foreign Language*, which has been carefully designed and written to help you develop as an independent and effective learner and provide you with the knowledge and skills you need to prepare for success in your Cambridge IGCSE Spanish as a Foreign Language course.

IGCSE Spanish consists of a Student's Book and a Workbook, as well as accompanying audio and teacher support materials.

STUDENT'S BOOK

The Student's Book covers the full content of the syllabus. It is divided into 10 units, covering the specified vocabulary, grammar and topic areas, and giving comprehensive practice in listening, reading, speaking and writing Spanish. It is structured to give you extra support if you have less experience of Spanish and to include additional opportunities if you are looking to extend your learning. It is designed as follows:

At the start of the book

1 A detailed **Contents map** on pp. 4–6 gives you an overview of the course and allows you to locate specific topics or language areas easily when you are revising.

2 After this section, you will find advice on improving your language skills to help you get the most out of your learning. This is followed by two pages of reference material, in the form of a pronunciation chart and presentation of the Spanish alphabet (both with audio), and a list of high-frequency words that will be useful to you throughout your study. A section welcoming you to Hispanic culture is next, followed by some simple activities to help you gauge your level and refresh your Spanish.

In each unit

1 The **¿Listo?** section gives you a quick way into the topic. The activities here cover key language at a simple level in preparation for the challenges of the unit. Less experienced learners can use it to get up to speed. More experienced learners can use it as a refresher.

2 A **Starter challenge**, at the start of **Section 1** of each unit is given to encourage general discussion on the topic of the unit.

 ¿Qué es una familia?

This helps you reactivate language you already know and prepares you by giving you a clear context for new learning.

3 **Sections 1–5** then follow the same pattern.

• A list of **learning objectives** at the start outlines the key knowledge and skills you need to acquire.

> **Objetivos**
> • Describe what jobs I do around the house
> • Talk about family relationships
> • Use possessive adjectives

• **Activities** to practise all four language skills (listening, reading, speaking and writing) are supplied. The activities are structured to support your understanding and help you consolidate your learning. Language is presented and practised to enable you to move from receptive interaction at the start of the section to active production of language by the end. You are given opportunities throughout the course to build on your knowledge and to apply what you learn in different contexts.

As well as working on your own, you have the chance to work in pairs and as part of a group. Examples are included where needed to show how the activity is to be done or to start off a discussion or piece of writing.

The activities are also designed to develop reading and thinking skills, to help you become a more effective and independent learner.

- Key grammar points are explained in **Gramática boxes**. Each box also contains a cross-reference to the more detailed Grammar reference section at the end of the Student's Book.

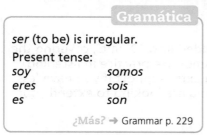

> ### Gramática
>
> *ser* (to be) is irregular.
> Present tense:
>
> | | |
> |---|---|
> | soy | somos |
> | eres | sois |
> | es | son |
>
> ¿Más? → Grammar p. 229

- **Language support boxes** are supplied to help you develop fluency in your own speaking and writing.

> | Estoy de acuerdo. Me parece estupendo. ¡Qué buena idea! Suena bien. | No estoy de acuerdo. No me parece buena idea. No me convence mucho. No me apetece. |
> |---|---|

- **Para mejorar** boxes offer advice on how to improve your performance and your learning skills

> ### Para mejorar
>
> Get into good study habits right from the start.
>
> **• poco y a menudo**
>
> Don't work for hours and hours at a time – then do nothing for days. You'll be more successful if you work regularly and frequently for shorter amounts of time.
>
> **• ¿madrugador o trasnochador?**
>
> Work out when you work best – morning or evening? Weekdays or weekends? Arrange your study time for when you can be most effective.

- Hints and tips are supplied in **information boxes**. These can be short reminders of language points or offer advice on how to improve your Spanish.

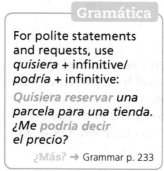

> ### Gramática
>
> For polite statements and requests, use *quisiera* + infinitive/ *podría* + infinitive:
>
> *Quisiera reservar* una parcela para una tienda. ¿Me *podría decir* el precio?
>
> ¿Más? → Grammar p. 233

4   **El mundo hispanohablante** focuses on a cultural aspect of Spanish-speaking countries related to the topic of the unit. It provides the opportunity to further develop your reading skills with longer and more challenging texts. These are supported with comprehension activities and tasks to encourage further thought and debate on the topic in pairs/groups or as a class.

5   The **Repaso** section offers you the chance to appraise your work in the unit. It starts with a sequence of activities to review the language covered. The **¿Cómo te va?** section then provides a framework to help you evaluate how you are doing and set yourself challenges for the next unit.

6   The **Palabras y frases** section provides a bilingual (Spanish–English) reference list of unit vocabulary. This contains all the key language from the unit, plus additional vocabulary in the topic that you can use to extend your range.

Other sections

1   The five **Para revisar** sections give you the opportunity to review language through listening and reading activities written in examination style. (Exam-style activities in speaking and writing are covered in the Workbook.) These should be used in conjunction with past papers and specimen papers, available from the Cambridge Assessment International Education website.

These appear after Units 2, 4, 6, 8 and 10. Each section focuses mainly on the language of the two preceding units (so Para revisar 2, after Unit 4, covers the language of Units 3 & 4), but also brings in and builds on material from earlier in the course.

2   The **Grammar section** at the end of the book gives more information on all the Grammar topics relevant to the syllabus, with examples to show the rules in context.

Audio

All the listening material for the Student's Book is available online at www.collins.co.uk

WORKBOOK

The Workbook provides further practice opportunities in the form of reading, writing and speaking activities. Each of the main sections of the Student's Book (**Sections 1–5**) has a corresponding section in the Workbook.

The Workbook activities include tasks specifically targetted at consolidating key grammar points, as well as tasks intended to stretch your abilities.

In each Section 5 of the Workbook, there are speaking and writing activities in examination style. These should be used in conjunction with past papers and specimen papers, available from the Cambridge Assessment International Education website.

Advice to help you improve your Spanish

Listening

Before you listen
Look at the instruction for the listening activity. What is it is about? Who is talking?

What is the activity asking you to do? If there are questions to answer, read them. If there is information to complete, read it. This will give you a context, which will help you understand what you hear.

The first time you listen
Don't expect to understand everything. Listen and pick out words you know to get an idea of the topic.

Think about what you're hearing. Is it a conversation, an interview, a discussion, an announcement, an advertisement, a recorded message or a radio programme?

Listening again
Each time you listen you will understand more. Don't be put off by words or expressions you don't recognise. Focus on what you can understand and use that to work out the main points of what you're listening to.

Outside the classroom
Take advantage of any opportunities you have to listen to Spanish. Try listening to Spanish songs, to radio news or watch TV or films.

Reading

Before you read
Look at the instructions to find out what information you need to find in the text. What kind of text is it? Look at the heading or title for clues. Look at how the text is presented too. Are there any photos or pictures to illustrate the text? What do they tell you? Also read any questions on the text.

The first time you read
Read through the text quickly to get an idea of what it is about. This is called 'skimming'. Do this first to understand the gist – to get a general idea. At this point, also consider what kind of text it is. Is it a letter, an email, a message, information on a website, a magazine or newspaper article or an extract from a book? This will give you a context, which will help you understand what you read.

Reading again
If the reading activity asks you to find specific information in the text, you can try 'scanning' the text to find it. 'Scanning' means that you look for particular pieces of information in the text.

However, to find all the information you need, you will often need to work out the meaning of words and expressions you don't know. Here are some ideas to help you.

- Look at the words and expressions around the words you don't know. Use this context to help you work out the meaning.

- Do the words you don't know look like words in your own language or another language you know? This is called looking for cognates. Spanish, French, Italian and Portuguese all developed from Latin, so these languages have many words in common. Many English words have Latin origins too. But watch out for 'false friends' – words that look the same but actually mean something different. e.g. *sensible* = 'sensitive' in Spanish (not 'sensible').

- Think about grammar. What is the purpose of the word in the sentence? This will help you narrow down possible meanings. If it's a verb, look carefully at the form to work out whether it refers to the past, present or future. Remember that subject pronouns (*yo* – I, *tú* – you, etc.) aren't generally used, so you need to look carefully at the the verb ending to know who the subject of a sentence is.

- Look for time expressions such as *ayer*, *hoy*, *mañana*, *la semana pasada*, *el año que viene*, and so on, to work out when an action or event takes place.

Sometimes, you might need to look for what is implied in a text. This means an idea is suggested but not stated directly. Read this text. The writer doesn't say whether she enjoyed herself or not, but you can work it out.
Ayer fuimos a la costa pero hacía mal tiempo y llovía mucho. No nos apetecía bañarnos y hacía tanto viento que no se podía estar en la playa.

Speaking

Thinking in Spanish
Try to start to think in Spanish, even when you're not in a Spanish lesson. This will help you to keep words and expressions in your head so that you remember them.

Try not to translate from your language into Spanish, but rather think about how an idea is expressed in Spanish.

Making it meaningful for you

Learn Spanish words and expressions in contexts that are relevant to you and learn them in phrases or sentences rather than as separate vocabulary items. This will help you to use the language more easily and more spontaneously when you speak.

Learn how to greet people and introduce yourself with ease: *¡Hola! ¿Qué tal? Me llamo … y soy de …*

Sounding Spanish

Learn and remember colloquial phrases that you can use in conversation to sound more Spanish, such as *¡Qué bien! ¡Genial! ¡Qué raro! ¡Qué susto! Vale. Perfecto.*

Listen to native Spanish speakers as often as you can and imitate their pronunciation. This is especially good for sounds which you don't have in your own language.

Coping when you don't understand or don't know the word

Be prepared for when you don't understand. Learn the language to ask for help. e.g. *Perdón, no entendí. Puedes repertirlo, por favor.* (or, more formally, *Perdón, no entendí. Puede repetirlo, por favor.*)

If you can't remember a word you need, try to find a way of describing it in other words. e.g. If you want to tell someone your bike has a puncture (*Mi bicicleta tiene un pinchazo.*) but you don't know 'puncture', you could say *Tengo un problema con la bicicleta porque el aire está saliendo.*

Don't be afraid to make mistakes. Practise helps you to improve and to become more fluent.

Writing

Before you write

Read the instructions carefully to find out what you need to write, what details to include and how much to write. Make notes about what you will write and in what order. Think about how you will start and finish the text.

Organising your writing

- Note down and learn words and expressions to introduce and to conclude a topic or an opinion.

- Use a variety of expressions to link similar ideas, e.g. *y, además, también.*

- Use expressions to add a contrasting idea, e.g. *pero, sin embargo, por otra parte.*

Improving your style

- Learn and use synonyms (words with the same or a similar meaning) to avoid repetition. e.g. To say that you enjoyed something, you could use *lo pasé bien, lo pasé de maravilla, lo pasé bomba, lo pasé genial, lo pasé superbién.* But remember to use a style which is appropriate. The last four of these expressions are more suitable for an informal, conversational style.

- Make your writing more expressive by using adjectives with stronger meanings. e.g.
  – *fascinante/maravilloso* instead of *interesante*
  – *desastroso/desafortunado/horroroso/fatal* instead of *malo*
  However, be careful not to overdo expressive or colloquial language. Using it sparingly will be more effective.

- Contrast longer sentences with shorter ones to make text more interesting to read.

- Find authentic texts to use as models to adapt for your own writing. This will show you how ideas are expressed in Spanish.

- Learning new vocabulary will always help to improve all aspects of your Spanish.

Checking your work

Always read through what you have written two or three times. Check that:

- Sentences make sense and no words are missing.

- Verb forms have the correct spelling and ending for the correct person and for the tense.

- Adjectives agree with the noun they describe in number and gender.

- Accents are in the correct place on words that need them.

- Spelling is correct throughout. (Remember that days, months, nationalities, languages and school subjects don't start with capital letters in Spanish.)

- Questions start with ¿ and finish with ?

- Exclamations are used appropriately and start with ¡ and finish with !

Useful language

Pronunciación

Most words in Spanish are pronounced as they are written. Listen and use the following chart to help you acquire the correct pronunciation for Spanish sounds.

Spanish letter	Pronunciation guide (UK English)	Example
a	like *a* in *apple*	*azul*
b	like *b* in *big*	*balon*
c + a/o/u/ consonant	like *c* in *car*	*casa, como, clase*
c + e/i	like *th* in *think*	*cero, cinco*
ch	like *ch* in *chocolate*	*chocolate*
d	like *d* in *do*	*dos*
e	like *e* in *pen*	*el*
f	like *f* in *fit*	*falda*
g + a/o/u/ consonant	like *g* in *goal*	*gato, gorro, gustar, grande*
g + e/i	like *ch* in Scottish *loch*	*gente, gimnasio*
h	silent	*hola*
i	a short sound between *i* in *sin* and *ee* in *seen*	*ir*
j	like *ch* in Scottish *loch*	*joven*
k	like *c* in *car*	*kilo*
l	like *l* in *let*	*leche*
ll	like *y* in *yes*	*llamar*
m	like *m* in *map*	*madre*
n	like *n* in *net*	*negro*
ñ	like *ny* in *canyon*	*mañana*
o	like *o* in *hot*	*ojo*
p	like *p* in *pen*	*perro*
qu	like *c* in *car*	*queso*
r	rolled	*río*
s + vowel/ p/t/c	like *s* in *sit*	*sopa, español*
s + other letters	like *s* in *rose*	*mismo*
t	like *t* in *ten*	*tres*
u	like *oo* in *foot*, but shorter	*una*
v	like *b* in *big*	*verde*
w	like *w* in *wet*	*web*
x	like *x* in *taxi*	*taxi*
y	like *y* in *yet**	*yo*
z	like *th* in *think*	*zapatos*

*But note the exceptions *y* and *hay* (pronounced as Spanish *i*).

El alfabeto

a	a	j	jota	r	erre
b	be	k	ka	s	ese
c	ce	l	ele	t	te
d	de	m	eme	u	u
e	e	n	ene	v	uve
f	efe	ñ	eñe	w	uve doble
g	ge	o	o	x	equis
h	hache	p	pe	y	i griega
i	i	q	cu	z	zeta

Stress

Words ending in a vowel (a, e, i, o, u), n or s
The stress is on the **penultimate syllable** (second from last): *casa, diferente, viven, hablamos.*

Words ending in consonant other than n or s
The stress is on the **last syllable**: *ciudad, correr, arroz.*

Accents tell you where the stress falls in words that don't follow the rules above.

- Ends in a vowel/n/s + stress on last syllable, e.g *hablarás, iré, salón.*

- Ends in a consonant other than n/s + stress on penultimate syllable, e.g. *fácil, césped, azúcar.*

- Stress on the third from last syllable, e.g. *matemáticas, física, bolígrafo.*

Useful words and phrases

Asking for help

¿Qué significa ...?	What does ... mean?
No entiendo.	I don't understand.
No entendí.	I didn't understand.
¿Puede(s) repetir?	Can you repeat it?
¿Puede(s) explicar?	Can you explain it?
¿Puedes deletrearlo?	Can you spell it?
por favor	please
gracias	thank you.
¿Cómo se escribe ... ?	How do you write ... ?
¿Me prestas ?	Can you lend me ... ?

Apologising

Perdón.	Excuse me.
Siento llegar tarde.	I'm sorry I'm late.
Discúlpeme.	I apologise.

Instructions

Abre el libro.	Open the book.
Mira la página ...	Look at page ...
Escucha (otra vez).	Listen (again).
Lee el texto.	Read the text.
Contesta las preguntas.	Answer the questions.
Completa ...	Complete ...
Elige la opción correcta.	Choose the correct option.
Escribe en el cuaderno.	Write in your notebook.
tu/mi turno	your/my turn
Túrnate con tu compañero/a.	Take turns with your partner.
Trabaja en grupos.	Work in groups.
Prepara/Da una presentación.	Prepare/Give a presentation.

High-frequency verbs

ayudar	help
buscar	look for/search
conocer, saber	know
dar	give
describir	describe
empezar/terminar	start/finish
encontrar	find
entrar	get in/enter
escribir	write
escuchar	listen
estar	be
gustar	like
hacer	do/make
ir	go
leer	read
llegar	arrive
llevar	carry/take/wear
mirar	watch
pasar	happen
querer	want
ser	be
tener	have
venir	come
ver	see

High-frequency adjectives

agradable	nice
bonito/a	pretty, nice
bueno/a, mejor	good, better
cómodo/a	comfortable
diferente	different
difícil	difficult
emocionante	exciting
estupendo/a	great, fantastic
fantástico/a	great, fantastic
fácil	easy
genial	great
grande	big
importante	important
imposible	impossible
inteligente	intelligent
joven	young
malo/a, peor	bad, worse
necesario/a	necessary
nuevo/a	new
pequeño/a	small
perfecto/a	perfect
rápido/a	quick
simpático/a	nice
útil	useful
viejo/a	old

Expressions of frequency

a menudo	often
bastante	quite/enough
cada (semana)	every (week)
demasiado	too much
demasiado poco	too little
frecuentemente	frequently
insuficiente/poco	not enough
mucho/(un) montón	(a) lot
muy	very
normalmente	normally, usually
nunca	never
quizás	maybe
raramente/rara vez	rarely
regularmente	regularly
siempre	always
solo/solamente	just, only
tan	so
todo	all
todos los días	every day
un poco	a bit

Negatives

no	no, not
jamás	never
nada	nothing
nadie	no one
ni ... ni ...	neither ... nor ...
nunca	never
tampoco	neither
todavía no	not yet
ya no	no longer

¡Bienvenidos!

¿Hispanohablante? ¡Sí!

Se habla español en dieciocho países de Latinoamérica, desde México en el norte a Argentina y Chile en el sur. Y claro, también se habla español en España. Además, el español es el idioma oficial en Guinea Ecuatorial en África, y en Estados Unidos hay más de 40 millones de personas que hablan español como lengua materna. Es el segundo idioma más hablado del mundo, con alrededor de 400 millones de hablantes.

¿Por qué estudiar español?

★ para viajar y conocer países y culturas

★ para escuchar y entender la música española y latinoamericana

★ para conocer el cine de España y Latinoamérica y ver películas de los directores como Diego Luna y Pedro Almodóvar

★ para leer literatura como las novelas de Gabriel García Márquez y los poemas de Pablo Neruda

★ por el puro placer de aprender a expresarte en otro idioma

Conoce al mundo hispano por sus fiestas

En enero Día de Reyes

En España, los niños reciben sus regalos el 6 de enero, de los Reyes Magos. Pero también se celebra la Navidad con una misa (con portal de Belén) y una cena especial en Nochebuena, el 24 de diciembre. Además hay celebraciones en Nochevieja, el 31 de diciembre, y en Año Nuevo, el 1 de enero.

En febrero El Carnaval de Tenerife

Cuarenta días antes de Semana Santa, tiene lugar un carnaval importante en Santa Cruz de Tenerife, en las Islas Canarias. Hay disfraces impresionantes, desfiles, música y mucha alegría.

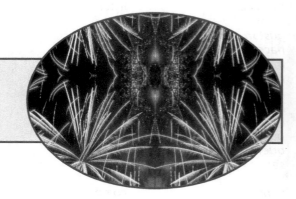

En marzo Las Fallas

En marzo vamos a Valencia, en el este de España, para Las Fallas. Es una fiesta de fuego y de fuegos artificiales. Es una ocasión muy especial.

En junio El festival de Inti Raymi

En el hemisferio sur es invierno en junio, y para el solsticio de invierno hay un festival inca en honor al sol. Es una fiesta en Cuzco, en Perú. Se celebra con música, danzas y ropa típica de los incas.

En noviembre Día de Muertos

Se celebra El Día de Todos los Santos el 1 de noviembre en todos los países de habla española. Además, en México hay una celebración muy importante al día siguiente, el 2 de noviembre. Se llama el Día de Muertos y es cuando los mexicanos recuerdan a sus muertos. En los cementerios y en sus casas, ponen fotos, flores, velas, comida y dulces. Pero no es una fiesta triste. Es una fiesta para recordar con alegría a los muertos queridos.

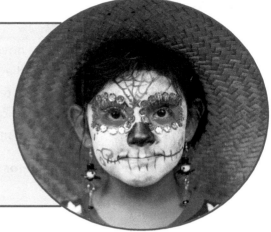

Dónde se habla español

España

Cuba
República Dominicana
México
Puerto Rico
Guatemala
El Salvador
Venezuela
Honduras
Colombia
Nicaragua
Costa Rica
Ecuador
Panamá
Guinea Ecuatorial
Perú
Bolivia
Paraguay
Uruguay
Chile
Argentina

Refresca tu español 1

1 **Escribe los números que faltan.**

1 uno _____ tres cuatro cinco

2 seis ocho diez _____

3 trece quince _____ diecinueve

4 veinte _____ cuarenta cincuenta

5 veintiuno treinta y dos cuarenta y tres _____

2 **Escribe los números.**

| 100 | 14 | 92 | 16 | 11 |
| 22 | 67 | 89 | 75 | 18 |

100 – cien

a sesenta y siete

b veintidós

c catorce

d dieciséis

e ochenta y nueve

f noventa y dos

g dieciocho

h setenta y cinco

i once

j cien

3 **Completa las frases con los números correctos para ti.**

1 Tengo _____ años.

2 Mi cumpleaños es el _____ de enero / febrero, etc.

3 Mi número favorito es el _____.

4 Mi casa es el número _____.

4 **Completa las frases. Elige *el*, *la*, *los* o *las*.**

1 Busca _____ palabras que no conoces en _____ diccionario.

2 Abre _____ libro y mira _____ página 11.

3 Por favor, no escribas en _____ pizarra interactiva con un bolígrafo.

4 Haz _____ deberes en _____ cuaderno o en una hoja de papel.

5 En _____ clase de dibujo, necesitas un lápiz, un sacapuntas, una libreta, una regla y una goma de borrar.

6 ¿De quién es _____ carpeta roja y _____ estuche azul?

5 **Escribe la palabra para cada dibujo. (Búscalas en la Actividad 4.)**

1 *el estuche*

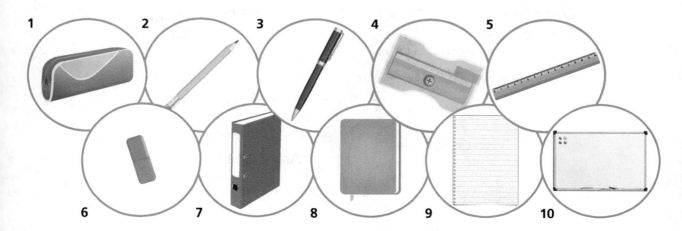

1   2   3   4   5

6   7   8   9   10

6 Empareja las preguntas con las respuestas. Completa las respuestas con *un* o *una*.

1 ¿Tienes hermanos?
2 ¿Tienes una mascota?
3 ¿Vives en un piso?
4 ¿Qué llevas para ir al colegio?
5 ¿Qué regalo te gustaría recibir en tu cumpleaños?

a No, vivo en _____ casa.
b _____ guitarra porque me encanta la música.
c Sí, _____ hermano y _____ hermana.
d No, pero me gustaría tener _____ perro.
e _____ camisa blanca y una falda negra.

7 Escribe tus propias respuestas a las preguntas de la Actividad 6.

8 Empareja los adjetivos en pares de antónimos.

aburrido – interesante

útil   moderno   simpático   inútil   interesante   grande   malo
perezoso   trabajador   joven   bueno   difícil   fácil
antiguo   viejo   antipático   aburrido   pequeño

9 Completa las frases con los adjetivos apropiados de la Actividad 8 para dar tus propias opiniones.

1 Mi colegio es bastante _____ y _____.
2 Mis compañeros de clase son _____.
3 Para mí, las matemáticas son _____.
4 Creo que el español es un idioma _____.
5 En mi opinión un buen profesor es _____ y _____.
6 Los buenos estudiantes son _____.

10 Lee el texto. Escribe las formas correctas de los verbos.

1 (Llamarse) _Me llamo_ Adriana. Tengo 15 años y soy chilena. **2 (Vivir)** _____ con mis padres, mis dos hermanos y nuestro perro que **3 (llamarse)** _____ Elvis. **4 (Vivir)** _____ en una casa en las afueras de Santiago. La casa es bastante grande y tiene una terraza y un jardín. Los fines de semana, **5 (comer)** _____ en la terraza. Mi padre casi siempre **6 (cocinar)** _____ y mi hermano le **7 (ayudar)** _____. Mi madre es médica y **8 (trabajar)** _____ en el hospital. Mi padre es periodista y **9 (escribir)** _____ sobre deporte.

11 Escribe un texto sobre ti. Emplea el texto de Adriana como modelo.

Refresca tu español 2

1 **Escribe los días de la semana en orden.**

> domingo   jueves   lunes   martes   miércoles   sábado   viernes

lunes, ...

2 **Escribe los meses que faltan.**

> agosto   enero   marzo   mayo   octubre   diciembre

_____, febrero, _____, abril, _____, junio, julio, _____,
septiembre, _____, noviembre, _____

3 **Se escriben las fechas así:** *el 2 de enero*. **Se dicen así:** *el dos de enero*. **Escribe estas fechas como se dicen.**

1 2/2   *el dos de febrero*   **7** 7/2

2 3/7   **8** 25/12

3 15/9   **9** 5/6

4 21/5   **10** 13/10

5 16/11   **11** 31/8

6 31/3   **12** 12/4

4 **Lee y completa el texto. Elige las formas correctas del verbo.**

> **llamarse**   me llamo   te llamas   se llama
> nos llamamos   os llamáis   se llaman

Hola. **1** _____ Silvia. Tengo un hermano y una hermana. Mi hermano
2 _____ Jaime y mi hermana **3** _____ Eva. Mis padres **4** _____
Claudia y Pedro. De apellido nosotros **5** _____ Gómez Vidal. ¿Y tú, cómo
6 _____? ¿Cómo **7** _____ de apellido en vuestra familia?

5 **Escribe un texto sobre cómo os llamáis en vuestra familia.**

6 **Escribe las frases. Tradúcelas en tu idioma.**

> rojo   verde   amarillo   naranja   negro   blanco   gris   azul   rosa   morado   marrón

1 una rata negra

1 una rata   **7** unos ratones

2 un pájaro   **8** unos árboles

3 una flor   **9** unas arañas

4 una camisa   **10** unas copas

5 un mono   **11** unos calcetines

6 una pelota

7 Completa las preguntas con las palabras correctas de la lista.

| cómo | cuál | cuándo | cuántos | dónde | por qué | qué | quién |

1 ¿————— te llamas?

2 ¿————— vives?

3 ¿————— años tienes?

4 ¿————— es tu cumpleaños?

5 ¿————— haces en tu tiempo libre?

6 ¿————— es tu deporte preferido?

7 ¿————— es tu cantante/actor/deportista favorito?

8 ¿————— estudias español?

8 Escribe tus respuestas a las preguntas de la Actividad 7.

9 Lee el texto. Elige las opciones correctas.

Un día en mi vida

Me llamo Elisenda. **1 Es / Soy** española y vivo en Gerona. Me levanto a las siete menos cuarto y me ducho. Luego me visto y desayuno. **2 Salgo / Sale** de casa a las siete y media. **3 Va / Voy** a casa de mi amiga Susana y vamos juntas al colegio. Somos muy amigas y nos llevamos muy bien. **4 Son / Somos** del mismo barrio y nos conocimos en la escuela primaria. El colegio **5 estoy / está** un poco lejos de mi casa. En invierno, si hace mal tiempo, vamos en autobús. En verano generalmente **6 va / vamos** en bicicleta. Las clases empiezan a las ocho y media y salimos de clase por la tarde a las tres. Llego a casa y **7 hace / hago** los deberes. Los lunes y los miércoles por la tarde, voy al polideportivo donde **8 hace / hago** kárate. Los martes y los jueves **9 tengo / tiene** clases de baile. Los viernes por la tarde, si **10 está / estoy** cansada, no hago nada y me tumbo en el sofá. Todas las noches, ceno en casa con mi familia sobre las nueve. Luego a las diez y media me acuesto. ¡Buenas noches!

10 Escribe sobre un día en tu vida.

11 Escribe la preposición correcta para cada pregunta. Luego contesta por escrito a las preguntas sobre la rutina diaria de Elisenda.

| a | con | de | en | para | por |

1 ¿————— qué nacionalidad es Elisenda?

2 ¿————— qué hora se levanta?

3 ¿————— quién va al colegio?

4 ¿ Cuándo va ————— autobús?

5 ¿A qué hora sale ————— clase?

6 ¿Qué hace cuando llega ————— casa?

7 ¿Qué hace los lunes y los miércoles ————— la tarde?

8 ¿Qué hace ————— descansar los viernes por la tarde?

Refresca tu español 3

1 **Elige las opciones correctas.**

1 Me **gusta** / **gustan** salir con mis amigos.

2 Me **gusta** / **gustan** ir al cine.

3 No me **gusta** / **gustan** las películas de terror.

4 Me **gusta** / **gustan** leer.

5 Me **gusta** / **gustan** los libros de fantasía y de ciencia ficción.

6 Me **gusta** / **gustan** la música.

7 Me **gusta** / **gustan** los perros pero no me **gusta** / **gustan** tanto los gatos.

8 Me **gusta** / **gustan** pasear al perro pero no me **gusta** / **gustan** sacar la basura.

2 **Escribe cuatro frases para dar tus propias opiniones.**

Me gusta … No me gusta … Me gustan … No me gustan …

3 **Completa la conversación con las formas correctas de los verbos.**

> **querer** quiero quieres quiere queremos queréis quieren
> **preferir** prefiero prefieres prefiere preferimos preferís prefieren

- Oye, Natalia, ¿**1** (**querer**) _____ ir al cine conmigo y con Lara?

- Sí, ¿cuándo **2** (**querer**) _____ ir?

- El sábado por la tarde sobre las siete, o más tarde si **3** (**preferir**) _____.

- **4** (**Preferir**) _____ ir más tarde pero no **5** (**querer**) _____ ver una película de terror ni una de ciencia ficción.

- Vale. Lara tampoco **6** (**querer**) _____ ver ni una de ciencia ficción ni de terror. Vamos a ver una comedia.

4 **Lee la información. Completa las preguntas con las formas correctas de los verbos.**

> **jugar** juego juegas juega jugamos jugáis juegan
> **poder** puedo puedes puede podemos podéis pueden

www.Campamento_de_fútbol…

 **Campamento de fútbol de los Pirineos**

Los cursos
Para niños y niñas de 6 a 15 años
Cursos de una semana o dos semanas a principios de julio
Los precios incluyen alojamiento y comidas
Aptos para todas las habilidades

Las actividades deportivas
Aprender técnicas ofensivas y defensivas del juego
Aprender elementos tácticos y técnicos
Participar en partidos y torneos
Trabajar en grupos reducidos

Las actividades del tiempo libre
Natación y juegos acuáticos
Montar a caballo y en bicicleta
Tiro con arco
Hockey sobre ruedas
Fiesta de espuma

Preguntas frecuentes

1 Soy una niña de 12 años. ¿_____ ir al campamento?

2 ¿Los niños _____ dormir en el campamento?

3 ¿Los participantes _____ al fútbol todo el día o hay otras actividades?

4 ¿En el curso los niños solo _____ partidos o aprenden sobre diferentes aspectos del fútbol?

5 _____ en un equipo juvenil de mi pueblo pero no tengo un nivel muy alto. ¿Puedo ir al campamento?

6 Mi hermano solo tiene 6 años pero _____ muy bien al fútbol. ¿_____ ir al campamento?

5 Escribe una respuesta a cada pregunta de la Actividad 4.

6 Completa las frases con *me duele/me duelen* y las palabras apropriadas.

el brazo   los ojos   los pies   el estómago   los dedos

1 Ayer estudié hasta las dos de la mañana y ahora …

2 Me caí de la bicicleta y …

3 El fin de semana pasado caminé 15 kilómetros en la montaña y ahora …

4 Toqué la guitarra durante tres horas y ahora …

5 Comí muchas fresas y ahora …

7 Completa el texto con *mi*, *mis*, *su* o *sus*.

Antonio José es un cantante de música pop de España. Tiene 23 años y **1** _____ cumpleaños es el 2 de enero. Es de Palma del Río, cerca de Córdoba en el sur de España. **2** _____ padre se llama Antonio Sánchez y **3** _____ madre se llama María Mazuecos. **4** '_____ padres me ayudan mucho y debo todo a ellos,' dice Antonio José. **5** _____ álbum más reciente se llama *Senti2*. **6** _____ canción más conocida es *Tu me obligaste* en la cual colaboró con Cali y El Dandee, cantantes de reggaeton de Colombia. **7** _____ deportes preferidos son el baloncesto y el fútbol. De pequeño, su sueño era ser futbolista profesional. En casa tiene un gato.

8 Lee el texto sobre Antonio José otra vez y completa los datos.

Nombre: *Antonio José*

Profesión: _____

Edad: _____

Cumpleaños: _____

Ciudad: _____

Padres: _____

Álbum más reciente: _____

Deporte preferido: _____

Mascota: _____

9 Completa el mail con los verbos correctos.

estuve   fue   fui
fuimos   hice
nadé   pasé   salí

Raúl
online

HOY

Hola, Alejandro. ¿Cómo estás? ¿Qué tal tus vacaciones? ¿Las pasaste bien? ¿Adónde fuiste? ¿Qué hiciste? Mándame un mail. Raúl

Hola Raúl

Estoy muy bien, gracias. ¿Y tú? Las vacaciones las **1** _____ de maravilla. La primera semana **2** _____ en casa. La segunda semana **3** _____ a un campamento de verano en la montaña. **4** _____ muchas actividades divertidas. Luego mis hermanos, mis padres y yo **5** _____ a la costa. Alquilamos un apartamento cerca de la playa. Como sabes, me encanta la natación, así que **6** _____ en el mar todos los días. Un día **7** _____ en bici con mi padre y recorrimos 50 kilómetros. **8** _____ genial.

Saludos

Alejandro

¿Listo?

¡Revisemos! • Talk about my pets • Describe my bedroom • Use the present tense

1 **Empareja las fotos con los nombres.**

1
2
3
4
5
6
7
8

a   un perro
b   unos peces
c   un gato

d   un caballo
e   un conejo
f   un conejillo de indias

g   una serpiente
h   un pájaro

Vocabulario

¿Dónde?
¿Qué?
¿A qué hora?
¿De qué (color)?
¿Cuándo?
¿Cuánto/a/os/as?
¿Quién(es)?
¿Con quién?
¿Cómo?
¿Cómo es/son?
¿Dónde está la silla?
Es donde estudio.

2 **¿Qué mascotas tienen y cómo son? Escucha y escribe. (1–4)**

3 **Haz una encuesta. Pregunta a tus compañeros.**
- ¿Tienes mascotas?
- ¿Cómo es/son?
- ¿De qué color es/ son?

- Sí, tengo dos gatos.
- Es/Son (grande(s).
- Es/Son (negro(s).

Gramática

tener (to have) is a stem-changing verb.

(yo) tengo	(nosotros/as) tenemos
(tú) tienes	(vosotros/as) tenéis
(él/ella/usted) tiene	(ellos/ellas/ustedes) tienen

¿Más? → Grammar p. 229

Gramática

al lado de	next to
junto a	next to
a la derecha/ izquierda de	to the right/ left
delante de	in front of
debajo/ bajo de	under, below
detrás de	behind
encima de	above
enfrente de	opposite
entre	between
sobre/en	on, on top of

de + el → del
de + la → de la
Está al lado del armario.

¿Más? → Grammar p. 235

4 **Mira la imagen en la página 23. Elige las cuatro frases que describen el dormitorio.**

1   La ventana está entre la puerta y la cómoda.
2   La estantería está enfrente del armario.
3   El ordenador portátil está a la derecha de la lámpara.
4   La silla está al lado de la mesa.
5   La cama está debajo de las cortinas.
6   El póster está sobre la pared.

la ventana · el espejo · el póster · el ordenador portátil · la pared · la estantería · la puerta · la lámpara · las cortinas · el armario · la cómoda · la silla · la mesa · la cama

5 **Túrnate con tu compañero/a. Pregunta y contesta y haz un plan del dormitorio de tu compañero/a.**

- ¿Dónde está (la cama)? ● Está (a la derecha de la puerta) y (enfrente del armario).

6 **Escribe una descripción de tu dormitorio.**

En mi dormitorio (la cama) está (a la derecha de) …

7 **Lee y empareja las preguntas con las respuestas.**

1 ¿Pasas mucho tiempo en tu dormitorio?

2 ¿Compartes tu dormitorio?

3 ¿Qué haces en tu dormitorio?

4 ¿Con quién chateas en línea?

5 ¿Quién escribe en su diario?

6 ¿Con quién escuchas música?

7 ¿De qué hablas con tu hermana?

8 ¿Qué ve Antonia en su ordenador?

a Estudio, leo cómics y descanso.

b Comparto mi dormitorio con mi hermana Antonia.

c Antonia y yo hablamos del día.

d Ve programas en línea.

e Antonia escribe en su diario.

f Antonia y yo escuchamos música.

g Chateo con mis amigos en línea.

h Sí, paso mucho tiempo en mi dormitorio.

Gramática

Present tense of regular verbs:

	*habl*ar (to talk)	*le*er (to read)	*compart*ir (to share)
(yo)	*habl*o	*le*o	*compart*o
(tú)	*habl*as	*le*es	*compart*es
(él/ella/usted)	*habl*a	*le*e	*compart*e
(nosotros/as)	*habl*amos	*le*emos	*compart*imos
(vosotros/as)	*habl*áis	*le*éis	*compart*ís
(ellos/ellas/ustedes)	*habl*an	*le*en	*compart*en

¿Más? → Grammar pp. 228–229

8 **Escribe lo que haces en tu dormitorio. Usa los verbos de la Actividad 7.**

(No) Paso mucho tiempo en mi dormitorio …

En mi dormitorio (leo), (descanso), (estudio) …

1.1 En mi familia hay ...

ℹ ¿Qué es una familia?

1 Escucha y lee. Empareja las fotos con las conversaciones. 🎧 04

a
- Somos cuatro hermanos. Tengo una hermana mayor y dos hermanos menores.
- ¿Cuántos años tienen, Víctor?
- Mi hermana mayor tiene diecisiete años y mis hermanos pequeños tienen seis años. Son gemelos.

b
- ¿Cuántas personas hay en tu familia, Daniela?
- Hay cuatro personas en mi familia: mi padre, mi madre, mi hermanastro y yo. ¡Ah! ¡Y los gatos!
- ¿Cómo se llaman los gatos?
- Se llaman Blanca y Félix.

c
- ¿Cuándo es tu cumpleaños, Adrián?
- Mi cumpleaños es el doce de octubre.
- ¿Tienes hermanos?
- No tengo hermanos, soy hijo único. ¡Pero tengo un perro!
- ¿Cómo se llama tu perro?
- Se llama Cano.

d
- Hola, ¿qué tal? Me llamo Alejandro. ¿Cómo te llamas?
- Soy Lucía. Mi hermano Pablo y mi hermana, que se llama Paula.
- ¿Cuántos años tienes, Alejandro?
- Tengo quince años. ¿Y tú, Paula?
- Tengo dieciséis años. Soy la mayor de mis hermanos.

2 Escucha otra vez. ¿Quién es? Escribe el nombre: Alejandro, Lucía, Paula, Pablo, Adrián, Víctor o Daniela. 🎧 04

1 Tiene dos hermanas.
2 Tiene un hermano y una hermana.
3 Tiene 15 años.
4 Es hijo único.
5 Tiene dos mascotas.
6 Sus hermanos pequeños son gemelos.

3 Empareja.

1 padres	a husband
2 hermanastra	b aunt
3 padrastro	c stepfather
4 abuela	d parents
5 tía	e wife
6 primo	f baby
7 bebé	g stepsister
8 hijos	h grandmother
9 marido	i cousin
10 mujer	j children

Para mejorar

Build your vocabulary by spotting patterns. Look at the words in Activity 3. Use them to work out the Spanish for: grandfather, stepbrother, uncle, stepmother.

4 Escucha y contesta las preguntas.

1 ¿Cuántas personas hay en la familia de Sara?
2 ¿Cuántos hermanos tiene Dan?
3 ¿Cuántas mascotas tiene Claudia?
4 ¿De quién en su familia habla Sofía?
5 ¿Cuántas primas tiene Javier?
6 ¿Quién en la familia de Marcos se llama Alba?

Gramática

ser (to be) is irregular.
Present tense:

soy	somos
eres	sois
es	son

¿Más? → Grammar p. 229

5 Escucha otra vez. Marca las frases que son falsas y corrígelas.

1 Sara tiene tres hermanos mayores.
2 La hermana de Dan tiene veinte años.
3 El gato de Claudia se llama Bruno.
4 La madre de Sofía tiene sesenta y nueve años.
5 Javier tiene cinco primos en total.
6 La mujer de Diego se llama Alba.

6 Túrnate en grupo.

- ¿Tienes hermanos?
- Tengo (dos hermanos)./No tengo hermanos. Soy hijo/a único/a.
- ¿Cómo se llama tu hermano/a? ¿Cuántos años tiene? /
  ¿Cómo se llaman tus hermanos/as? ¿Cuántos años tienen?
- Mi hermano/a se llama (Joe). Tiene (diez) años.
- ¿Tienes mascotas?
- Sí, tengo (un perro). Se llama (Snoopy)./No, no tengo.

7 Lee el correo electrónico y escribe los verbos que faltan.

> tenemos   hay   es   tiene   llaman   tengo   llamo

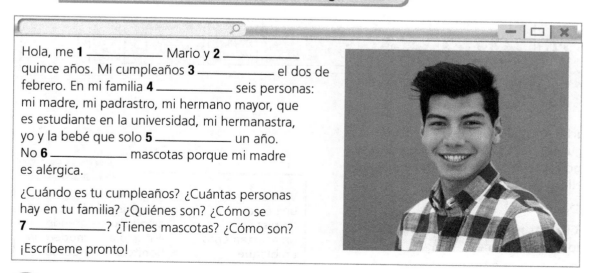

Hola, me **1** _____ Mario y **2** _____
quince años. Mi cumpleaños **3** _____ el dos de
febrero. En mi familia **4** _____ seis personas:
mi madre, mi padrastro, mi hermano mayor, que
es estudiante en la universidad, mi hermanastra,
yo y la bebé que solo **5** _____ un año.
No **6** _____ mascotas porque mi madre
es alérgica.

¿Cuándo es tu cumpleaños? ¿Cuántas personas
hay en tu familia? ¿Quiénes son? ¿Cómo se
7 _____? ¿Tienes mascotas? ¿Cómo son?
¡Escríbeme pronto!

8 Escribe un correo electrónico a Mario y contesta sus preguntas.

1.2 ¡Ven a mi casa!

Objetivos
- Describe my home
- Talk about my daily routine
- Use reflexive verbs

1 Escucha y lee. Empareja las descripciones y las casas. 06

1 Mi chalet es bastante grande y moderno. Tiene dos garajes. Es de tres plantas: en el primer piso hay la cocina, el comedor, un lavabo y un salón amplio. En el segundo piso hay los dormitorios y los cuartos de baño. En el ático está el estudio de mis padres.

a

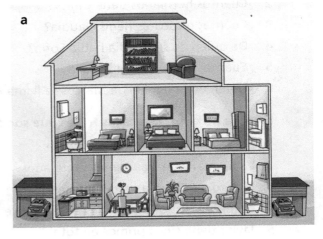

b

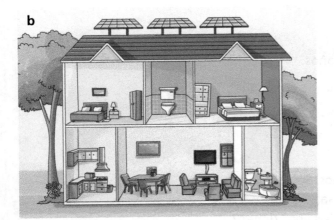

2 Mi familia y yo vivimos en un apartamento bonito de tres dormitorios. Está en el tercer piso. Es antiguo pero muy cómodo. Tiene una cocina y un salón muy acogedor. ¡Solo hay un cuarto de baño para toda la familia! Hay una terraza muy soleada.

3 Mi casa es independiente y tiene dos plantas. Hay cuatro habitaciones: arriba tenemos mi dormitorio y el dormitorio de mis padres y abajo están la cocina, el salón-comedor y un aseo. La casa es nueva y es ecológica y tiene paneles solares. Tiene un jardín con flores y árboles.

c

2 Escucha los diálogos (1–3) y contesta las preguntas para Martín, Marina y Teresa. Luego escucha otra vez y añade más detalles. 07

1 ¿Dónde vive?

2 ¿Cuántas habitaciones tiene?/¿Cuántos dormitorios tiene?

3 ¿Qué más hay?

4 ¿Hay jardín, balcones, terraza o garaje?

Vocabulario

Vivo en …	Es …	
una casa	acogedor(a)	feo/a
un piso	amplio/a	grande
un apartamento	antiguo/a	moderno/a
un bloque	bonito/a	nuevo/a
un chalet	cómodo/a	pequeño/a
	ecológico/a	soleado/a

3 **Túrnate con tu compañero/a. Describe tu casa.**

- ¿Dónde vives?
- ¿Qué habitaciones tiene?/¿Cuántos dormitorios hay?
- ¿Hay/Tiene jardín, balcones, terraza o garaje?

4 **Escribe una descripción de tu casa.**

5 **Gonzalo y Natalia hablan de su rutina diaria.**
Escucha y pon las frases en orden. 🔊 08

Gonzalo	Natalia

Gonzalo

1 Antes de desayunar, me ducho y después me pongo el uniforme del colegio.

2 De lunes a viernes me levanto pronto, a las siete.

3 Después de hacer los deberes, ceno. Me acuesto a las diez y media y me duermo en seguida.

4 Me voy al colegio a las ocho.

5 Como en el colegio y vuelvo a casa a las cuatro y media.

Natalia

6 Me divierto y vuelvo a casa por la tarde.

7 Me visto, me arreglo y salgo con mis amigas.

8 Me relajo un poco y me acuesto a las doce.

9 Primero desayuno. Luego, me baño y me lavo el pelo.

10 Los fines de semana me despierto tarde y me quedo en la cama.

6 **Escucha otra vez y lee. Marca las frases que son falsas y corrígelas.** 🔊 08

1 Gonzalo desayuna después de ponerse el uniforme.

2 Gonzalo almuerza en casa a las dos.

3 Gonzalo merienda y hace los deberes antes de cenar.

4 Natalia se levanta a las once.

5 Los fines de semana Natalia cena en una pizzería a veces.

6 Natalia se acuesta a las doce y media.

7 **Túrnate con tu compañero/a.**

- ¿A qué hora te levantas normalmente/ los fines de semana?
- ¿Te duchas o te bañas?
- ¿A qué hora desayunas/comes/ meriendas/cenas? ¿Dónde? ¿Con quién?
- ¿A qué hora te acuestas/duermes?

8 **Escribe sobre tu rutina diaria. Usa adverbios como *antes*, *después* y *pronto*.**

De lunes a viernes me levanto/despierto a las ….
Me ducho/baño/lavo/visto/arreglo …
Desayuno/Como/Meriendo/Ceno a las …
Salgo de casa … y ….

Vuelvo a casa …
Hago/Leo/Veo …
Me acuesto/duermo …

1.3 Con la familia

Objetivos
- Describe what jobs I do around the house
- Talk about family relationships
- Use possessive adjectives

1 ¿Qué tiene que hacer en casa? Busca y escribe la frase para cada foto. ¿Qué dos tareas adicionales se mencionan?

a

b

c

1

Ayudo mucho en casa. Siempre tengo que hacer mi cama. Suelo arreglar mi dormitorio una vez al mes. A veces tengo que pasar la aspiradora. ¡Estoy harta!

María

d

2

Todos los días suelo poner la mesa antes de comer. Suelo planchar mi ropa antes de ir al colegio. A veces tengo que sacar la basura. Mi hermana nunca lava el coche ni pasea al perro. ¡Mi hermana no hace nada!

José Luis

e

f

g

h

3

Pues, nunca lleno el lavaplatos después de comer. Tampoco tengo que cortar el césped. Siempre ayudo a quitar la mesa.

Salvador

2 ¿Con qué frecuencia ayudan en casa los jóvenes? Escucha y escribe la frecuencia de cada actividad: siempre, a veces o nunca. 🎧 09

1 Hago mi cama. – siempre

3 Túrnate en grupo.

- ¿Qué tienes que hacer en casa?/¿Qué haces para ayudar en casa?
- Tengo que (lavar el coche)./Lavo el coche.
- ¿Con qué frecuencia (sacas la basura)?
- (Nunca.)
- ¿Qué hace tu (hermano)?
- (Hace la cama) y ...

Gramática

tener que, *antes de*, *después de* and *soler* are all followed by the infinitive:
Tengo que *planchar*.
Suelo *preparar* la cena los sábados.
Antes de *desayunar* hago mi cama.
Después de *comer* quito la mesa.

Gramática

Note the position of **negatives**:
No tengo que lavar el coche.
Nunca hago la cama.
Ni pongo *ni* quito la mesa.
Tampoco saco la basura.

¿Más? → Grammar pp. 234–235

4 **Lidia habla de su familia. Completa el texto. Escucha y comprueba.** (10)

Me llevo muy **1** _____ con mi hermana mayor, María. Es mi mejor amiga porque **2** _____ apoya si necesito ayuda. **3** _____ conocemos muy bien.

Tengo una relación difícil con mi madre y a veces nos llevamos **4** _____ porque es estricta. A veces **5** _____ peleamos pero nos queremos **6** _____.

Sin embargo me **7** _____ bien con mi padre porque **8** _____ parezco a él y **9** _____ divertimos mucho juntos.

5 **Lee el texto de la Actividad 4 otra vez y busca estas frases en español.**

1 She supports me if I need help.
2 We know each other very well.
3 I have a difficult relationship.
4 We love each other very much.
5 I'm like him.
6 We have a lot of fun together.

6 **Lee el texto otra vez y contesta las preguntas.**

1 ¿Con quién se lleva bien Lidia?
2 ¿Por qué es María su mejor amiga?
3 ¿Cómo es la madre de Lidia?
4 ¿Qué hacen a veces Lidia y su madre?
5 ¿A quién se parece Lidia?

7 **Escribe un párrafo sobre ti y tu familia.**

Describe:

• lo que tienes que hacer para ayudar en casa y con qué frecuencia
• cómo te llevas con los miembros de la familia

Para ayudar en casa siempre …
me llevo bien/mal con …
me parezco a …
mi (madre) me apoya si/cuando …
mi (prima) y yo nos divertimos …
(mi hermanastra y yo) nos queremos

1.4 Dónde vivo

Objetivos
- Describe my home's location
- Learn about the uses of *ser* and *estar*
- Respond to situations with suitable interjections

1 Escucha y lee. ¿Qué te dicen las expresiones en negrita? ¿Describen dónde está el pueblo/la ciudad o dónde está la casa? 🎧 11

1 Vivo en Cartagena **en la costa** de Colombia, una ciudad **al norte de** Bogotá. En el barrio antiguo de la ciudad hay casas que tienen más de cuatrocientos años. Pero mi apartamento está en un edificio nuevo **al lado del** puerto. Tenemos vistas estupendas del mar. En Cartagena, nadie vive **lejos de** la playa.

Silvia

2 Mi casa está **en las afueras de** San José, la capital de Costa Rica. Es una casa bastante moderna, **cerca de** la estación de tren. San José es una ciudad tranquila y con pocos rascacielos. Además tiene buen clima todo el año. Mi barrio está **al este del** centro. Tiene árboles y jardines. Es un sitio agradable para vivir.

Diana

3 Vivimos en una casa **en el campo**. Es un sitio privilegiado porque está **al sur de** los Pirineos y **al oeste del** Mediterráneo, a una hora en coche. La casa tiene unos setenta años. Alrededor hay campos, bosques y ríos. La casa está un poco aislada, estamos **a dos kilómetros del** pueblo más cercano, pero nos encanta la tranquilidad. Estamos muy contentos aquí.

Juan y Serena

2 Lee los textos de la Actividad 1 otra vez. ¿Quién vive en cada casa?

3 **Lee otra vez. Con tu compañero/a, pregunta y contesta.**

¿Quién vive ...

1 cerca de las montañas?

2 en la costa?

3 bastante lejos del pueblo?

4 en las afueras de la ciudad?

5 cerca del puerto?

6 en un apartamento moderno?

> **Gramática**
>
> There are two verbs for 'to be' in Spanish: *ser* and *estar*.
>
> Use *ser* for things that are permanent:
> *El piso es pequeño.*
> *Son las nueve y media.*
> *Somos gemelos.*
>
> Use *estar* for temporary states and for location.
> *Estamos en casa.*
> *Estoy cansado.*
>
> ¿Más? → Grammar p. 229

4 **Túrnate con tu compañero/a. Pregunta y contesta.**

- ¿Dónde vives? ¿Dónde está tu pueblo/tu ciudad?
- ¿Cómo es tu pueblo/ciudad?
- ¿Qué hay cerca de tu casa/tu piso?

Vivo	en un pueblo/una ciudad/las afueras/el campo
Está	en la costa/el centro/el norte/este/sur/oeste (del país)
Es	agradable/grande/pequeño/pequeña/tranquilo/tranquila
Hay	tiendas/rascacielos/una playa/campos/montañas/jardines/bosques/un río

5 **Escribe cuatro frases sobre donde vives.**

6 **Escucha. Marca las frases que son falsas y corrígelas.**

1 José y Martín son amigos.

2 Viven en las afueras del pueblo.

3 Martín vive en la calle Mayor.

4 El número de su casa es el 22.

5 Para Martín, es una sorpresa ver a José.

6 No están contentos de ser vecinos.

7 **Escucha otra vez y escribe las exclamaciones mencionadas. ¿Qué significan?**

¿De verdad? ¡A ver! ¡Qué asco! ¡Ay! ¡Qué rico!
¡Qué bonito! ¡Hombre! ¡Qué bien! ¡Qué suerte!
¡Qué guay! ¡Dios mío!

> **Gramática**
>
> *¡Qué …!* is used in many interjections, followed by an adjective or noun.
>
> *¡Qué raro! ¡Qué bonito!*
> *¡Qué rico! ¡Qué asco!*
>
> ¿Más? → Grammar p. 226

8 **Túrnate con tu compañero/a. Lee en voz alta y responde con una exclamación apropiada.**

1 Aquí hay una foto de mi sobrina. Tiene seis meses.

2 Hoy no tenemos deberes.

3 Mira, hay un burro en el patio.

4 La casa está cerca de una playa preciosa.

5 ¡Cuidado! ¡Hay una serpiente!

6 El pastel de manzanas está buenísimo.

7 Vamos de vacaciones a Cuba.

8 He sacado el 100% en el examen de matemáticas.

> **Para mejorar**
>
> Research some other expressions, both positive and negative, you can use to make your spoken Spanish more fluent and natural.

1.5 Mi barrio

Objetivos
- Say what's in your neighbourhood
- Talk about the pros and cons of where you live
- Use negative sentences

1 ¿Qué hay en tu barrio? Escucha las entrevistas y escribe las letras de los sitios que hay en cada barrio. (1–2)

a
un banco

b
un cajero automático

c
un centro comercial

d
un cine

e
un mercado

f
un museo

g
un parque

h
una piscina

i
un polideportivo

j
una panadería

k
un supermercado

l
un teatro

2 Con tu compañero/a, pregunta y contesta, ¿qué hay y qué no hay en tu barrio?

3 Completa las frases.

> nada   nadie   no   ni … ni   nunca   tampoco

1 Cuando no tenemos _____ que hacer, vamos al parque a jugar al rugby.

2 En mi barrio hay un centro comercial pero _____ hay un mercado.

3 En mi pueblo no hay un polideportivo y no hay un cine _____ .

4 Hoy hace mucho frío y por eso no hay _____ en la playa.

5 _____ voy a clase en bicicleta porque hay siempre demasiado tráfico.

6 Aquí no hay _____ un mercado _____ un supermercado.

4 **Lee las opiniones y decide si expresan ideas positivas o negativas.**

Lo bueno/Lo malo de mi barrio/mi pueblo es que ...

1 está cerca del centro del pueblo/de la ciudad.

2 está en las afueras.

3 es tranquilo y residencial.

4 hay mucho tráfico.

5 tiene un teatro y un cine.

6 es industrial y ruidoso.

7 tiene tiendas, restaurantes y supermercados.

8 hay un centro comercial grande y moderno.

9 no hay nada que hacer para los jóvenes.

10 no hay una piscina y no hay campos de fútbol tampoco.

11 hay un polideportivo y un parque.

Gramática

Remember to change
1st person to **3rd** person:
voy ➝ va   mis ➝ sus

5 **Lee lo que dicen Marina y Gustavo sobre donde viven. ¿Qué es lo bueno y lo malo de su pueblo/barrio?**

Lo bueno y lo malo de mi pueblo
Vivo en un pueblo bastante pequeño en el campo que se llama San Miguel. Voy al instituto en la ciudad y casi todos mis amigos viven allá. No hay nadie de mi edad en el pueblo. No salgo nunca por la noche porque aquí no hay nada que hacer. Menos mal que tengo una hermana. Somos gemelas y nos llevamos bien. Lo bueno es que tenemos un jardín con una piscina y tenemos mascotas: un perro y dos gatos.

Marina

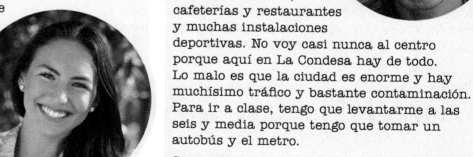

Lo bueno y lo malo de mi barrio
Vivo en La Condesa, un barrio al sur del centro de la Ciudad de México. Es un sitio agradable: tenemos parques y jardines, calles con árboles, cafeterías y restaurantes y muchas instalaciones deportivas. No voy casi nunca al centro porque aquí en La Condesa hay de todo. Lo malo es que la ciudad es enorme y hay muchísimo tráfico y bastante contaminación. Para ir a clase, tengo que levantarme a las seis y media porque tengo que tomar un autobús y el metro.

Gustavo

6 **Presenta tu barrio. Incluye tus opiniones y palabras como no, nada, nunca, nadie, tampoco, ni ... ni.**

Lo bueno de mi barrio/mi pueblo es que ...
Lo malo de mi barrio/mi pueblo es que ...

La Ciudad de México es una ciudad enorme con más de trescientos cincuenta barrios y más de 20 millones de habitantes. Para los mexicanos, la capital se llama 'el D.F.' (el Distrito Federal) y los barrios del D.F. se llaman 'colonias'.

La Colonia Chapultepec está en el centro de la ciudad y tiene un parque muy grande con árboles, jardines, museos, un lago, un parque de atracciones, un castillo y un zoológico.

La ciudad está construida sobre las ruinas de Tenochtitlán, la antigua ciudad de los aztecas. En el centro histórico, Colonia Centro, hay una plaza muy ancha que se llama el Zócalo. También está la Torre Latinoamericana, un rascacielos de 45 plantas, que tiene vistas panorámicas de la ciudad.

Coyoacán es una colonia al sur de la capital a diez kilómetros del centro. Aquí se sitúan la Universidad Autónoma y el Estadio Azteca, donde juega el equipo nacional de fútbol y el club América. La zona antigua de este barrio tiene casas coloniales con jardines, entre ellas la casa museo de la artista mexicana Frida Kahlo.

México tiene un circuito de Fórmula 1. Está al sureste del centro, cerca del aeropuerto.

1 **Contesta.**

1 ¿Qué es 'el D.F.' y cuántas personas viven allí?
2 ¿Qué es una 'colonia'?
3 ¿Qué hay en el parque de Chapultepec?
4 ¿Qué es Tenochtitlán?
5 ¿Por qué crees que los turistas visitan la Torre Latinoamericana?
6 ¿Qué es Coyoacán y qué hay allí?

Lo mismo ...

Pequeño diccionario de palabras y expresiones mexicanas

la alberca – la piscina
ahorita – ahora
el carro – el coche
el cuate – el amigo
manejar – conducir
padre – bueno, guay, genial
padrísimo – muy bueno
platicar – charlar, conversar

pero diferente

A 90 kilómetros al norte de Ciudad de México se encuentra la ciudad de Pachuca. Comparada con el D.F., es una ciudad pequeña.

En la foto hay un barrio en las afueras de Pachuca que se llama Las Palmitas. Es un barrio que no tiene ni parques, ni instalaciones deportivas. No hay museos ni galerías de arte tampoco. Pero lo bueno es que ahora Las Palmitas tiene algo especial. Gracias a un proyecto entre artistas y residentes, hay un mural enorme pintado en más de doscientas casas. Las familias que viven en Las Palmitas dicen que el mural y los colores son una influencia muy positiva en la vida de todos del barrio.

2 **Marca las frases que son falsas y corrígelas.**

1 Pachuca es una ciudad grande.

2 Las Palmitas es un barrio de Pachuca.

3 En Las Palmitas hay facilidades para el deporte.

4 No hay instalaciones culturales.

5 Hay un mural muy grande en una casa.

6 Los residentes del barrio están contentos con el mural.

A buscar

Los murales son un aspecto importante de la historia y la cultura mexicana. ¿Por qué?

Conexiones

¿Qué hay en tu barrio que ayuda a los residentes a estar más contentos?

Repaso

1 **Preséntate a tu compañero/a. Responde a las preguntas.**

- ¿Cómo te llamas?
- ¿Cuántos años tienes?
- ¿Cuándo es tu cumpleaños?
- ¿Tienes hermanos?
- ¿Tienes mascotas?

- ¿Dónde vives?
- ¿Cómo es tu casa y dónde está?
- ¿Cómo es tu barrio/tu pueblo?
- ¿Qué hay cerca de tu casa?
- ¿Qué es lo bueno y qué es lo malo de tu barrio?

2 **Fernando habla sobre su vida. Escucha y elige las respuestas correctas.**

1 ¿A qué hora se levanta Fernando?

  a 6.00   **b** 6.30   **c** 7.00   **d** 7.30

2 ¿Fernando desayuna antes de ir al colegio?

  a A veces.   **b** Nunca.   **c** Siempre.   **d** Normalmente.

3 ¿Qué es lo primero que hace Fernando por tarde?

  a Hace los deberes.   **b** Merienda.   **c** Cena.   **d** Se acuesta.

4 ¿Fernando ayuda en casa? ¿Qué hace?

  a Ayuda a preparar la cena.   **b** Saca la basura.
  c Pone y quita la mesa.   **d** Ayuda a su padre a llenar el lavaplatos.

3 **Completa el texto.**

> costa   histórico   Museo   hay   caminar   jardines   parque   tiendas

Peñíscola es un pueblo **1** _____ en la **2** _____, en el este de España. Desde el castillo **3** _____ una vista estupenda del mar Mediterráneo y de las playas. Pasear por los **4** _____ del castillo, con sus flores multicolores, es una delicia. Después de **5** _____ por las calles de casas blancas, podrá disfrutar de las numerosas **6** _____ y bares de tapas. En el **7** _____ de la Mar se conoce la historia del pueblo y en el **8** _____ natural de Serra d'Irta, hay bosques de árboles mediterráneos y muchas especies de animales.

4 **Escribe a tu amiga Julia, y responde a sus preguntas.**

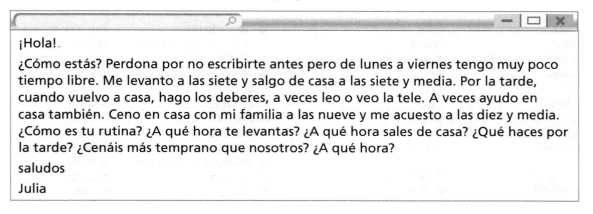

¡Hola!

¿Cómo estás? Perdona por no escribirte antes pero de lunes a viernes tengo muy poco tiempo libre. Me levanto a las siete y salgo de casa a las siete y media. Por la tarde, cuando vuelvo a casa, hago los deberes, a veces leo o veo la tele. A veces ayudo en casa también. Ceno en casa con mi familia a las nueve y me acuesto a las diez y media. ¿Cómo es tu rutina? ¿A qué hora te levantas? ¿A qué hora sales de casa? ¿Qué haces por la tarde? ¿Cenáis más temprano que nosotros? ¿A qué hora?

saludos

Julia

¿Cómo te va?

Lee y copia para hacer una lista de verificación. Piensa y decide para cada objetivo: **Muy bien, Más o menos, Mal**. Repasa para mejorar.

	Muy bien	Más o menos	Mal
• presentarme			
• hablar de mi familia			
• usar verbos en el presente (*ser, llamarse, tener*)			
• describir mi casa			
• hablar de mi rutina diaria			
• usar verbos reflexivos			
• decir qué hago para ayudar en casa			
• usar adjetivos posesivos			
• hablar de dónde vivo			
• usar los verbos *ser* y *estar*			
• responder con interjecciones (*¡Hombre!*)			
• hablar de mi barrio			
• hablar de lo bueno y lo malo de mi barrio			
• usar frases negativas			

Para mejorar

Get into good study habits right from the start.

• *poco y a menudo*

Don't work for hours and hours at a time – then do nothing for days. You'll be more successful if you work regularly and frequently for shorter amounts of time.

• *¿madrugador o trasnochador?*

Work out when you work best – morning or evening? Weekdays or weekends? Arrange your study time for when you can be most effective.

Palabras y frases – Unidad 1

Mascotas
el caballo
el conejillo de indias
el conejo
el gato
el pájaro
el perro
el pez (los peces)
la serpiente

Pets
horse
guinea pig
rabbit
cat
bird
dog
fish
snake

Dormitorio
la almohada
el armario
la cama
la cómoda
el cuadro
el despertador
el espejo
la estantería
la alfombra
la lámpara
la manta
la mesa/el escritorio
el (ordenador) portátil
el póster
la puerta
la silla
la ventana

Bedroom
pillow
wardrobe
bed
chest of drawers
picture
alarm clock
mirror
shelf
rug
lamp
blanket
desk
laptop
poster
door
chair
window

Familia
el/la abuelo/a

el bebé
el/la esposo/a
los/las gemelos/as
los/las mellizos/as
el/la hermanastro/a
el/la hermano/a
el/la hijo/a
el/la hijo/a único/a
la madre/madrastra
el marido
la mujer
el/la nieo/a

el padre/padrastro
el pariente
el/la primo/a
el/la sobrino/a
el/la tío/a
mayor/menor

Family
grandfather/
   grandmother
baby
spouse
identical twins
twins
stepbrother/stepsister
brother/sister
son/daughter
only child
mother/stepmother
husband
wife
grandson/
   granddaughter
father/stepfather
relative
cousin
nephew/niece
aunt/uncle
older/younger

Casa
el apartamento
el bloque

House
flat
block

la casa adosada
la casa independiente
el chalet
el aseo
el ático
el balcón
la cocina
el comedor
el cuarto de baño
la entrada/el recibidor
el estudio
el garaje
la habitación
el jardín
el lavabo
el salón
la terraza
en el primer piso
Es de tres plantas.
arriba/abajo
acogedor(a)
amplio/a
antiguo/a
bonito/a
cómodo
ecológico/a

feo/a
grande
moderno/a
nuevo/a
pequeño/a
soleado/a

semi-detached house
detached house
house/cottage
toilet
loft
balcony
kitchen
dining room
bathroom
hallway
study/office
garage
room/bedroom
garden
sink
living room/lounge
terrace
on the first floor
It's on three floors.
upstairs/downstairs
cosy
spacious
old
pretty
comfortable
environmentally-
   friendly
ugly
big
modern
new
little
sunny

Rutina diaria
me despierto
me quedo en la cama
me levanto
me ducho
me baño
me lavo el pelo
me visto
me arreglo
me maquillo
me voy al colegio
vuelvo
hago los deberes
salgo con mis amigos/as
me relajo
me acuesto
me duermo
desayuno/tomo
   el desayuno

Daily routine
I wake up
I stay in bed
I get up
I have a shower
I have a bath
I wash my hair
I get dressed
I get ready
I do my make up
I go to school
I come back
I do my homework
I go out with my friends
I relax
I go to bed
I fall asleep
I have breakfast

almuerzo/tomo el almuerzo	I have lunch
ceno/tomo la cena	I have dinner
meriendo	I have a snack

Tareas de la casa — Housework

Tengo que …	I have to …
llenar el lavaplatos	load the dishwasher
cortar el césped	mow the lawn
hacer la cama	make the bed
hacer la colada	do the laundry
lavar el coche	wash the car
pasar la aspiradora	vacuum
pasear al perro	walk the dog
planchar	do the ironing/iron
poner la mesa	set the table
preparar la cena	get dinner ready
quitar la mesa	clear the table
arreglar	tidy up
sacar la basura	take the rubbish out
el (horno) microondas	microwave
la cocina/el fogón	cooker
el congelador	freezer
el fregadero	sink
el frigorífico/la nevera	fridge
el horno	oven
la lavadora	washing machine
la plancha	iron

Relaciones de familia — Family relationships

me apoya	he/she supports me
nos conocemos bien	we know each other well
nos divertimos	we have fun
me llevo (bien/mal con …)	I get on (well/badly with …)
me parezco a mi padre	I look like my dad
nos peleamos	we fight
nos queremos	we love each other
cariñoso/a	caring, loving
irritarse/irritado/a	to get irritated

Exclamaciones — Exclamations

¡Qué bonito/rico!	How nice/delicious!
¡Qué interesante!	How interesting!
¡Qué lástima!/¡Qué pena!	What a shame!
¡Qué molesto!	How annoying!
¡Qué raro/asco!	How strange/ disgusting!

Donde vivo — Where I live

las afueras	the outskirts
el barrio antiguo	old quarter
el bosque	forest
las calles	streets
el campo	the countryside
los campos	fields

la ciudad	city
la costa	coast
los edificios	buildings
la estación de tren/autobús	train station
la estación de servicios	service station
las montañas	mountains
el norte/sur/este/oeste	the north/south/east/ west
la playa	beach
el pueblo	town/village
el puerto	port/harbour
los rascacielos	skyscrapers
el río	river
un sitio privilegiado/a	a special place
las tiendas	shops
las vistas (del mar)	views (of the sea)
afuera/fuera	outside
agradable	pleasant
aislado/a	isolated
aquí/acá	here
cerca de	near
lejos de	far from
tranquilo/a	calm, quiet
en algún lugar/sitio	somewhere
Tiene buen clima.	It has a good climate.
los vecinos	neighbours

Mi barrio — My neighbourhood

el aparcamiento	car park
el ayuntamiento	town hall
el banco	bank
la cafetería	café
el cajero automático	ATM machine
el campo de fútbol	football pitch
el centro commercial	shopping centre
el cine	cinema
la iglesia	church
el estadio	stadium
el estanco	tobacconist
el fábrica	factory
la gasolinera	petrol station
el instituto	secondary school
el mercado	market
el metro	metro
el museo	museum
la panadería	bakery
el parque	park
la piscina	swimming pool
el polideportivo	leisure centre
el puente	bridge
el quiosco	kiosk
el restaurante	restaurant
el supermercado	supermarket
el teatro	theatre
la tienda	shop
mucho tráfico	a lot of traffic

2 La vida escolar

¿Listo? ¡Revisemos! • Talk about school subjects • Describe school and how I get there • Use adjectives

1 **Escribe la asignatura para cada dibujo.**

> el arte   las ciencias (la química, la física, la biología)   los idiomas (el inglés, el francés)
> la educación física (la gimnasia, el deporte)   la tecnología (la informática, el diseño)
> la geografía   la historia   la lengua y la literatura   las matemáticas   la música

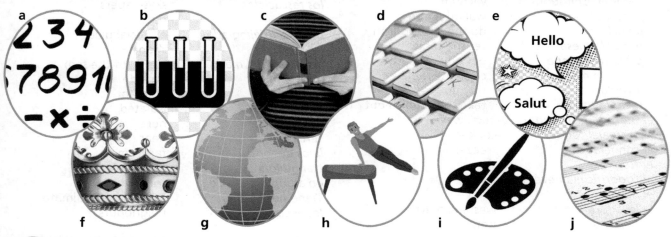

2 **¿Qué asignaturas mencionan los dos jóvenes? Escribe las letras de los dibujos. (1–2)** 15

3 **Busca lo contrario de cada adjetivo. Escríbelos en pares.**

aburrido	inútil	fácil	sencillo
complicado	mucho	interesante	serio
difícil	obligatorio	poco	útil
divertido		optativo	

4 **Escribe la forma apropiada de cada adjetivo.**

1 Las matemáticas y las ciencias son asignaturas (obligatorio).

2 Las artes escénicas, el teatro, la danza y la música, son asignaturas (optativo).

3 En inglés, la gramática y la pronunciación son (difícil) pero los idiomas son (útil).

4 La profesora de física es (serio) y (estricto) pero sus clases son muy (interesante).

5 La historia, para mí, es bastante (complicado) porque tienes que aprender (mucho) fechas.

6 Nuestros profesores nos dicen que tenemos que ser más (trabajador) y menos (hablador).

> ### Gramática
>
> Adjectives usually come after nouns.
>
> They agree with the nouns.
>
> | masculine | feminine |
> |---|---|
> | **singular** | |
> | divertido | divertida |
> | interesante | interesante |
> | fácil | fácil |
> | trabajador | trabajadora |
> | **plural** | |
> | divertidos | divertidas |
> | interesantes | interesantes |
> | fáciles | fáciles |
> | trabajadores | trabajadoras |
>
> ¿Más? → Grammar pp. 226–227

5 Túrnate con tu compañero/a. Pregunta y contesta. Emplea los adjetivos apropiados para explicar tus opiniones.

- ¿Cuántas asignaturas estudias?
- ¿Qué asignaturas te gustan? ¿Por qué?
- ¿Cuáles no te gustan? ¿Por qué?
- ¿Cuál es tu asignatura preferida? ¿Por qué?

> **Gramática**
>
> Me *gusta la* educación física porque es divertida.
> No me *gustan los* idiomas porque son difíciles.
>
> ¿Más? → Grammar p. 232

6 Completa las frases.

> aulas   alumnos   biblioteca   pistas de baloncesto
> gimnasio   laboratorios   pasillos   patio   vestuarios

1 Mi colegio es bastante grande: tiene más de cuatrocientos _____.
2 Tenemos dos _____ bastante modernos para ciencias.
3 Las _____ para idiomas tienen pizarras interactivas.
4 En la _____ hay muchos libros y es un sitio tranquilo para estudiar.
5 Durante el recreo, vamos al _____ a charlar con los amigos.
6 Hacemos educación física en el _____ o en las _____.
7 Nos cambiamos en los _____ antes y después de hacer deporte.
8 Está prohibido correr en los _____.

7 ¿Cómo es tu colegio? Escribe.

- ¿Cómo es tu colegio? Es grande o pequeño?
- ¿Cuántos alumnos hay en tu colegio?
- ¿Qué facilidades tiene tu colegio para aprender idiomas y para ciencias?
- ¿Qué instalaciones deportivas hay?
- ¿Dónde vas durante el recreo?
- ¿Cuál es el mejor sitio para estudiar?

8 ¿Cómo vas al colegio? Empareja los medios de transporte con las fotos.

a Voy en tren
b Voy en autobús
c Voy en bicicleta
d Voy en metro
e Voy a pie
f Voy en coche

9 Empareja las frases a–f de la Actividad 8 con las razones apropiadas.

1 porque vivo cerca del colegio.
2 porque es más rápido que el autobús.
3 porque mis padres trabajan cerca de mi colegio, así que me llevan.
4 porque mi barrio es muy tranquilo y me gusta el ejercicio.
5 porque mi pueblo está bastante lejos.
6 porque no me gusta ir en metro y hay un autobús que va directo.

2.1 Mis estudios

ℹ ¿Por qué tienes que ir al colegio?

Objetivos
- Understand an interview about school routine
- Describe my school day
- Use the continuous present

1 Escucha la entrevista con Lorena sobre su colegio. Completa las frases.

> cincuenta   ocho   cuarto   recreos   inglés   cuatro   lunes   dos   miércoles

1 Lorena cursa el _____ año de la educación secundaria.

2 Las clases empiezan a las _____ y media.

3 Las clases duran _____ minutos.

4 Tienen dos _____, cada uno de veinte minutos.

5 Las clases terminan a las _____ y veinticinco.

6 Estudia _____ asignaturas obligatorias: matemáticas, _____, lengua e historia.

7 Su día preferido es _____.

8 Un mal día para Lorena es _____.

2 Escucha otra vez. Escribe las asignaturas que faltan en el horario.

	Hora	lunes	martes	miércoles	jueves	viernes
Primera clase	8.30– 9.20	**3** _____	inglés	inglés	inglés	ciencias
Segunda clase	9.25–10.15	inglés	tecnología	geografía	matemáticas	inglés
Primer recreo						
Tercera clase	10.35–11.25	lengua y literatura	lengua y literatura	lengua y literatura	historia	matemáticas
Cuarta clase	11.30–12.20	historia	ciencias	arte	tecnología	educación física
Segundo recreo						
Quinta clase	12.40–13.30	ciencias	matemáticas	artes escénicas	teatro	**2** _____
Sexta clase	13.35– 14.25	educación física	francés	**1** _____	ciencias	lengua y literatura

3 Elige las opciones correctas.

1 Mi hermano está en el **tercer / tercero / tercera** año de secundaria.

2 La **primer / primero / primera** clase empieza a las nueve menos cuarto.

3 No hay **ningún / ninguno / ninguna** sitio tranquilo para estudiar.

4 ¿En la biblioteca hay **algún / alguno / alguna** libro sobre los aztecas?

5 Mi amigo, José, es **buen / bueno / buena** estudiante. Saca buenas notas en todas las asignaturas.

6 El profesor de ciencias es muy estricto pero no es **mal / malo / mala** profesor.

> **Gramática**
>
> *bueno, malo, primero, tercero, alguno, ninguno* are shortened before a masculine singular noun.
>
> *Julio es un buen amigo.*
>
> ¿Más? → Grammar pp. 227–228

4 **Trabaja en grupo. Pregunta y contesta.**

- ¿Cómo va este año académico hasta ahora?
- ¿Qué asignaturas optativas estudias?
- ¿Cuál es el mejor día de la semana para ti? ¿Por qué?
- ¿Y un mal día? ¿Por qué?
- ¿Qué haces durante el recreo?
- ¿Cuál es el mejor sitio para estudiar en el colegio?

5 **Lee los textos. ¿Qué asignaturas describen?**

¿Qué estás haciendo en el colegio?

1 Estamos preparando una obra moderna para presentar en el salón de actos al final del trimestre. Estamos aprendiendo las canciones y los bailes.

2 Estoy terminando un trabajo sobre el descubrimiento de América en el siglo quince. Es fascinante.

3 El equipo de baloncesto está entrenando para un campeonato regional. Están en el gimnasio todos los días después de clase.

4 Estamos aprendiendo cómo expresar el futuro. Es muy complicado.

5 Estamos haciendo un experimento para producir oxígeno y agua.

6 Estoy leyendo los poemas de Pablo Neruda. Son sencillos y bastante fáciles de entender.

7 Mi hermano está haciendo los deberes. Creo que está estudiando probabilidades y estadística. … ¡No, está durmiendo!

6 **Escribe la forma apropiada del verbo en el presente continuo.**

1. Mi amiga (jugar) al baloncesto.
2. Mi hermano y yo (comer) bocadillos en el patio.
3. La profesora (escribir) en la pizarra.
4. Los alumnos (salir) del colegio.
5. Yo (leer) un mensaje en el móvil.

7 **Tu amigo/a te manda un correo electrónico. Escribe tu respuesta, respondiendo a sus preguntas.**

> **Gramática**
>
> Use the continuous present tense to talk about what you're doing at the moment.
>
> To form it:
> *estar* + gerundio (–ing form).
>
> | | |
> |---|---|
> | est**oy** | estudi**ando** |
> | est**ás** | com**iendo** |
> | est**á** | escrib**iendo** |
> | est**amos** | |
> | est**áis** | |
> | est**án** | |
>
> To make the present participle, use the infinitive replacing the *–ar/–er/–ir* ending with *–ando*, *–iendo*, *–iendo*.
>
> ¿Más? → Grammar p. 230

Hola

¿Cómo estás? A ver si me haces un favor. Estoy haciendo un trabajo sobre el colegio. ¿Me puedes contestar a estas preguntas? ¿A qué hora empiezan las clases en tu colegio? ¿Cuánto tiempo dura cada clase? ¿Tenéis uno o dos recreos por la mañana? ¿A qué hora? ¿Coméis en el colegio a mediodía o vais a casa a comer? ¿A qué hora terminan las clases? ¿Cuántas asignaturas obligatorias estudias? ¿Qué asignaturas optativas estudias? ¿Cuál es tu asignatura preferida? ¿Qué estás estudiando en esa asignatura ahora? Mil gracias

2.2 ¿Qué te gusta y qué no te gusta?

1 **Escucha la conversación sobre la vida escolar. ¿Qué aspecto no se menciona?** 🎧 17

Objetivos
- Say what you like and dislike about school
- Describe a good teacher
- Use the verb *gustar*

el taller de arte

el laboratorio de ciencias

los deberes

el recreo

las vacaciones

los compañeros de clase

el uniforme   los exámenes   los profesores

2 **Escucha otra vez. Indica la opinión con ✓ (le gusta) o X (no le gusta). Cuando los dos chicos tienen la misma opinión, indícalo así: ✓✓ o XX.** 🎧 17

1 los exámenes
2 los deberes
3 los profesores
4 el taller de arte
5 el recreo
6 las vacaciones

3 **Completa las frases con *gusta* o *gustan*.**

1 Me _____ la música.
2 ¿Te _____ las artes escénicas?
3 Le _____ el deporte.
4 Les _____ las matemáticas.
5 Nos _____ el recreo.
6 No me _____ estudiar los fines de semana.

> **Gramática**
>
> *gustar* is used in the 3rd person forms, *gusta* (with singular nouns or an infinitive) and *gustan* (with plural nouns). The person/people who like the item/activity are shown by a personal pronoun before the verb.
>
> ¿*Te* gusta el francés?
> *Le* gusta la geografía.
> No *les* gustan los exámenes.
> *Nos* gusta charlar con nuestros amigos.
>
> ¿Más? → Grammar p. 232

4 **Completa las frases para dar tus propias opiniones sobre la vida escolar.**

Me gusta …   Me gustan …   No me gusta …   No me gustan …

5 **Túrnate con tu compañero/a. Pregunta y contesta.**

- ¿Qué te gusta de tu colegio?
- ¿Qué no te gusta?
- ¿Cómo son tus profesores? ¿Qué clases te gustan más? ¿Por qué?
- ¿Tiene buenas instalaciones tu colegio? ¿Cuáles te gustan más?

6 **Un amigo en España te manda una descripción de uno de sus profesores. Léela y contesta las preguntas.**

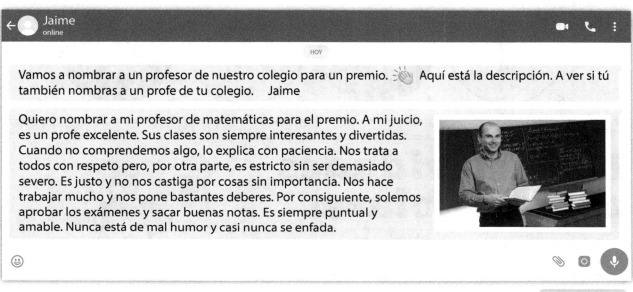

Jaime
online

HOY

Vamos a nombrar a un profesor de nuestro colegio para un premio. 👏 Aquí está la descripción. A ver si tú también nombras a un profe de tu colegio.   Jaime

Quiero nombrar a mi profesor de matemáticas para el premio. A mi juicio, es un profe excelente. Sus clases son siempre interesantes y divertidas. Cuando no comprendemos algo, lo explica con paciencia. Nos trata a todos con respeto pero, por otra parte, es estricto sin ser demasiado severo. Es justo y no nos castiga por cosas sin importancia. Nos hace trabajar mucho y nos pone bastantes deberes. Por consiguiente, solemos aprobar los exámenes y sacar buenas notas. Es siempre puntual y amable. Nunca está de mal humor y casi nunca se enfada.

1 ¿Por qué escribe Jaime sobre su profesor?

2 ¿Qué quiere decir 'no nos castiga por cosas sin importancia'?

3 ¿Tienen éxito los alumnos de este profesor? ¿Cómo lo sabes?

4 ¿Cuáles de los adjetivos de la siguiente lista describen al profesor de matemáticas de Jaime?

> gracioso   perezoso   pesimista   trabajador
> eficiente   injusto   desagradable   ideal   fatal
> paciente   impaciente   agradable   respetuoso

Gramática

When the direct object of a verb is a specific person or pet animal, *a* is used before it.
Quiero nombrar a mi profesor.
The personal *a* is not used with *tener. Tengo una hermana.*

7 **Escribe una descripción para nombrar a un profesor o una profesora de tu colegio para un premio.**

NOBEL DE EDUCACIÓN

El Premio Global es conocido como el premio Nobel de educación. ¿Hay un profesor excelente de tu colegio que quieres nombrar? Escríbenos diciendo por qué tu profesor o profesora merece el premio.

Para mejorar

Keep a list of useful phrases for each topic. Learning and remembering phrases will make speaking and writing easier. For example:
aprobar los exámenes – to pass exams
sacar buenas notas – to get good marks
estar de mal humor – to be in a bad mood
hacer los deberes – to do homework

2.3 Al salir de clase

1 Escucha y lee el texto. Busca la palabra para cada dibujo. 🔊 18

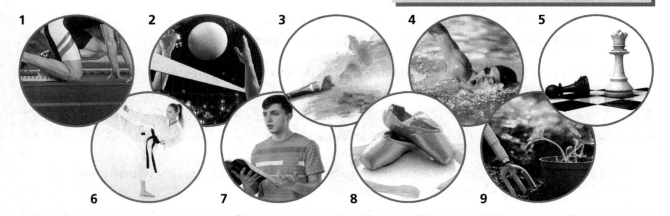

1　2　3　4　5

6　7　8　9

www.lasactividadesextraescolares…

Las actividades extraescolares

Ofrecemos a nuestros alumnos actividades optativas para hacer después de las clases académicas. Hay actividades deportivas, entre ellas tenemos el atletismo, el voleibol, la natación y el kárate. Hay actividades culturales como, por ejemplo, el baile, la música y la pintura. Hay clubes escolares de matemáticas, idiomas y ciencias. También tenemos clubes de ajedrez y de debate. Además, hay el club de jardinería donde los alumnos aprenden sobre plantas, temas ecológicos y el reciclaje.

Los alumnos tienen oportunidades de participar en torneos regionales y nacionales de deporte y en eventos culturales, de manera que pueden conocer a gente de otros colegios, y hasta de otros países, e intercambiar sus ideas y experiencias.

2 Escucha a los chicos hablando de las actividades que hacen. Copia y completa el cuadro. (1–5) 🔊 19

	¿Qué actividad hace?	¿Qué día la hace?	¿Por cuánto tiempo?
1		los lunes	una hora
2			
3			
4			
5			

> ⓘ The days of the week don't start with a capital letter in Spanish:
> lunes, martes, miércoles, jueves, viernes, sábado, domingo.
> el lunes – on Monday
> los lunes – on Mondays

3 Escucha otra vez. Completa las opiniones con las actividades. 🎧 19

El club de …

1 _____ para relajarme y para quitar el estrés.

2 _____ para mejorar la coordinación.

3 _____ porque tengo más oportunidades de hablar.

4 _____ es bueno porque me ayuda a pensar.

5 _____ para superar la timidez.

6 _____ porque conocemos a gente de otros colegios.

7 _____ para mejorar la capacidad de aprender.

8 _____ porque tengo que concentrarme mucho.

9 _____ para tener más confianza.

4 Escribe *por* o *para* para completar cada frase.

1 Hay un club de fotografía _____ los alumnos de tercer y cuarto año.

2 ¿_____ qué vas a los clubes de baile, de teatro y de música?

3 _____ ser actor, hay que empezar joven y trabajar mucho.

4 El club de inglés es el miércoles y el viernes _____ la tarde.

5 Tenemos que aprender veinte palabras _____ la semana que viene.

6 _____ mi hermano, Barcelona FC es el mejor club de fútbol del mundo.

7 Hay que llevar zapatillas deportivas _____ hacer deporte en el gimnasio.

8 A veces los profes me regañan cuando estoy mirando _____ la ventana, ¡pero es que estoy pensando!

> **Gramática**
>
> Use *por* and *para* (for) as follows:
>
> *por* for cause or reason, duration and direction:
> ¿*por qué?* – why?
> *por la mañana* – in the morning
> *por la calle* – along the street
>
> *para* for intention/purpose and opinion:
> *Voy al club de inglés para tener más oportunidades de hablar.*
> – I go to English club in order to have more opportunities to speak.
> *Para mí, el deporte es muy importante para la salud* –
> In my opinion, sport is very important for your health.
>
> ¿Más? → Grammar p. 235

5 Túrnate con tu compañero/a. Pregunta y contesta.

● ¿Qué actividades haces después de clase?

● ¿Cuándo y por cuánto tiempo haces cada actividad?

● ¿Por qué te gusta?

6 Escribe a tu amigo/a de intercambio sobre las actividades extraescolares.

2.4 Tú y tus amigos

1 **Elige tres adjetivos que te describen a ti y a tu compañero/a. Compara tu lista con tu compañero/a.**

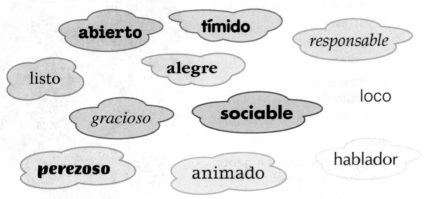

abierto tímido responsable listo alegre loco gracioso sociable perezoso animado hablador

Objetivos
- Describe yourself and your friends
- Write a description of a good friend
- Use *hace* to talk about time

Para mejorar

Add detail to your descriptions by adding these words before adjectives:
un poco (a little)
Soy un poco tímido.
bastante (quite)
Eres bastante optimista.
muy (very)
Él es muy gracioso.

- Creo que soy muy abierto, un poco perezoso y bastante hablador.
- Creo que tú eres …

Gramática

Adjectives agree with the person or thing they describe.
Creo que tú eres habladora, Ana.
¿Más? → Grammar pp. 226–227

2 **Escucha y lee los textos. Busca los adjetivos para describir a un buen amigo.** 🔊 20

Para mí, un buen amigo tiene que ser leal y generoso. Debe ser una persona de confianza que te comprende y te apoya. Creo que es importante ser sincero y decir la verdad. Me llevo bien con todos mis amigos y compañeros de clase. Uno de ellos es mi amigo Jaime. Es genial. Hace cuatro años que nos conocemos y nos llevamos superbién. Jaime es listo, sincero y generoso pero también es gracioso y divertido.

Juan

UN BUEN AMIGO ES AQUEL QUE TE CRITICA DE FRENTE Y TE DEFIENDE A TUS ESPALDAS

Un buen amigo te escucha y te ayuda cuando tienes problemas. Me gusta estar con gente abierta y optimista pero también me llevo bien con gente más tranquila que no quiere llamar la atención. Tengo una amiga que se llama Julia. La admiro porque es optimista y trabajadora. Es simpática y se lleva bien con todo el mundo. Nunca critica a los otros. Hace solo un año que la conozco pero la valoro mucho.

Amelia

Gramática

To say how long you have been doing something, use:
Hace + time + *que* + present tense
Hace cuatro años que nos conocemos.
Hace dos años que hago kárate.
¿Más? → Grammar p. 232

3 **Escribe tres opiniones de los textos con las que estás de acuerdo. Compara tus ideas con tu compañero/a.**

4 **Túrnate con tu compañero/a. Pregunta y contesta.**

¿Cuánto tiempo hace que ...

- estudias español?
- conoces a tus compañeros de clase?
- vives en este pueblo / ciudad?
- asistes a este colegio?
- sabes montar en bicicleta / a caballo / nadar?

5 **Escucha a los chicos hablando de sus amigos. Copia y completa. (1–4)** 🎧 21

¿Cómo se llama el amigo/la amiga?	¿Cómo es de carácter?	¿Cuánto tiempo hace que lo/la conoces?

6 **Escribe las palabras que faltan en estas frases. Luego escucha otra vez y comprueba.** 🎧 21

> bien   buen   diferentes   para   estoy   mal

1 Nunca está de _____ humor.

2 Nos llevamos _____ porque nos interesan las mismas cosas.

3 Nos llevamos bien porque somos muy _____.

4 Cuando _____ preocupada, me hace reír.

5 Es _____ chico.

6 Es un amigo _____ toda la vida.

7 **Escribe un párrafo describiendo a un amigo o una amiga.**

¿Cómo se llama tu amigo/amiga?

¿Cómo es de carácter?

¿Cuánto tiempo hace que lo/la conoces?

¿Por qué os lleváis bien?

2.5 ¿Qué haces para ganar dinero?

1 Escucha y lee lo que dicen cuatro jóvenes sobre el trabajo. Contesta las preguntas. (1–4) 🔊 22

Objetivos
- Say what I do to earn money
- Talk about part-time jobs
- Use *seguir* + gerund

Hace dos años que hago de canguro. Cuido a los niños de mis vecinos cuando ellos salen por la noche. Lo hago una o dos veces a la semana. No es un trabajo duro pero a veces los niños son traviesos y no quieren acostarse. Lo bueno es que cuando se acuestan puedo hacer los deberes o ver la televisión.

Alba

Durante las vacaciones de verano, paseo al perro de nuestros vecinos cuando ellos están trabajando. También doy de comer al gato de una vecina cuando ella va de vacaciones. Pienso seguir cuidando mascotas porque me gustan los animales.

Laura

Mis padres me dan dinero por las tareas que hago en casa. Me gusta ayudar a mis padres y es más flexible que trabajar fuera de casa. Lo hago cuando tengo tiempo. Lavo el coche, paso la aspiradora, limpio la cocina. Puedo seguir haciéndolo hasta que tenga mi propio piso.

Carlos

Doy clases particulares de guitarra. A mí me encanta la música y hace siete años que toco la guitarra. Gano más dando clases que trabajando en una heladería o en una tienda. Por eso, quiero seguir haciéndolo en el futuro.

Javier

¿Quién …
1 cuida mascotas?
2 puede hacer los deberes mientras trabaja?
3 trabaja en casa?
4 trabaja de profesor?

2 Lee los textos otra vez. ¿Por qué les gusta su trabajo?

Gramática

Subject pronouns (*yo*, *tú*, etc.) are rarely needed in Spanish because the verb ending shows who is doing the action. But occasionally they're used for clarity.

Cuido a los niños de mis vecinos cuando ellos salen por la noche.

También doy de comer al gato de una vecina cuando ella va de vacaciones.

¿Más? → Grammar p. 224

3 Empareja los trabajos con las tareas.

1 Ayudo en casa.
2 Cuido mascotas.
3 Doy clases particulares.
4 Hago de canguro.
5 Trabajo de jardinero/jardinera.
6 Trabajo en una heladería.

a Sirvo a los clientes y pongo y quito las mesas.

b Limpio la casa: quito el polvo, paso la aspiradora y friego el suelo.

c Enseño a niños a tocar un instrumento musical y doy clases de matemáticas, lengua, etc.

d Doy de comer al gato y paseo al perro.

e Juego con los niños y los ayudo a hacer los deberes.

f Cuido y riego las plantas y corto el césped.

4 Escribe las formas correctas del verbo *seguir*.

1 _____ dando clases particulares porque quiero ser profesor en el futuro.

2 Mi hermano y yo tenemos 14 y 16 años pero _____ peleándonos sobre quién tiene que quitar la mesa.

3 A mis abuelos les gusta el deporte y _____ corriendo todos los días.

4 ¿_____ trabajando en la heladería o es que tienes otro trabajo ahora?

5 Mi amigo, José, _____ tocando la guitarra porque quiere formar una banda.

5 Escucha las entrevistas con cuatro jóvenes. ¿Qué hacen para ganar dinero? (1–4) 🎧 23

6 Escucha otra vez. ¿Quieren seguir haciendo el trabajo o no? 🎧 23

7 Túrnate con tu compañero/a. Pregunta y contesta.

- ¿Que haces para ganar dinero?
- ¿Qué tareas haces en el trabajo?
- ¿Te gusta hacer este trabajo? ¿Por qué? / ¿Por qué no?
- ¿Quieres seguir haciéndolo en el futuro? ¿Por qué? / ¿Por qué no?

8 Escribe un párrafo sobre tu trabajo. Responde a las preguntas de la Actividad 7.

Gramática

seguir + gerund describes an action that has started and is continuing.

Este año, sigo estudiando español y francés.
Quiero seguir cuidando mascotas.

sigo	seguimos
sigues	seguís
sigue	siguen

Para mejorar

Don't expect to understand everything on first listening. Listen first for the main idea. Listen again for more detail.

Ayudo en casa./Cuido mascotas./Hago de canguro./ Doy clases particulares/Trabajo de ...Trabajo en ...

Limpio .../Doy a comer .../Juego .../Enseño .../Cuido .../Sirvo ...

(No) Me gusta porque ... es difícil/aburrido/duro/fácil/ interesante/flexible

(No) Quiero seguir haciéndolo en el futuro porque ... quiero ser (médico/a)/me gustan (los animales)/me encanta (la música)/gano más (dando clases) que (trabajando)

Las escuelas secundarias de Buenos Aires, en Argentina, además de enseñar las materias académicas, ofrecen cursos con orientaciones específicas. A partir del tercer o cuarto año de secundaria, los alumnos pueden estudiar también deportes, comunicación, ciencias sociales, turismo, arte, teatro, jardinería o gastronomía. De esta manera, adquieren conocimientos prácticos y toman los primeros pasos hacia una profesión.

En el barrio de Palermo, en Buenos Aires, hay 'una escuela de rock'. Es un colegio que ofrece estudios secundarios con la opción de música rock y pop. Desde las ocho menos veinte de la mañana hasta la una, los alumnos estudian las asignaturas convencionales. Luego, después de comer, cursan dos horas al día de materias musicales. Según el director, la educación musical transmite valores que hoy necesitan los chicos, como son, saber escuchar al otro, respetar las diferencias, saber trabajar en equipo y poder comunicarse con los demás.

1   **Lee el texto. Elige las opciones correctas.**

1 En las escuelas secundarias en Buenos Aires los alumnos ...

   a no estudian asignaturas como las matemáticas, las ciencias y la historia

   b solo aprenden asignaturas prácticas

   c estudian asignaturas académicas y prácticas

2 Los cursos con orientación específica ...

   a son obligatorias para ir a la universidad

   b son útiles para el trabajo en el futuro

   c forman parte de la educación primaria

3 Palermo es ...

   a una zona de la ciudad de Buenos Aires

   b un pueblo cerca de Buenos Aires

   c una ciudad en Argentina

4 En el colegio en Palermo los alumnos estudian ...

   a asignaturas académicas todo el día

   b música por la mañana

   c música por la tarde

5 El director del colegio en Palermo cree que la música ayuda a los alumnos a ...

   a llevarse bien con los demás

   b ser más trabajadores

   c sacar buenas notas

Conexiones

¿Qué conocimientos prácticos de la escuela secundaria son más útiles para el trabajo en el futuro?

¿Cómo vas al colegio? ¿Vas en metro, en autobús, en bici o a pie? Pues, un chico de Patagonia, en el sur de Argentina, va a clase a caballo.

Hace 7 años que Carlos Yáñez va a clase a caballo. Carlos vive en pleno campo. Sus padres son pastores y su casa está a 18 kilómetros de la escuela más cercana.

Todas las mañanas, Carlos sale de casa a las siete y media con su hermana menor, Mica. Los dos van a caballo. Están en clase hasta las tres y media. Llegan a casa a las cinco y se ponen a hacer los deberes. Carlos dice: 'A veces llegamos tarde a clase si hay nieve, pero no tengo miedo.'

Carlos sale en un documental que se llama 'Camino a la escuela', junto con chicos de otros países que tienen viajes difíciles al colegio.

En la escuela Carlos y Mica sacan buenas notas. En el futuro, Carlos quiere estudiar para ser veterinario y Mica quiere ser profesora.

pastores – shepherds
se ponen a (hacer los deberes) – they start (to do their homework)
nieve – snow

A buscar

¿Dónde está Patagonia?
¿Cómo es esta región?

Lo mismo …

En España, las escuelas secundarias públicas se llaman 'institutos'. En Latinoamérica se llaman 'escuelas secundarias', 'colegios' o 'liceos'.

El año escolar, en muchas partes de Latinoamérica, empieza en enero o febrero y termina a finales de noviembre o a principios de diciembre. En España, el año escolar es de septiembre a junio.

pero diferente

2 **Lee el texto. Compara tu vida con la vida de Carlos Yáñez. Túrnate con tu compañero/a. Habla de …**

- cómo vas tú/va él a clase
- dónde está tu casa/su casa
- a qué distancia vives de tu escuela/él vive de su escuela
- a qué hora sales de casa por la mañana/a qué hora sale él
- cuánto tiempo dura tu viaje/su viaje
- a qué hora llegas a casa por la tarde/llega a casa él

Repaso

1 Escucha la entrevista sobre el día escolar. Contesta las preguntas. 🎧 24

1 ¿Qué año cursa en el colegio?
2 ¿Cómo va al colegio?
3 ¿A qué hora empiezan las clases?
4 ¿Cuánto tiempo dura cada clase?

5 ¿A qué hora hay recreo?
6 ¿A qué hora terminan las clases?
7 ¿Qué asignaturas le gustan más?
8 ¿Qué actividades hace después de clase?

2 Mira las fotos y escribe frases usando el presente continuo.

pintar   jugar al fútbol   escribir   tocar instrumentos   escuchar   leer

1 Está escribiendo.

3 Túrnate con tu compañero/a. Pregunta y contesta.

- ¿Cómo es tu colegio? ¿Qué te gusta y qué no te gusta de tu colegio? ¿Por qué?
- ¿Qué asignaturas te gustan más? ¿Por qué?
- ¿Qué asignaturas no te gustan? ¿Por qué?
- ¿Qué actividades haces después de clase?
- ¿Para ti, cómo es un buen profesor?
- ¿Cómo es un buen amigo o una buena amiga?
- ¿Qué haces para ganar dinero?

4 **Escribe sobre un amigo o una amiga. Responde a las preguntas.**

- ¿Cómo se llama?
- ¿Cómo es?
- ¿Qué asignaturas le gustan?
- ¿Qué asignaturas no le gustan?
- ¿Qué actividades extraescolares hace?
- ¿Qué hace para ganar dinero?

¿Cómo te va?

Lee y copia para hacer una lista de verificación. Piensa y decide para cada objetivo: **Muy bien**, **Más o menos**, **Mal**. Repasa para mejorar.

	Muy bien	Más o menos	Mal
• hablar de mi colegio y de las asignaturas que estudio			
• decir cómo voy al colegio			
• hablar de mi día escolar			
• usar verbos en el presente continuo			
• usar el verbo gustar			
• describir a un buen profesor / una buena profesora			
• hablar de las actividades escolares			
• usar *hace* con verbos en presente para hablar de tiempo			
• usar *por* y *para*			
• hablar de los amigos			
• hablar de lo que hago para ganar dinero			

Para mejorar

When you have questions to respond to in writing and speaking tasks, the verbs in the questions can be used in your answers – but be careful to use the correct form of the verb.

Palabras y frases – Unidad 2

Asignaturas	School subjects
Me gusta/Me gustan	I like
Odio	I hate
el arte/dibujo	art
las artes escénicas	performing arts
la biología	biology
las ciencias	science
la danza	dance
el diseño	design
la educación física	physical education
el español	Spanish
el francés	French
la física	physics
la geografía	geography
la historia	history
los idiomas	languages
el inglés	English
la informática	computer science
la lengua y literatura	language and literature
las matemáticas	maths
la música	music
la religión	religion
la química	chemistry
el teatro/el drama	drama
la tecnología	techology

Adjetivos	Adjectives
aburrido/a	boring
complicado/a	complicated
difícil/fácil	difficult/easy
divertido/a	fun
interesante	interesting
obligatorio/a	compulsory
optativo/a	optional
práctico/a	practical
sencillo/a	simple
útil/inútil	useful/useless

Mi colegio	My school
las aulas	classrooms
la biblioteca	library
la cantina	canteen
el gimnasio	gym
el pasillo	corridor
el patio	playground, schoolyard
la pista de baloncesto	basketball court
la pista de atletismo	athletics track
la pizarra interactiva	interactive board
el vestuario	changing rooms
la entrada	entrance
la salida	exit

Un día en el colegio	A day at school
en autobús/bicicleta/ coche/metro/tren	by bus/bike/car/metro/ train

a pie	on foot
el/la alumno/a	student
el/la estudiante	student
el departamento	department
el equipo	team
el laboratorio de ciencias	science lab
el recreo	break
la revisión	revision
el salón de actos	events room, assembly hall
el trabajo	project
durar	last
empezar	start
entrenar	train
estar interesado/a en	be interested in
estudiar	study
experimentar	experiment
hacer los deberes	do homework
sacar buenas notas	get good marks
suspender	fail
terminar	finish
tomar notas/apuntes	take notes

Mis profesores	My teachers
amable	kind
desagradable	unpleasant
educado/a	polite
eficiente	effective
estricto/a	strict
gracioso/a	funny
justo/a	fair
injusto/a	unfair
paciente/impaciente	patient/impatient
perezoso/a	lazy
pesimista	pessimistic
respetuoso/a	respectful
serio/a	serious
severo/a	severe
simpático/a	nice, pleasant
castigar	punish
comprender	understand
enfadarse	get angry
estar de mal/buen humor	be in a bad/good mood
explicar	explain

Actividades extraescolares	After-school activities
el club de ...	... club
ajedrez	chess
artes marciales	martial arts
atletismo	athletics
bádminton	badminton
baile	dance
debate	debate
fotografía	photography

fútbol	football
jardinería	gardening
kárate	karate
natación	swimming
pintura	painting
voleibol	volleyball
unir(se), apuntarse	join

¿Cómo son? — **What are they like?**

abierto/a	open
alegre	cheerful, happy
animado/a	lively
callado/a	quiet
generoso/a	generous
genial	great
leal	loyal
listo/a	clever
loco/a	crazy
preocupado/a	worried
responsable	responsible
sincero/a	sincere
sociable	sociable
solo/a	lonely
solitario/a	lonely
tímido/a	shy
tonto/a	silly

alto/a	tall
bajo/a	short
calvo/a	bald
delgado/a	slim
gordo/a	fat
bonito/a	pretty
guapo/a	good-looking, beautiful
la barba	beard
el bigote	moustache
el pelo corto/largo	short/long hair
el pelo liso/ondulado/ rizado	straight/wavy/curly hair
el pelo oscuro/rubio	dark/blonde hair
(llevar) gafas	(wear) glasses
(llevar) sonotone/ audífono	(wear) a hearing aid

admirar	admire
apoyar	support
criticar	criticise
reír	laugh
sonreír	smile
valorar	appreciate, respect

Para ganar dinero — **To earn money**

Me dan dinero.	They give me money.
Ayudo en casa.	I help in the house.
Corto el césped.	I cut the grass.
Cuido las plantas.	I look after the plants.
Cuido mascotas.	I look after pets.
Doy clases particulares.	I give private lessons.

Doy de comer al gato.	I feed the cat.
Enseño a niños a …	I teach children to …
Hago de canguro.	I babysit.
Juego con los niños.	I play with the children.
Limpio la casa.	I clean the house.
Paseo al perro.	I walk the dog.
Pongo y quito las mesas.	I set and clear the tables.
Riego las plantas.	I water the plants.
Sirvo a los clientes.	I serve the customers.
Trabajo de jardinero/a.	I work as a gardener.
Trabajo en una heladería.	I work in an ice-cream shop.

Escuchar

1 Vas a oír un diálogo entre Teo y su amiga Alba sobre las actividades extraescolares. Vas a oír el diálogo dos veces.

Empareja las asignaturas con las afirmaciones correctas (A–F). Para cada actividad, escribe la letra correcta (A–F) en la línea.

Ahora tienes unos segundos para leer la siguiente información. 🎧 25

Actividades		Lo que dice Teo
robótica	_____	**A** Para tener éxito tienes que colaborar.
teatro	_____	**B** Quiere hacerlo el trimestre próximo.
fotografía	_____	**C** Comprender al profesor es difícil.
ajedrez	_____	**D** Va todas las semanas.
baloncesto	_____	**E** El club es aburrido.
		F Se aprende cómo mejorar la técnica.

[Total: 5]

2 Vas a oír una entrevista con Irene que habla sobre el trabajo que tiene durante las vacaciones. La entrevista está dividida en dos partes.

Hay una pausa durante la entrevista.

Primera parte: Preguntas 1–5

Vas a escuchar la primera parte de la entrevista dos veces. Para las preguntas 1–5 indica tu respuesta escribiendo una X en la casilla correcta (A–C).

Ahora tienes unos segundos para leer las preguntas 1–5. 🎧 26

1 Irene está terminando …

   A un curso universitario ☐

   B los estudios de secundaria ☐

   C la formación vocacional ☐ [1]

2 Irene no tiene bastante dinero …

   A ya que gasta demasiado ☐

   B porque sus padres no la dan nada ☐

   C sin trabajar por su propia cuenta ☐ [1]

3 Irene trabaja …

   A todos los fines de semana ☐

   B cuando hay vacaciones ☐

   C si tiene ganas ☐ [1]

4 Hace dos años Irene …

   A cuidó la mascota de unos vecinos ☐

   B estaba feliz de ir de vacaciones ☐

   C quería buscar un trabajo ☐ [1]

5 Irene recibe más sueldo …

   A cuando cuida a un gato ☐

   B si está encargada de un perro durante un día ☐

   C si lleva de paseo a una mascota todos los días ☐ [1]

[PAUSA]

Segunda parte: Preguntas 6–9.
Vas a escuchar la segunda parte de la entrevista dos veces. Para las preguntas 6–9 indica tu respuesta escribiendo una X en la casilla correcta (A–C).

6 Irene aconseja que a las mascotas …

   A hay que darles cariño ☐

   B les hace falta ejercicio ☐

   C no es necesario darles alimento ☐ [1]

7 Los clientes de Irene …

   A nunca son los mismos ☐

   B trabajan para una agencia ☐

   C confían en Irene ☐ [1]

8 Irene dice que trabajar con animales …

   A es algo que le gusta ☐

   B le da bastante dinero ☐

   C le permite trabajar al aire libre ☐ [1]

9 Irene trabaja …

   A cuando conviene a la agencia ☐

   B cuando es ideal para los clientes ☐

   C las horas que ella quiere ☐ [1]

[Total: 9]

Leer

3 **Lee el texto. Para cada pregunta, indica tu respuesta escribiendo una X en la casilla correcta (A–C).**

> Nos habla Diego …
>
> Donde vivo es un barrio residencial en las afueras de la ciudad y la gente que vive aquí suele trabajar en el centro porque tiene buenas conexiones de transporte.
>
> Lo bueno es que hay un polideportivo con piscina y un centro comercial. También hay un parque pero no está bien cuidado.
>
> La verdad es que no tiene mucho para los jóvenes – nunca pasa nada y es bastante aburrido. Si queremos ir al cine o a comer fuera, tenemos que coger el metro. Eso significa que tenemos que correr para no perder el último tren así que no podemos aprovechar la vida nocturna del centro.
>
> Yo preferiría vivir en un lugar con más animación. En el futuro viviré en el centro donde hay más vida.

1 El barrio de Diego está en …

   A el centro ☐

   B los alrededores ☐

   C el oeste ☐ **[1]**

2 Los habitantes van al trabajo …

   A en coche ☐

   B en transporte público ☐

   C a pie ☐ **[1]**

3 La piscina está en …

   A el polideportivo ☐

   B el parque ☐

   C la ciudad ☐ **[1]**

4 Diego cree que su barrio ofrece …

   A mucho ☐

   B bastante ☐

   C poco ☐ **[1]**

5 Diego tiene que coger el metro si quiere …

   A ir a un restaurante ☐

   B ir de compras ☐

   C hacer deporte ☐ **[1]**

6 Cuando Diego va al centro no puede …

   A perder el último tren ☐

   B ver una animación ☐

   C aprovechar una comida ☐ **[1]**

7 En el futuro Diego no va a vivir en el …

   A barrio ☐

   B extranjero ☐

   C centro ☐ **[1]**

[Total: 7]

4 Estas cinco personas quieren alquilar o comprar propiedades. Lee las preguntas (a–e) y las descripciones (1–8).

¿Cuál es la mejor propiedad para cada persona?

Para cada persona escribe el número correcto (1–8) en la línea.

a		JUANA: Siempre he querido vivir cerca del mar y ahora que tengo un empleo en Cádiz puedo realizar mi sueño. Busco un piso pequeño para mí sola con vistas al mar.	_____
b		SAMUEL: Busco una casa original para mi familia. Somos un matrimonio con dos hijos y un perro así que tiene que tener un espacio al aire libre para que puedan jugar.	_____
c		LUCIANA: Me gustaría abrir una tienda de ropa vintage. Lo ideal sería alquilar algo que no tenga que reformar demasiado y esté en el centro de la ciudad, donde haya otros negocios.	_____
d		SANTIAGO: Quisiera una casa de campo. No me importa reformarla. Cuanto más antigua y rústica mejor. La alquilaré a visitantes durante el verano y pienso habitarla en invierno.	_____
e		AMALIA: Vamos a ir de vacaciones a la costa en agosto y queremos alquilar un piso por dos semanas. Buscamos una propiedad para tres personas que sea cómoda y esté bien equipada.	_____

1	Se vende casa de pueblo antigua para rehabilitar con grandes posibilidades, con dos plantas, cinco habitaciones, cocina y patio. No tiene cuarto de baño. A poco más de una hora de Madrid está cercana a varios pueblos de interés turístico.
2	Se alquila piso elegante y acogedor de tres dormitorios y dos cuartos de baño, amueblado y equipado para la segunda quincena de agosto. Con balcón frente al mar y a cincuenta metros de la playa. No se permiten mascotas.
3	Para alquilar: magnífica vivienda con tres amplios dormitorios sin amueblar en corazón del casco antiguo. Recién reformada y pintada. Espectacular salón de estar con balcón. Dispone también de comedor, dos baños y cocina equipada con todos los electrodomésticos nuevos.
4	Disponible para mediados de agosto se alquila por dos años apartamento muy luminoso de dos dormitorios y con dos cuartos de baño. Totalmente reformado y amueblado. Tiene cuatro balcones a la calle, cocina-comedor y aire acondicionado.
5	Chalet unifamiliar de 2 plantas alrededor de un patio interior central con arcos y fuente. Dispone de cuatro dormitorios, dos baños, salón con chimenea, cocina, despacho comedor. Hay garaje, jardín y piscina.
6	¿Te gustaría vivir en el centro en una gran casa de tres plantas? La planta de abajo funciona como una tienda aunque se podría convertir en un salón. Se accede a la vivienda por una entrada separada y una escalera.
7	Se alquila local en zona céntrica en calle arboleda muy comercial con mucho paso de gente y coches. Magnífica fachada con un gran escaparate. Actualmente estamos reformándolo cambiando suelos y pintura de todo el local.
8	Ático de un dormitorio con espectaculares vistas al mar en cuarta planta sin ascensor. Exterior con dos ventanas a la calle. Tiene dos terrazas desde la que disponemos de unas magníficas vistas del mar. La vivienda se encuentra en buen estado.

[Total: 5]

¿Listo?

¡Revisemos! • Talk about food • Describe ailments • Say how frequently/for how long

1 Decide si estos alimentos son buenos para la salud (B), malos para la salud (M) o ni buenos ni malos (NBM).

1 el agua	**6** las patatas fritas	**11** los huevos
2 las galletas	**7** la fruta	**12** el café
3 el pescado	**8** el arroz	**13** la pasta
4 la carne	**9** la gaseosa	**14** las legumbres
5 las verduras	**10** el pan	**15** el aceite

2 Túrnate con tu compañero/a. Pregunta y contesta.

- ¿Con qué frecuencia comes / bebes...?
- Todos los días, a veces, nunca como/bebo ...

3 Elige cinco alimentos de la lista y escribe:

- con qué frecuencia los comes o bebes
- si te gustan o no

Como fruta todos los días. Me gusta mucho.

4 Escucha y escribe las letras en el orden mencionado. 🎧 27

El cuerpo

a la cabeza

c la nariz

f las muelas / los dientes

g la garganta

k el dedo

i el brazo

l el estómago

n la rodilla

o el tobillo

b los ojos

d la oreja / el oido

e la boca

h la espalda

j la mano

m la pierna

p el pie

5 Escucha y escribe qué les duele a las personas y desde cuándo/desde hace cuánto. (1–6) **28**

1 *estómago, desde anoche*

6 Túrnate con tu compañero/a. Pregunta y contesta.

- ¿Qué te duele?
- Me duele(n) … Tengo dolor de …
- ¿Desde cuándo?/¿Desde hace cuánto?
- Desde … Desde hace …

7 Empareja las frases con las fotos.

1 Debe ponerse el cinturón de seguridad.
2 Hay que llevar casco.
3 El parabrisas está roto.
4 Los frenos no funcionan
5 El coche tiene una avería.
6 La rueda tiene un pinchazo.
7 El semáforo está en rojo.
8 Hay que parar en el paso de peatones.

Gramática

doler (*to hurt*) changes its stem from *o* to *ue*.

Like *gustar*, it is only used in the 3rd person: *duele* when followed by singular nouns and *duelen* when followed by plural nouns. Use an indirect object pronouns to show who is hurt. Note that you include the definite article.

Me duelen las muelas.
Te duele la garganta.

¿Más? → Grammar p. 232

Gramática

How long?
¿Desde hace cuánto tienes tos?
Tengo tos desde hace una semana.
Since when?
¿Desde cuándo tienes tos?
Desde el viernes pasado.

¿Más? → Grammar p. 232

a   b   c   d

e   f   g   h

8 Empareja las preguntas con las respuestas de la Actividad 7.

a ¿Por qué tengo que parar?
b ¿Qué debo hacer al entrar en el coche?
c ¿Dónde debo parar?
d ¿Qué debo ponerme para proteger la cabeza?

e ¿Por qué no para el vehículo?
f ¿Qué le pasó al coche en el choque?
g ¿Qué pasa con la bicicleta?
h ¿Por qué no anda el coche?

3.1 ¿Qué comes?

Objetivos
- Talk about meals
- Express opinions about food
- Use comparatives

ℹ ¿Llevas una vida sana?

1 Empareja las fotos de los platos típicamente españoles con las palabras.

1 2 3 4 5 6 7

a calamares a la romana	**d** gazpacho	**f** churros con chocolate
b paella de mariscos	**e** tortilla de patatas	**g** flan
c chuletas con patatas fritas		

2 Escucha y lee. Empareja los textos con las fotos. (1–4) 🔊 29

Carmen

1 Sé que mi dieta no es sana. No me gustan las verduras, detesto la fruta. Para mí, una hamburguesa con patatas fritas es mucho mejor que una ensalada. Prefiero comer comida rápida. Me gustan las pizzas más que los perritos calientes aunque no son tan ricas como las patatas fritas. Sé que contienen mucha grasa pero no me importa.

Sergio

2 Para mí la mejor comida del día es el desayuno. Suelo empezar el día con cereales con fruta y yogur. A veces tomo una tostada con un huevo y aguacate. Y tomo un café con leche o un zumo de naranja aunque me gusta más el café. Mis padres prefieren desayunar galletas pero yo prefiero algo más saludable. Desgraciadamente no puedo tomar leche ni queso porque tengo intolerancia a la lactosa.

Susana

3 La comida principal del día en nuestra casa es el almuerzo. Hay sopa o verduras de primer plato y de segundo carne, que puede ser pollo o chuletas. De postre comemos fruta. Para cenar comemos algo más ligero como pescado. Solemos comer pan con las comidas. Mis padres beben vino o cerveza con la comida, yo prefiero el agua.

Pedro

4 Tengo una dieta bastante sana. Soy vegetariana pero mi dieta no es limitada porque como legumbres y frutos secos que contienen muchas vitaminas y proteínas. Mi plato preferido es el gazpacho, una sopa fría de tomates y pimiento. Tengo un vicio, como demasiados pasteles. ¡Soy adicta al azúcar!

3 ¿Quién es? Lee otra vez y escribe el nombre: Carmen, Sergio, Susana o Pedro.

1 No come carne.
2 Le gusta más la comida basura que la comida saludable.
3 Le encanta comer cosas dulces.
4 Suele desayunar comida saludable.
5 Come y cena con su familia.
6 Le gusta el zumo de fruta menos que el café.

4 Lee otra vez. ¿Qué significan las frases?

1 Sé que mi dieta no es sana.
2 contienen mucha grasa pero no me importa
3 prefiero algo más saludable
4 Solemos comer pan con las comidas.
5 contienen muchas vitaminas y proteínas
6 ¡Soy adicta al azúcar!

5 **Escucha a los jóvenes hablar de su dieta. Lee y completa las frases. (1–4)**

| Juan | Amal | Rosa | Ramón |

más picante peor rápido tan fuerte menos mejor

1 Entre semana Juan toma un desayuno más _____ que durante los fines de semana.

2 Los fines de semana Juan prefiere un desayuno más _____ que entre semana.

3 A Amal le gusta la comida mexicana porque es más _____ que la comida española.

4 Para Amal el pollo es _____ delicioso que el cordero asado.

5 Ramón dice que el pescado es _____ rico como la carne.

6 Para Ramón el flan es el _____ postre.

7 Rosa come _____ al medio día que por la noche.

8 Rosa cree que cenar mucho es _____ que cenar poco.

> **Gramática**
>
> To make comparisons, use:
> - *más ... que* – more than
>   *Me gusta más la carne que el pescado.*
> - *menos ... que* – less than
>   *La comida basura es menos cara que la comida sana.*
> - *tan + adjective + como* – as ... as
>   *El pastel no es tan saludable como el yogur.*
>
> The words for 'better' and 'worse' are irregular:
> *Este restaurante es mejor que el restaurante mexicano.*
> *Las chuletas son peores que los calamares.*
>
> For superlatives, use:
> - *el / la / los / las + más* – the most, the ...est
>   *La comida mexicana es la más rica.*
>   *el / la / los / las + menos* – the least
>   *La comida basura es la menos saludable.*
>
> ¿Más? → Grammar p. 227

6 **Escucha otra vez. Decide si los jóvenes tienen una dieta sana (S), mala (M) o una mezcla de los dos (S+M). Escribe unas notas para justificar tu respuesta.**

Juan - M *porque come patatas fritas y bebe gaseosa...*

7 **Túrnate con tu compañero/a. Pregunta y contesta.**

- ¿Qué te gusta comer y beber?
- ¿Tienes una dieta sana o mala? ¿Por qué?
- ¿Qué no comes/bebes? ¿Por qué no?

Me gusta/ Me encanta	comer beber	la comida sana/rápida/basura/vegetariana. la carne/el pescado/las verduras/las legumbres/la fruta/ los dulces/frutos secos. el café/el té/el zumo de fruta/la gaseosa.
Mi dieta	(no) es (bastante/muy)	sana/saludable/mala.
No como	carne (de cerdo/ternera)/mariscos/ productos lácteos/ dulces	porque	(no) es/son/sano/a(s)/rico/a(s)/ picante(s). tienen mucha grasa/proteínas/ vitaminas/mucho azúcar. tengo intolerancia a (la lactosa). soy vegetariano/a.
No bebo	bebidas alcohólicas/gaseosa/café/té	porque	no me gustan.

8 **Escribe un párrafo sobre tu dieta. Mira los textos de la Actividad 2 y el cuadro para ayudarte.**

3.2 Me mantengo en forma

Objetivos
- Describe what you do to keep fit
- Talk about doing sport
- Use the preterite tense

1 Escucha y escribe los deportes en el orden mencionado. ¿Qué deporte no se menciona? (1–5)

a Jugué al tenis.

b Jugué al fútbol.

c Monté a caballo./ Hice equitación.

d Esquié./ Hice el esquí.

e Corrí.

f Hice yoga.

g Hice vela.

h Patiné./Hice patinaje.

i Hice surf.

j Di una vuelta en bicicleta. / Hice ciclismo.

2 Escucha otra vez. Copia y completa la tabla. (1–5)

	¿Deportes?	¿Cuándo?	¿Opinión?
Luis	Vela		
David			

Watch out for words and phrases that mean the same thing.
montar en bici – hacer ciclismo – dar una vuelta en bici
montar a caballo – hacer equitación
hacer natación – nadar
patinar – hacer patinaje

Gramática

Use the preterite tense for completed actions in the past.

montar *(to ride)*	**correr** *(to run)*	**salir** *(to go out)*
*mont*é	*corr*í	*sal*í
*mont*aste	*corr*iste	*sal*iste
*mont*ó	*corr*ió	*sal*ió
*mont*amos	*corr*imos	*sal*imos
*mont*asteis	*corr*isteis	*sal*isteis
*mont*aron	*corr*rieron	*sal*ieron

Important irregular verbs: *ser fui, ir fui, hacer hice, dar di*

¿Más? → Grammar p. 231

Use *jugar a* for team sports and *hacer* for individual sports.
Jugué al fútbol. Hago atletismo.
a + el → al

Vocabulario

Lo pasé bien/mal/bomba.
(No) Me gustó
Me divertí/aburrí.
Fue divertido/genial/terrible/aburrido/un desastre.
Fue una experiencia inolvidable/impresionante/horrible/dura.

3 Elige las opciones correctas.

1 El mes pasado, fui de vacaciones a Canadá y **esquié / esquió** todos los días.

2 ¿Cómo fue tu fin de semana, Marina? ¿Qué **hizo / hiciste**?

3 El sábado pasado, Diego y yo **montamos / montaron** a caballo, ¡Fue genial!

4 El mes pasado, mi hermano **corrí / corrió** un maratón en dos horas y cincuenta minutos.

5 Ayer, todos los alumnos **salió / salieron** de clase temprano para participar en la fiesta del barrio.

6 La semana pasada, fui a la pista de hielo y **patiné / patinó** dos horas sin caerme.

Lee los textos. Marca las frases que son falsas y corrígelas.

Soy miembro de un equipo de baloncesto regional y entrenamos juntos todos los sábados. El mes pasado jugamos contra otro equipo en un partido semifinal y ganamos la copa. ¡Fue fantástico! Además del baloncesto me gusta practicar otros deportes. El fin de semana pasado hice equitación por primera vez. Fue divertido hacer algo nuevo.

Sandra

Soy aficionado al parkour y el verano pasado fui a un campamento de verano en Ibiza donde aprendí nuevas técnicas. Fue una experiencia estupenda y ahora lo practico todos los fines de semana. También me gustan los deportes acuáticos. El sábado pasado fui a la costa e hice piragüismo con mis amigos. ¡Lo pasamos bomba!

Santiago

Soy muy deportista y practico muchos deportes. Me encanta la escalada y ayer fui al polideportivo de mi zona donde tenemos un muro de escalada para entrenar. También soy aficionado al balonmano y en agosto participé en un campeonato en mi pueblo. No jugué bien pero fue una experiencia genial.

Esteban

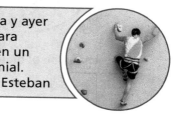

1 Sandra's basketball team played in the semi-final last month.

2 Sandra goes riding at weekends.

3 Santiago goes to a parkour training camp every summer.

4 He went canoeing with friends on last Saturday.

5 Esteban goes to his sports centre every week to do climbing.

6 He enjoyed taking part in a handball competition last summer.

5 **Lee los textos otra vez y busca el equivalente de las expresiones.**

1 I'm a member of a team.

2 We train together.

3 We played against another team.

4 We won the cup.

5 I'm a fan.

6 I learnt new skills.

7 I'm very sporty.

8 I took part.

> **Vocabulario**
>
> *ayer (por la mañana/ tarde)*
> *anteayer*
> *la semana pasada*
> *el mes/el año pasado*
> *el fin de semana pasado*

6 **Túrnate en grupo. Pregunta y contesta. Después repítelo.**

- ¿Qué deporte hiciste (el fin de semana pasado), Ana?
- ¿Qué tal lo pasaste? / ¿Te divertiste?
- El fin de semana pasado, Ana jugó al voleibol.

7 **Escribe un párrafo sobre los deportes que hiciste el fin de semana pasado. Usa las frases de los textos de la Actividad 4 para ayudarte.**

El fin de semana pasado/
El sábado/domingo por la
mañana/tarde jugué al/
practiqué el/la ...

Fui a ...

Lo pasé ...

Fue una experiencia ...

Soy miembro de ...

Fue ...

3.3 Me encuentro mal

Objetivos
- Say how well or unwell you feel
- Buy products at a chemist's
- Use the imperfect tense

1 **Escribe las palabras.**

crema para quemaduras de sol   aspirinas   venda
pastillas para la garganta   tiritas   pomada antiséptica
spray contra los mosquitos   jarabe para la tos

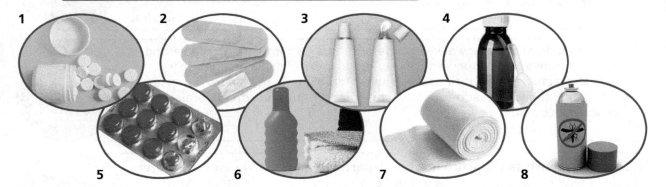

1   2   3   4

5   6   7   8

2 **Escucha y lee el diálogo entre el farmacéutico y el cliente. Contesta las preguntas.** 32

- Buenos días. ¿En qué puedo servirle?
- No me siento bien. Me duele la garganta. Tengo tos y estoy resfriado.
- ¿Le duele la cabeza? ¿Tiene fiebre?
- Sí, me duele la cabeza bastante y tengo fiebre. Y estoy muy cansado.
- Parece que tiene gripe.
- ¿Qué me recomienda?
- Estas pastillas son muy buenas y este jarabe para la tos.
- ¿Cuántas veces al día hay que tomarlas?
- Tome dos pastillas cada cuatro horas y tome una cucharada del jarabe tres veces al día. Y debe quedarse en la cama.

1 ¿Cómo se siente el cliente?   5 ¿Qué le recomienda el farmacéutico?
2 ¿Qué le duele?   6 ¿Cuántas veces al día debe tomar el jarabe?
3 ¿Qué tiene?   7 ¿Qué más debe hacer el cliente?
4 ¿Qué le pasa?

3 **Lee el diálogo otra vez y busca el equivalente de las expresiones.**

1 How can I help you?   5 ¿How many times a day should you take them?
2 I don't feel well.   6 Every four hours.
3 I have a fever.   7 Take one spoonful.
4 What do you recommend?   8 You should stay in bed.

4 **Escucha y contesta las preguntas para cada diálogo. (1–5)** 33

a ¿Qué les pasa a los clientes?
b ¿Qué medicamentos recomienda el farmacéutico?
c ¿Cuánta veces al día deben tomarlas?
d ¿Tiene más recomendaciones?

5 Túrnate con tu compañero/a. Haz un diálogo entre un farmacéutico y un cliente.

Me siento/Me sentía Me encuentro/Me encontraba	bien/mal/enfermo/a
Tengo/Tenía	un resfriado/catarro/gripe/tos/fiebre una insolación/una quemadura de sol/una picadura de insecto (el brazo) roto/a dolor de (cabeza) una herida
Estoy/Estaba	enfermo/a / constipado/a / resfriado/a / herido/a / mareado/a
Me duele/Me dolía	la cabeza/la garganta/el estómago
Me corté/quemé	el dedo/la mano
Hay que/Debe	tomar estas pastillas/este jarabe/una cucharada de … ponerse/aplicar … esta crema/loción (una vez/dos veces al día)/(cada cuatro horas) quedarse en la cama/evitar el sol/descansar (el pie)

6 ¿Qué les pasaba a estas personas y qué hicieron? Empareja las frases.

1
2
3
4
5
6

1 Tenía dolor de muelas.

2 Tenía la pierna rota.

3 Me dolía la cabeza.

4 Me hacía falta medicina para la tos.

5 Tenía una picadura de mosquito.

6 Estaba enfermo.

a Fui al hospital.

b Tomé unas aspirinas.

c La compré en la farmacia.

d Me puse pomada antiséptica.

e Me quedé en la cama.

f Fui al dentista.

7 Escucha para comprobar tus respuestas. (1–6) 34

> ### Gramática
>
> Use the imperfect tense to describe what someone or something was like in the past.
>
> | −ar verbs
estar (to be) | −er and −ir verbs
tener (to have) |
> |---|---|
> | est**aba** | ten**ía** |
> | est**abas** | ten**ías** |
> | est**aba** | ten**ía** |
> | est**ábamos** | ten**íamos** |
> | est**abais** | ten**íais** |
> | est**aban** | ten**ían** |
>
> *−er* and *−ir* verbs have the same endings.
> Important irregular verbs: *ser era*, *ir iba*, *ver veía*, *hay había*
>
> ¿Más? → Grammar p. 231

3.4 Un accidente

1 **Escucha y lee los diálogos. Decide si las frases se refieren a conversación A o B. (1–2)**

Objetivos
- Describe an accident
- Call for help
- Use the present, preterite and imperfect tense together

A
- Está usted hablando con los servicios de emergencia. ¿Cómo puedo ayudarle?
- Necesito ayuda. Hay un accidente. Un coche chocó contra un camión.
- ¿Hay heridos?
- El conductor tiene roto el brazo y el pasajero tiene una herida en la cabeza. Es grave.
- ¿Y el camionero?
- Él no está herido.
- En seguida salen la policía y una ambulancia.

B
- ¡Socorro! ¡Es una emergencia!
- ¿Qué ocurre?
- Hubo un accidente. Una niña se cayó al bajar de la atracción.
- ¿Qué le pasa?
- Tiene la mano herida.
- ¿Es grave?
- No sé si es grave pero le duele mucho y hay mucha sangre.
- En seguida viene un oficial del servicio médico.

1 Hay un accidente en el parque temático.
2 Una persona está sangrando.
3 Hay dos personas heridas.
4 A una persona le duele mucho el brazo.
5 Necesitan vehículos de emergencia.
6 Puede ser una situación seria.

2 **Lee los diálogos otra vez. Escribe las frases para:**

pedir ayuda   ¡Socorro! ...
preguntar lo que pasa
explicar la situación

3 **Escucha, copia y completa la tabla. (1–5)**

	Type of accident / What happened?	Injury
1	someone fell from a tree	

4 **Lee los artículos. Lee las frases y escribe la letra del artículo apropiado para cada uno.**

1 A child was rescued.

2 The driver didn't brake in time.

3 A pedestrian called an ambulance.

4 A car went through a red light.

5 A cyclist got run over.

6 A lifeguard was needed.

7 The windscreen broke.

8 Some passengers were injured.

a
Una mujer cruzaba el paso de peatones cuando el conductor del coche se saltó el semáforo en rojo y la atropelló. Otro peatón llamó a los servicios de emergencia y una ambulancia llegó en seguida.

b
Un niño se bañaba en el mar cuando una ola grande le llevó a lo profundo. El socorrista rescató al niño y le llevó a su madre que esperaba en la orilla.

c
Un camión golpeó a un autobús porque no frenó a tiempo. El camionero no se hizo daño porque llevaba cinturón de seguridad pero algunos pasajeros del autobús resultaron heridos.

d
Era de noche y las luces de la bici no funcionaban. El taxista no vio al ciclista y le atropelló. El ciclista se rompió el brazo y el taxi se rompió el parabrisas. ¡Menos mal que el ciclista llevaba casco!

Gramática

present tense: what is happening now/ what usually happens

preterite tense: completed actions in the past.

imperfect tense: what was happening or descriptions of things in the past

present	preterite	imperfect
es	fue	era
estoy	estuve	estaba
hay	hubo	había

¿Más? → Grammar pp. 228–231

5 **Elige las opciones correctas.**

1 **Son / Eran** las once y media de la noche y no **había / hubo** nadie en la calle.

2 Pero de repente, **llegaba / llegó** una moto y cho**caba / chocó** con un coche aparcado muy cerca de donde **vivo / viví** yo.

3 En seguida salía / salí de casa para ver si **necesita / necesitaba** ayuda el motociclista.

4 Me **dice / dijo** que le **dolían / dolieron** mucho la pierna y el brazo.

5 También **tenía / tuvo** una herida en la cabeza.

6 **Llamé / Llamaba** a los servicios de emergencia.

7 Después de unos diez minutos, **llegaba / llegó** una ambulancia.

6 **Túrnate con tus compañeros. Apunta los tipos de accidentes y las consecuencias, después haz diálogos. Usa los textos de la Actividad 4 y los diálogos de la Actividad 1.**

7 **Escribe un diálogo entre una persona que pide asistencia médica y los servicios de emergencia.**

3.5 Mente sana en cuerpo sano

1 **Escucha y lee. Elige la frase que resume cada consejo.** 🔊 37

1 Para evitar el estrés en la vida escolar, debes planificar bien. Apunta en una agenda las fechas de los exámenes y de cuándo tienes que entregar los deberes. Debes ponerte objetivos realistas que puedes realizar fácilmente. También tienes que establecer prioridades para cumplir tus metas.

2 Si tienes un problema, es mejor buscar ayuda. Si algo te preocupa en el colegio o en casa, no sufras en silencio. Habla con un amigo, un profesor o con tu familia. Muchas veces, te sientes mejor simplemente por haber compartido tu ansiedad. Además, tu amigo, tu profesor o tus padres pueden sugerir soluciones.

3 Para mantener el cerebro al 100%, hay que dormir bien. Estudios científicos demuestran que debemos dormir entre 6 y 8 horas cada noche. Vale la pena apagar el móvil durante la noche porque la luz del aparato y el ruido al recibir un mensaje pueden despertarte. Dormir bien ayuda a consolidar la memoria, así que es muy importante durante los exámenes.

4 Tener una dieta equilibrada y comer regularmente durante el día es necesario para el cuerpo y para la mente. También debes beber bastante agua.

5 El ejercicio físico mejora la capacidad de aprender y de recordar. Hacer deporte ayuda a reducir el estrés, la depresión y la ansiedad. Sin embargo, hay que evitar practicar el deporte en exceso. Elige una actividad que te gusta e intenta hacerla regularmente.

6 Aprendemos mejor si estudiamos en ratos cortos y repetidos, de un máximo de 30 minutos. Al final de cada rato, levántate y muévete. Haz algo para distraerte un poco. Luego vuelve a estudiar 30 minutos más.

7 Si encuentras difícil prestar atención en clase o ponerte a estudiar en casa, puedes probar la meditación para mejorar la concentración. Siéntate en silencio y respira lentamente durante 5 minutos al día. Te ayudará a pensar clara y tranquilamente. Si prefieres, puedes hacer yoga para combinar la actividad física con la respiración y la meditación.

8 Intenta mantener una actitud positiva hacia los estudios, los compañeros, los profesores, y todo lo que te rodea. Evita los pensamientos negativos.

a El sueño es importante para el cuerpo y la mente.

b Hablar con otra persona te ayuda a reducir las preocupaciones.

c Hay que comer y beber lo suficiente.

d Medita para estar más tranquilo.

e Organízate bien para tener éxito en los estudios.

f Piensa positivamente.

g Practica un deporte para estar en forma física y mentalmente.

h Descansa regularmente entre tus períodos de estudio.

2 **Túrnate con tu compañero/a. Pregunta y contesta.**

- ¿Cuáles son tus objetivos para este trimestre en el colegio?
- ¿Con quién hablas cuando tienes un problema?
- ¿Cuántas horas sueles dormir cada noche? ¿Normalmente duermes bien o mal?
- ¿Te despiertas durante la noche nunca / a veces / frecuentemente? ¿Apagas el móvil durante la noche?
- ¿En qué consiste una dieta equilibrada? ¿Cómo es tu dieta generalmente?
- ¿Practicas un deporte regularmente? ¿Qué haces? ¿Cómo te sientes antes y después de hacerlo?
- ¿Qué sueles hacer para descansar entre tus ratos de estudio?
- ¿Qué te parece la idea de hacer meditación o yoga? ¿Sería útil para ti? ¿Cuándo?
- ¿Crees que eres pesimista o optimista? ¿Cómo y cuándo te ayuda pensar positivamente?

> **Para mejorar**
>
> Keep a list of phrases that express the ideas and opinions you find relevant on different topics, such as health. Note ideas from texts as in Activity 1. The expressions will help you make your speaking and writing sound authentic and will help you think in Spanish, rather than translate word for word.

3 Elige los adverbios apropiados para dar tus propias opiniones.

bien/mal   mejor/peor   fácilmente   frecuentemente/raramente

normalmente   regularmente/con irregularidad   tranquilamente

1 Duermo entre 6 y 8 horas _____.

2 Creo que estudio _____ en casa que en el colegio.

3 Hacer deporte _____ me ayuda a relajarme.

4 Me distraigo _____ cuando tengo que estudiar algo difícil.

5 Hacer yoga o meditación me ayuda a pensar _____.

6 Escucho música clásica _____ mientras hago los deberes.

7 Como frutas, ensaladas y verduras _____.

8 Cuando tengo un problema, _____ hablo con mis padres o mis amigos.

> **Gramática**
>
> Adverbs are used to express how, when or where you do something.
> To form, add *–mente* to the feminine form of the adjective:
>
> *tranquila* → *tranquila*mente, *fácil* → *fácil*mente.
>
> Common irregular adverbs: *bien, mal, mejor, peor.*
> *Hay que dormir* bien.
> **Adverbs of time:** *hoy, mañana, ahora …*
> **Adverbs of frequency:** *a veces, frecuentemente …*
> **Adverbs of place:** *aquí, lejos …*
> **Quantifiers and intensifiers:** *bastante, demasiado, mucho, un poco, muy …*
>
> ¿Más? → Grammar p. 228

4 Escucha a cuatro jóvenes. ¿Qué les pasa? Elige el problema de cada uno. (1–4) 🔊 38

a No tiene una dieta sana.

b Practica el deporte en exceso.

c No puede estudiar porque recibe muchos mensajes y llamadas.

d Es adicto a jugar videojuegos.

e No organiza bien sus estudios.

f No puede concentrarse en clase porque está cansado.

5 Escribe consejos para cada persona de la Actividad 4.

1 Lee los consejos del texto de la Actividad 1 otra vez.

2 Elige los consejos adecuados para cada problema.

3 Escribe dos o tres frases cortas para aconsejar a cada persona.

6 Trabaja en grupo. Habla de los siguientes problemas y sugiere soluciones. Escribe una respuesta a cada problema con las soluciones.

Creo que mi amigo tiene depresión. Está muy callado y bastante pesimista. No quiere salir ni hacer nada. ¿Qué debo hacer para ayudarle?

Soy una persona muy activa y sociable. Me encanta salir y tengo muchos amigos. Mi problema es que, a veces, tengo tanta energía que no puedo ponerme a estudiar. ¿Cómo puedo relajarme para poder concentrarme mejor?

Bebo bastante café y té para ayudarme a estudiar. Además, suelo comer bastantes pasteles y dulces, pero creo que esto no es bueno para la salud. ¿Qué me aconsejas?

Cómo se cuidan los famosos

El argentino Lionel Messi es uno de los mejores futbolistas del mundo, un campeón con millones de aficionados. ¿Qué hace para ganar tantos trofeos?

Messi se preparó para su último partido de esta manera: todos los días se entrenaba para perfeccionar su rapidez, agilidad y coordinación. Messi tiene mucha fuerza en las piernas y los brazos. Hace ejercicios para fortalecer los tobillos y las rodillas.

¿Qué come para marcar tantos goles y ganar la Bota de Oro cinco veces?

Unos días antes de cada partido para FC Barcelona el futbolista empezó a comer más proteína que carbohidratos. Bebía ocho vasos de agua al día y tres batidos de proteína. Poco después tomaba una sopa de verduras de primer plato en todas las comidas. El día antes del partido comía pescado o pollo con patatas, verduras y una naranja de postre. El último día, desayunaba cereales o huevos. Finalmente, noventa minutos antes del partido, Messi comía un plátano, un mango y una manzana. ¡Después, salía a jugar y triunfaba!

Conexiones

Compara lo que haces para estar en forma con lo que hacen Lionel Messi o Tamara Rojo. ¿Cuánto ejercicio haces y con qué frecuencia lo haces? ¿Tienes una dieta sana o malsana?

1 ¿Qué texto menciona…? Escribe M (Lionel Messi) o R (Tamara Rojo).

  1 unas partes del cuerpo?

  2 un equipo?

  3 un problema que afecta la salud?

  4 unos comestibles?

  5 causarse lesiones?

  6 su opinión?

A buscar

¿Cómo se mantiene en plena forma un atleta o artista latinoamericano o español que tú admiras? ¿Qué come?

La española Tamara Rojo es la bailarina principal y directora del English National Ballet. Su misión es poner fin a la anorexia entre los bailarines. La presión de ser muy delgado es un riesgo para la salud para muchos de ellos y un 83% de los bailarines sufre trastornos alimenticios. Tamara dormía muy bien antes de ser la directora de la compañía pero ahora no puede dormir porque se preocupa de tantas cosas. Trabaja para informar a su compañía sobre la importancia de la comida sana. También introdujo un nuevo régimen de entrenamiento para ayudar a los bailarines a no lesionarse. Tienen que estar en forma igual que unos atletas olímpicos.

¿Qué hace la española para ser una de las bailarinas más famosas del mundo?

Tamara es muy disciplinada. Hace ejercicio seis horas al día y también hace clases de Pilates y levanta pesos. Pero opina que bailar no es gimnasia y lo importante es la comunicación y la expresión.

2 **Busca las cuatro frases verdaderas. Corrige las frases falsas.**

Messi

1 Messi trabaja para tener un cuerpo fuerte.

2 Es famoso porque puede marcar menos goles que muchos otros futbolistas.

3 Messi tiene que beber mucho líquido.

4 Antes de un partido come tostadas para desayunar.

5 Unos minutos antes del partido come un huevo.

Tamara

6 Tamara quiere terminar con el problema de las pandillas.

7 Muchos bailarines quieren perder demasiado peso.

8 No puede dormir porque tiene tantos dolores.

9 Los bailarines necesitan entrenarse para bailar sin hacerse daño.

10 Tamara tiene que hacer Pilates seis horas al día.

Lo mismo ...

En España la mayoría de la gente desayuna galletas o un pastel y café con leche. Pero en Colombia un desayuno típico es patacón que es plátano verde frito. Es bueno tomar fruta en el desayuno, ¿no?

El calentao es otro de los platos típicos del desayuno colombiano. Consiste en arroz y frijoles a veces con un huevo frito. Lo típico es "recalentar" los frijoles de la cena de la noche anterior y de ahí que lleva ese nombre. ¿Y para beber? A los colombianos les gusta tomar chocolate para desayunar aunque cultivan el mejor café del mundo.

pero diferente

Repaso

1 Túrnate con tu compañero/a. Pregunta y contesta.

- ¿Qué comes y bebes y con qué frecuencia?
- ¿Qué te gusta comer y beber?
- ¿Qué deportes haces?

- ¿Qué deporte hiciste el fin de semana pasado?
- ¿Qué deportes practica tu familia?

2 Lee la carta de Carmen que habla de su salud. Completa las frases con la palabra apropiada de la tabla.

Querida tía

Me siento muy mal desde hace unos días. Tuve un accidente en el colegio cuando estaba jugando al baloncesto. Choqué contra otra chica y me caí mal. Me torcí el tobillo y me hice una herida en la mano. No puedo andar así que no puedo ir al colegio por unos días porque tengo que descansar el pie. Además hace dos semanas tuve la gripe y me encontraba mal. Tuve que quedarme en la cama porque tenía fiebre y dolor de cabeza y garganta. Otra vez estoy en casa y estoy muy aburrida porque no puedo ir al colegio. Me paso todo el día viendo series de televisión, por eso te estoy escribiendo esta carta.

Y tú, ¿qué tal estás?

Besos y abrazos,

Carmen

deporte	necesita	pasa	chocar	bien	pregunta	le dolían	enferma

1 Carmen no se encuentra _____.

2 Carmen se hizo daño mientras estaba haciendo _____.

3 Se cayó después de _____ contra una compañera.

4 Está en casa porque _____ descansar el pie.

5 Hace quince días estuvo _____.

6 A Carmen _____ la cabeza y la garganta.

7 Carmen _____ el tiempo delante del televisor.

8 Carmen _____ a su tía qué tal está.

3 Escribe sobre tu salud. Menciona los siguientes puntos.

- si crees que tienes una dieta sana o mala y por qué
- cuándo hiciste deporte la última vez y qué deporte fue

- si tienes algún vicio como beber o fumar
- si tienes algún problema que afecta tu salud

4 Escucha las personas hablando de problemas de la salud. Contesta las preguntas. (1–4)

1 ¿Qué hacía Alejandro casi toda la noche?

2 ¿Por qué no tiene tiempo Tamara de hacer deportes?

3 ¿Qué le pasó a Jorge en el verano?

4 ¿Por qué tenía dolor de muelas Claudia?

5 **Lee la descripción de un accidente. Elige el verbo en el tiempo correcto en cada caso.**

El niño **cruzaba / cruza** el paso de peatones cuando el semáforo estaba en verde pero un ciclista no **ve / vio** que tenía que parar y casi **chocó / chocaba** contra él. El ciclista **frenó / frenaba** demasiado fuerte y **se cayó / se cae** de la bici. Un peatón **llamó / llamaba** a los servicios de emergencia y una ambulancia **llegó / llega** en seguida. El niño no estaba herido pero el ciclista **se rompía / se rompió** el brazo. ¡Menos mal que **llevaba / llevó** un casco!

¿Cómo te va?

Lee y copia para hacer una lista de verificación. Piensa y decide para cada objetivo: **Muy bien, Más o menos, Mal**. Repasa para mejorar.

	Muy bien	Más o menos	Mal
• hablar de lo que como y bebo y cuándo			
• hacer comparaciones			
• hablar de los deportes			
• describir lo que hago para mantenerme en forma			
• usar verbos en el pretérito			
• decir cómo me siento y lo que me pasa			
• comprar productos en la farmacia			
• pedir ayuda y describir un accidente			
• usar verbos en el imperfecto			
• hablar de problemas que afectan la salud			
• dar mi opinión sobre problemas que afectan los jóvenes			
• usar adverbios			

Para mejorar

If you don't know a word, use the rest of the sentence to help you. Look for:

– words you do know, e.g. *cinturón* (belt) *so cinturón de seguridad* – 'seat belt'

– cognates of words in English or your own language, e.g. *ambulancia*

– cognates of Spanish words, e.g. *herida* = 'injury' so you can deduce *estar herido* = 'to be injured'

– context, e.g. in a sentence about a road accident, from *en rojo* you can deduce *semáforo* – 'traffic lights'

Palabras y frases – Unidad 3

Comida	Food
el aceite	oil
el agua	water
el arroz	rice
el huevo	egg
el pan	bread
el pescado	fish
la carne	meat
la fruta	fruit
la gaseosa	soda
las galletas	biscuits
las legumbres	pulses
las patatas fritas	chips
las verduras	vegetables

Mi cuerpo	My body
la boca	mouth
el brazo	arm
la cabeza	head
la cara	face
el corazón	heart
el cuello	neck
el dedo (de la mano)	finger
el dedo (del pie)	toe
la espalda	back
el estómago	stomach
la garganta	throat
el hombro	shoulder
el hueso	bone
la mano	hand
las muelas/los dientes	teeth
la nariz	nose
el ojo	eye
la oreja/el oido	ear
el pecho	chest
el pie	foot
la piel	skin
la pierna	leg
la rodilla	knee
el tobillo	ankle

Me duele	It hurts
¡Qué dolor!	It's so painful/sore!
¿Te duele algo?	Are you in pain?
¿Qué te pasa?	What's the matter?
Me duele el/la …	My … hurts.
Me duelen los/las …	My … hurt.
Tengo dolor de …	I have pain in my …
Me siento mal.	I feel bad./I don't feel well
¿Desde cuándo te duele?	How long has it been hurting?
Desde hace (una semana)	For (a week)
¡Qué pena!	Oh dear!

Mi dieta	My diet
el aguacate	avocado
el azúcar	sugar
la carne de cerdo/ternera	pork/beef
la comida rápida/basura	fast/junk food
los dulces	sweets
los frutos de cascara	nuts
los frutos secos	nuts and dried fruit
la hamburguesa	burger
la leche	milk
los pasteles	cakes, sweet things
el perrito caliente	hot dog
el pimiento	(bell) pepper
el pollo	chicken
el queso	cheese
la sopa	soup
la soja	soya
el tofu	tofu
la tostada	toast
el zumo de (naranja)	(orange) juice
grasa/vitaminas/proteínas	fat/vitamins/protein
Tengo intolerancia a (la lactosa/el gluten).	I'm (lactose/gluten) intolerant.
Soy adicto/a al/a la …	I'm addicted to …
dulce	sweet
goloso/a	greedy
ligero/a	light
picante	spicy
rico/a	delicious
sabroso/a	savoury
sano/a, saludable	healthy
vegetariano/a	vegetarian

Hago deporte	I play sports
correr el maratón	run a marathon
hacer ciclismo/montar en bici	ride a bike
esquiar	ski
ganar	win
hacer …	do/go …
deportes acuáticos	water sports
escalada	climbing
esquí	skiing
vela	sailing
patinaje (sobre hielo)	(ice) skating
piragüismo	canoeing
surf	surfing
yoga	yoga
jugar al …	play
tenis/fútbol	tennis/football
montar a caballo/hacer equitación	go horseriding
patinar	go (ice) skating
el partido	match

Fue genial/divertido!	It was great/fun!
Fue terrible/aburrido/ un desastre.	It was terrible/boring/ a disaster.
Fue una experiencia impresionante/ inolvidable.	It was an amazing/ unforgettable experience.
Lo pasé bien/bomba.	I had a good/great time.
Lo pasé mal.	I didn't have a good time.
Me divertí mucho.	I really enjoyed myself.
Me aburrí.	I was bored.

No me siento bien
I don't feel well

Estoy cansado/a.	I'm tired.
Estoy herido/a.	I'm hurt.
Estoy mareado/a.	I feel dizzy.
Estoy resfriado/a./ Tengo un catarro.	I have a cold.
He vomitado.	I vomited.
Me corté/quemé el dedo.	I cut/burnt my finger.
Me siento enfermo/a.	I feel ill.
Tengo una alergia.	I have an allergy.
Tengo fiebre/gripe/tos.	I have a fever/flu/ a cough.
Tengo picaduras de mosquito.	I have mosquito bites.
Tengo una insolación.	I have sunstroke.
Hay que/Debe ...	You need to ...
tomar estas pastillas	take these pills
quedarse en la cama	stay in bed
evitar el sol	avoid the sun
descansar la pierna	rest your leg
ponerse enfermo/a	get ill
las aspirinas	aspirin
la crema para quemaduras de sol	sunburn cream
la cucharada	spoonful
la farmacia	pharmacy
el jarabe para la tos	cough syrup
la loción	lotion
la pastilla	pill
la pomada antiséptica	antiseptic cream
el spray contra los mosquitos	anti-mosquito spray
la tirita	plaster, band-aid
la venda	bandage

Un accidente
An accidente

¡Es una emergencia!	It's an emergency!
¡Socorro!	Help!
¿Qué ocurre?/¿Qué le pasa?	What's the matter?
Hay/Hubo un accidente.	There's/There was an accident.
Necesito ayuda.	I need help.
en seguida	straight away

atropellar a alguien	run over someone
caerse	fall (off/down)
chocar contra	crash/collide
grave	serious
tener una herida	to have an injury
tocar	touch
sangrar	bleed
la ambulancia	ambulance
la autovía	motorway
la carretera	road
la esquina	corner
la rotonda	roundabout
el/la conductor	driver
el/la herido/a	an injured person
el/la motociclista	motorcyclist
el/la pasajero/a	passenger
el/la peatón	pedestrian
los servicios de emergencia	emergency services

Vivir bien
Live well

adictivo/a	addictive
ansiedad	anxiety, stress
aparato digital	digital device
dieta equilibrada	balanced diet
el ejercicio físico	physical exercise
pensamiento negativo	negative thought
apagar la televisión	turn/switch off the TV
aprovechar	make the most
apuntar	make a note of
compartir	share
concentrarse	concentrate
cumplir mis metas	accomplish my goals
desenchufar	unplug
distraer	distract
establecer prioridades	establish priorities
hacer ejercicio	do exercise
mantener una actitud positiva	maintain/keep a positive attitude
meditar	meditate
organizar	organise
pasar tiempo	spend time
planificar	plan
ponerse un objetivo	set yourself a goal
preocuparse	worry about
realizar	make happen, accomplish
reducir el estrés	reduce stress
respirar	breathe
sufrir	suffer
sugerir soluciones	suggest solutions

¿Listo?

¡Revisemos! • Talk about dates • Understand time expressions • Talk about time

1 **Escribe los meses en orden.**

enero, …

| abril | julio | marzo | febrero |

| noviembre | octubre | mayo | agosto |

| enero | diciembre | septiembre | junio |

2 **Empareja las fechas.**

1 30/9
2 24/4
3 1/3
4 8/12
5 13/1
6 10/8

a el veinticuatro de abril
b el primero de marzo
c el ocho de diciembre
d el trece de enero
e el diez de agosto
f el treinta de septiembre

> **i**
> Months don't start with capital letters in Spanish.
> *el 1 de enero/el primero de enero*
> *el 2 de mayo*

3 **Escucha y escribe las fechas. (1–5)** 🎧 40

4 **Escucha otra vez. ¿Cuáles de las expresiones oyes? ¿Qué te dicen?** 🎧 40

2 a finales de (junio)

Vocabulario
a principios de
a mediados de
a finales de

5 **Túrnate con tu compañero/a. Pregunta y contesta.**

- ¿Cuándo es tu cumpleaños?
- ¿Cuándo empiezan las vacaciones?
- ¿Vas de vacaciones con tu familia? ¿Cuándo vas?
- ¿Qué fiestas hay en tu pueblo, ciudad o barrio? ¿Cuándo son?

6 **Copia y completa. Luego pon las frases a–f en orden cronológico.**

mañana   anteayer   hoy   ayer   pasado mañana

lunes	martes	miércoles	jueves	viernes
1 _____	**2** _____	**3** _hoy_	**4** _____	**5** _____

☐ **a** Voy al dentista pasado mañana por la tarde.

1 **b** Ayer fui al club de ajedrez por la tarde.

☐ **c** Hoy por la mañana tenemos un examen.

☐ **d** El viernes por la noche voy al cine.

☐ **e** Mañana después de clase hago natación.

☐ **f** Hoy por la tarde tengo una clase de guitarra.

7 **Mira el reloj. Escucha y escribe.** 🔊 41

8 **Túrnate con tu compañero/a. Pregunta y contesta.**

● ¿Qué hora es?

● Son las doce.

1 12.00	**5** 08.30	**9** 09.10
2 06.00	**6** 10.45	**10** 08.50
3 01.00	**7** 02.25	
4 01.15	**8** 07.40	

> **Gramática**
>
> ¿Qué hora *es*?
> *Es la* una. *Es la* una *y media*.
> *Son las* dos. *Son las* ocho.
> ¿*A qué hora*?
> *A la* una *y cuarto* o *a las* dos.
>
> ¿Más? → Grammar p. 237

4.1 ¿Quieres ir al cine?

ℹ️ ¿Por qué es importante tener tiempo libre?

Objetivos
- Arrange to go out with friends
- Accept and decline invitations
- Use stem-changing verbs

1 ¿Adónde van? Empareja los mensajes con las fotos.

1
Hola, Sergio. ¿Quieres ir al polideportivo esta tarde sobre las siete? Me gustaría jugar al tenis o al baloncesto. ¿Qué te parece?

2
Hola, Ana. ¿Cómo estás? Voy al cine con Nuria y Rosa esta tarde. ¿Quieres ir con nosotras?

3
Oye, Carlos. Tengo dos entradas para un concierto en el teatro mañana por la noche. ¿Quieres ir conmigo?

4
Hola, Gabriela. ¿Quieres salir el viernes por la noche para celebrar mi cumpleaños? Voy al restaurante italiano con mis compañeros de clase. ¿Quieres ir con nosotros?

5
Hola, Diego. ¿Nos vemos mañana para salir en bici? Te invito a desayunar después en la cafetería al lado de la playa. ¿Te parece bien? Hasta mañana.

6
Hola, Lucía. Voy a la fiesta este fin de semana. ¿Quieres ir conmigo? Nos vemos el sábado a las seis y media. ¿De acuerdo?

ℹ️
a + el = al   Voy al cine.
a + la = a la   Voy a la playa.

a   b   c   d   e   f

2 Empareja los mensajes de la Actividad 1 con las respuestas.

a
Gracias por invitarme. Me encantaría ir contigo. Hasta el sábado.

b
¡Qué lástima! Mañana por la mañana es imposible. Tengo que trabajar. ¿Puedes ir el domingo por la mañana?

c
¡Claro que sí! ¿A qué hora vais? Nos vemos el viernes.

d
Lo siento. Hoy por la tarde no puedo, estoy muy ocupada. Espero que lo paséis bien.

e
Vale, perfecto, pero ¡cuidado, estoy en forma! Nos vemos a las siete. Hasta luego.

f
Sí, sí, con mucho gusto. Ya sabes que me encanta la música.

3 **Escribe la forma correcta de los verbos.**

1 Hola, Lara. ¿(**Querer**) ir a la playa conmigo el domingo por la mañana?

2 Quiero ir al concierto pero no (**poder**) porque no hay entradas.

3 Mía y Julián (**querer**) venir a la fiesta con nosotros.

4 ¿Te gusta el café o (**preferir**) el té?

5 Gracias por invitarme pero no (**querer**) ir al cine esta noche.

6 Nos gusta la comida india pero (**preferir**) la comida china.

7 ¿A qué hora (**poder**) ir al polideportivo el sábado, Camila?

Gramática

Stem-changing verbs have a spelling change in some of the persons of the verb.

	e → ie		o → ue
	querer	preferir	poder
(yo)	quiero	prefiero	puedo
(tú)	quieres	prefieres	puedes
(él/ella/usted)	quiere	prefiere	puede
(nosotros/as)	queremos	preferimos	podemos
(vosotros/as)	queréis	preferéis	podéis
(ellos/ellas/ustedes)	quieren	prefieren	pueden

¿Más? → Grammar p. 229

Para mejorar

Writing words down helps you to learn them, particularly if you are a visual learner. Write out the verbs and read through them to learn them by heart. Then try to write them out again without looking at your original list.

---

4 **Escucha las conversaciones. Copia y completa el cuadro. (1–3)** 42

	¿Adónde?	¿Cuándo?	¿A qué hora quedamos?	Nos encontramos en …
1	la piscina	el sábado por la tarde		
2				
3				

---

5 **Túrnate con tu compañero/a. Invítale a salir. Pregunta y contesta.**

● ¿Quieres ir a …?

● ¿Cuándo prefieres ir?

● ¿A qué hora quedamos?

● ¿Dónde nos encontramos?

Vocabulario

Para decir que sí:	*Para decir que no:*
buena idea	qué lástima
claro que sí	lo siento
de acuerdo	no puedo
está bien	es imposible
perfecto	no me va bien
vale	

---

6 **Recibes este mensaje. Escribe tu respuesta.**

08:45

¡Hola! ¿Cómo estás? Tengo dos entradas para el festival de música. Es el sábado en el parque de mi barrio. Empieza a las siete y media de la tarde. Sé que te gusta la música. ¿Quieres venir conmigo?

4.2 Los mejores sitios

Objetivos
- Talk about the best places to go with friends
- Book tickets for the cinema
- Use superlatives

1 Lee los textos y contesta las preguntas.

A orillas del Océano Pacífico en Chile, se encuentra la piscina más grande y más profunda del mundo. Está en San Alfonso del Mar, un complejo residencial al lado de la playa. La piscina es tan grande y profunda que, además de practicar la natación, puedes hacer también buceo y vela.

En el cine Kinepolis en Madrid, no solo ves y escuchas la película, sino también sientes movimiento, olores, viento y lluvia. Es el cine más grande de España con veinticinco pantallas y más de nueve mil asientos. Tiene el record del cine con el mayor número de asientos del mundo. Una entrada en Kinepolis normalmente cuesta de 10 a 15 euros pero el precio menos caro de la semana es 6 euros con la oferta 'Miércoles al cine'.

1 ¿Qué sitios describen?

2 ¿Dónde están?

3 ¿Qué tienen en común?

4 ¿Qué puedes hacer en ellos?

5 ¿Cuándo es más barato ir al cine?

2 Completa las frases superlativas con las formas apropiadas de los adjetivos.

antiguo   bueno   malo   seco   visitado

1 El Atacama, en Chile, es el desierto más _____ del mundo porque llueve poco.

2 El Café Florian en Venecia, fundado en 1720, es una de las cafeterías más _____ de Europa.

3 Alaska es el estado menos _____ de Estados Unidos con solo dos millones de visitantes al año.

4 Barcelona FC y Real Madrid son dos de los _____ clubes de fútbol de España.

5 El _____ mes del año para visitar el Caribe es septiembre por el riesgo de huracanes.

Gramática

Superlatives:
el/la/los/las ... más/menos + adjective

La piscina más grande del mundo.
El precio menos caro de la semana.

bueno and *malo* have irregular superlative forms:

bueno
el/la mejor   los/las mejores

malo
el/la peor   los/las peores

¿Más? → Grammar p. 227

3 Túrnate con tu compañero/a. Pregunta y contesta sobre tu barrio o ciudad.

- ¿Cuál es la mejor cafetería para reunirse con los amigos?
- ¿Dónde está el parque más bonito para pasear al perro o para ir a correr?
- ¿Cuál es el mejor restaurante para salir a comer con la familia?
- ¿Cuál es el monumento o edificio más interesante para visitar?

4 **Completa el texto. Elige las palabras correctas.**

a

la entrada

b

la pantalla

c

el asiento

d

la película de
ciencia ficción

e

la película de acción

f

la película de
animación

g

la oferta

h

Hay sesión a las:
15.45
19.30
22.00

la sesión

Esta semana hay una **1** _____ especial en el cine: puedes comprar dos
2 _____ por el precio de una. Ayer fui a la **3** _____ de las siete y
media a ver una película de **4** _____ ficción. Fue genial. Pero mi
5 _____ estaba demasiado cerca de la **6** _____ y al final me quedé
un poco mareado. Mañana voy al cine con mis hermanos. Mi hermano quiere
ver una **7** _____ de animación pero mi hermana prefiere las películas de
8 _____ porque dice que son más emocionantes.

5 **Lee las preguntas. Escucha y elige las respuestas correctas. (1–4)** 43

1 ¿Qué tipo de película quieren ver?
una película de **a** ciencia ficción **b** animación **c** acción

2 ¿Cuándo van al cine?
el sábado **a** por la mañana **b** por la tarde **c** por la noche

3 ¿Cuánto cuestan las entradas?
a diez euros **b** seis euros **c** siete euros

4 ¿Cuánto tiempo dura la película?
a 120 minutos **b** 98 minutos **c** 88 minutos

6 **Túrnate con tu compañero/a. Pregunta y contesta.**

¿Para ti, cuál es …

- la mejor película de este año?
- la peor película?
- la película con los mejores efectos especiales?
- la mejor película de animación?
- la película más divertida?
- la mejor película de acción?

Gramática

mí, ti, él, ella, usted, nosotros/as, vosotros/as, ellos, ellas, ustedes are the pronoun forms used after prepositions.

¿Cuál es, para ella, el sitio más interesante para visitar en tu ciudad?

¿Más? → Grammar p. 225

Para mejorar

Learning words in topic groups is a good way to help you remember them. The words in Activity 4 are all connected with films and the cinema.

4.3 ¡Que aproveche!

Objetivos
- Order a meal
- Comment on food
- Use the immediate future

1 Lee el menú y busca las palabras para los dibujos.

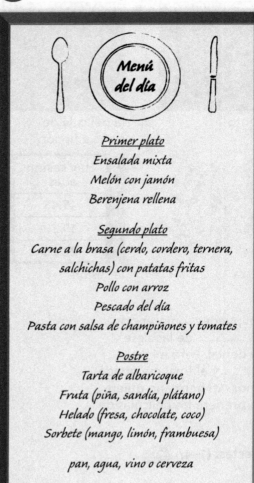

Menú del día

Primer plato
Ensalada mixta
Melón con jamón
Berenjena rellena

Segundo plato
Carne a la brasa (cerdo, cordero, ternera, salchichas) con patatas fritas
Pollo con arroz
Pescado del día
Pasta con salsa de champiñones y tomates

Postre
Tarta de albaricoque
Fruta (piña, sandía, plátano)
Helado (fresa, chocolate, coco)
Sorbete (mango, limón, frambuesa)

pan, agua, vino o cerveza

Precio: 20 euros

a   b   c

d   e   f

g   h   i

j   k   l

2 Escucha y mira el menú. ¿Qué piden los clientes? 44

1 de primer plato
2 de segundo plato
3 de beber
4 de postre

> The first time you listen, listen out for the words that appear in the menu. This will help you to identify the key information.

3 Escucha otra vez. Contesta las preguntas. 44

1 ¿Cuál de los primeros platos es apto para vegetarianos?
2 ¿Qué recomienda el camarero de segundo plato? ¿Por qué?
3 ¿Los clientes están satisfechos o insatisfechos con la comida?
4 ¿Cuál es la especialidad de la casa?
5 ¿Qué le recomienda al señor de postre el camarero y por qué?
6 ¿Qué piden los clientes al final, café o la cuenta?

> Use *estar* to describe food:
> La sopa está fría.
> ¿Cómo estaba la carne?

4 ¿Qué piden los clientes? Empareja las frases con las fotos.

1 Nos trae vasos para el agua, por favor.

2 Nos falta un cuchillo.

3 ¿Puede traer más pan?

4 La sopa está fría. ¿Puede calentarla?

5 La cuenta, por favor.

a  b   c   d   e

5 Completa las frases.

> buenísimas   malísima   calentísimos   riquísimo
> muchísimos   facilísimo   rapidísimo

1 No me gustaba nada la sopa. Estaba _____ .

2 El camarero nos sirvió _____ y terminamos la comida a tiempo.

3 Preparar una buena tortilla de patatas no es _____ .

4 Tienes que probar el helado de piña y coco. Está _____ .

5 Las tapas en este restaurante están _____ .

6 ¡Cuidado! Los platos están _____ .

7 El restaurante tiene _____ postres y todos son deliciosos.

> **Gramática**
>
> Add –*ísimo/a/os/as* to an adjective or adverb to say 'very', 'extremely', 'really'.
> *La carne estaba riquísima.*
> *El pollo estaba buenísimo.*
> *Comió rapidísimo.*
> *Llegamos tardísimo.*
> ¿Más? → Grammar p. 227

6 Túrnate con tu compañero/a. Mira el menú. Pregunta y contesta.

- ¿Qué vas a tomar de primer plato?
- ¿Qué vas a tomar de segundo plato?
- ¿Qué vas a beber?
- ¿Qué vas a tomar de postre?

> **Gramática**
>
> Use *ir a* + infinitive to talk about the immediate future.
> *¿Qué vas a tomar de postre?*
> *Voy a probar la tarta de piña.*
> ¿Más? → Grammar p. 230

7 Trabaja con dos compañeros/as. Escribe un diálogo entre un camarero y dos clientes.

El camarero/La camarera	Los clientes
¿Qué van a tomar de … primer plato/segundo plato/postre?	Para mí, de primer plato el/la/los/las …
¿Qué van a beber?	De segundo plato, voy a tomar el/la/los/las …
¿Cómo estaba(n) la carne/el pollo/la pasta …?	Para mí, agua con/sin gas.
¿Qué van a tomar de postre?	De postre, voy a tomar el/la …
¿Algo más?	Estaba(n) buenísimo(s)/a(s).
	¿Nos trae … por favor?

8 Túrnate con dos compañeros/as. Haz el diálogo de la Actividad 7.

> **Para mejorar**
>
> Use adjectives and adverbs ending in -*ísimo* to make your speaking expressive. You can use them in writing too, when using an informal or conversational style. But don't use too many. Emphatic words are more effective when used sparingly.

4.4 Hacemos las compras

1 Empareja los diálogos con las tiendas.

El MERCADO

La CARNICERÍA

La panadería

La pastelería

1
- Buenos días. ¿Qué desea?
- Dos barras de pan, por favor.
- Aquí las tiene. ¿Algo más?
- No, nada más, gracias.
- ¿Cuánto es?
- Son cuatro euros y cincuenta céntimos.

2
- ¿Qué le pongo?
- Un kilo de patatas, por favor.
- Vale. ¿Qué más quiere?
- Medio kilo de cebollas y un ajo.
- Perfecto. Aquí los tiene.

3
- Quiero comprar unos pasteles o una tarta.
- Bueno, tenemos pasteles de nata y de chocolate. También tenemos una tarta de frambuesa, una de limón y una de manzana.
- La tarta de frambuesa, por favor. Tiene muy buena pinta.
- Perfecto.

4
- ¿Cuánto cuesta el jamón serrano?
- Este jamón cuesta quince euros el kilo. ¿Cuánto quiere?
- Doscientos gramos, por favor.
- Muy bien. ¿Quiere alguna cosa más?
- Unas chuletas de cordero y medio kilo de ternera.
- Muy bien.

2 Lee las frases. ¿En qué tienda de la Actividad 1 se oyen? ¿Quién habla, el cliente o el vendedor?

1 Un pollo entero y medio kilo de salchichas, por favor.

2 Estos tomates son los mejores. También hay lechugas muy frescas.

3 Hoy tenemos pan integral y pan con nueces.

4 Quiero algo especial, quizás con fruta y chocolate, para una fiesta de cumpleaños. ¿Qué me recomienda?

3 Túrnate con tu compañero/a. Visita las tiendas de la Actividad 1 para comprar:

4 Completa las frases.

> mucho   bastantes   tantas
> demasiado   muchos   poca

1 En una buena paella hay _____ ingredientes.

2 Es mejor ir temprano al mercado porque hay _____ gente.

3 No tengo _____ huevos para hacer una tortilla.

4 Mi madre cultiva _____ verduras en el huerto que las regala a todos los vecinos.

5 Las fresas y las frambuesas me gustan _____.

6 No me gusta nada – está _____ salado.

5 Escucha y contesta las preguntas. 45

1 ¿Están en una tienda, un restaurante o en la cocina?

2 ¿Están haciendo las compras, cocinando o comiendo?

3 ¿De qué plato están hablando? ¿Es una ensalada, una paella o una tortilla?

4 ¿Qué ingredientes necesitan para este plato?

6 Escucha otra vez. Elige las opciones correctas. 45

1 Primero tienes que poner **mucho / bastante** aceite en la sartén.

2 Después pones ajo, pero **poco / mucho** ajo.

3 Es importante no freír el ajo **demasiado / mucho**.

4 Hay que freír las patatas **bastante / poco**.

5 Luego pones **bastantes / demasiados** huevos, bien mezclados, para cubrir las patatas. Pones sal y pimienta al gusto, y ¡que aproveche!

7 Escribe las instrucciones para preparar otro plato.

Gramática

Mucho, poco, bastante, demasiado, tanto are expressions of quantity.

When used as adjectives, they agree with the nouns they describe:

Compré mucha fruta en el mercado.
Tengo bastantes verduras en casa.
Comí tantas ciruelas que ahora me duele el estómago.

When used as adverbs, they don't change:
Las frambuesas cuestan demasiado.

¿Más? → Grammar p. 228

Para mejorar

In some listening activities, the sound effects and tone of the conversation give you clues about the context. They can help you to understand what is being said.

Vocabulario

la sartén – frying pan
freír – to fry
la sal – salt
la pimienta – pepper

4.5 ¡Viva la amistad!

Objetivos
- Greet friends and make introductions
- Offer food and drinks
- Use the subjunctive in exclamations

1 Lee los mensajes y contesta las preguntas.

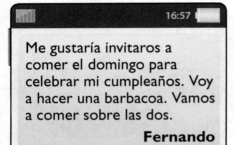

16:57

Me gustaría invitaros a comer el domingo para celebrar mi cumpleaños. Voy a hacer una barbacoa. Vamos a comer sobre las dos.

Fernando

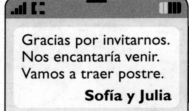

Gracias por invitarnos. Nos encantaría venir. Vamos a traer postre.

Sofía y Julia

Mateo
online

HOY

Me gustaría venir. Voy a llegar temprano para ayudarte. Hasta el domingo.

1 ¿Qué va a hacer Fernando el domingo?

2 ¿Por qué?

3 ¿Quién va a venir?

4 ¿Van a comer (el almuerzo) o van a cenar?

5 ¿Qué ofrecen hacer los invitados?

Gramática

Use the conditional of *gustar* and *encantar* + infinitive to say what you would like to do.

Me gustaría invitarte a comer el domingo.
Me encantaría venir.

¿Más? → Grammar p. 233

2 ¿Qué te gustaría hacer para celebrar tu cumpleaños? Escribe tus ideas.

Me gustaría …

Me gustaría	ir a la playa/al cine/a un restaurante/a un partido de fútbol/a un festival de música.
	tener una fiesta en casa/un pícnic.
	hacer una barbacoa.
	salir en bicicleta.

3 Túrnate con tu compañero/a. Invítalo/la a salir y responde a la invitación. Usa los mensajes de la Actividad 1 para ayudarte.

- ¿Te gustaría … ?
- Sí, …

4 Completa la conversación. Escucha y comprueba. 🎧46

bienvenido   gracias   encantado   ¿Qué tal?   muy bien

Fernando	Hola, Mateo. **1** _____
Mateo	Hola, Fernando. Muy bien **2** _____, ¿y tú?
Fernando	**3** _____. Quiero presentarte a mis padres. Esta es mi madre.
Mateo	Encantado de conocerla, Señora Hernández.
Señora Hernández	Igualmente, Mateo, y **4** _____.
Fernando	Y éste es mi padre.
Señor Hernández	Hola, Mateo, mucho gusto.
Mateo	Hola, Señor Hernández. **5** _____.

5 Escucha y empareja para contestar las preguntas. (1–2)

1 ¿Qué elige para beber?

   1 Julia   **a** un vaso de agua

   2 Sofía   **b** una limonada

   3 Mateo   **c** un refresco de cola

2 ¿Cómo está la comida?

   1 la salsa está   **a** sabrosa

   2 la carne está   **b** picante

   3 las salchichas están   **c** dulces

   4 los tomates están   **d** saladas

6 Escucha otra vez. Completa las frases con la exclamación apropiada.

1 _____ ¡Qué postre más bonito!

2 Ya está todo. _____ ¡A comer!

3 Hay carne de ternera, pollo y salchichas. También hay ensalada. _____

4 ¡Salud! ¡Y _____ la amistad!

7 Trabaja con tu compañero/a. Escribe un diálogo.

Tú:	Saluda a tu amigo/a cuando llega a tu casa.
Amigo/a:	Responde.
Tú:	Presenta tu amigo/a a tus padres.
Amigo/a:	Responde.
Tú:	Pregunta a tu amigo/a que quiere beber.
Amigo/a:	Responde.
Tú:	Dile a tu amigo/a qué hay de comer.
Amigo/a:	Responde con comentarios sobre la comida.

8 Túrnate con tu compañero/a. Lee el diálogo de la Actividad 7 en voz alta.

Las tapas son uno de los aspectos más geniales de la gastronomía española. Una tapa es una pequeña ración de comida que se sirve como aperitivo con un refresco y la costumbre de salir a tomar tapas se llama 'ir de tapas' o 'tapear'.

Hay tapas típicas y tradicionales como croquetas, tortilla de patata, calamares a la romana, patatas bravas y gambas al ajillo, y por otro lado, hay tapas que se preparan, según los alimentos de las distintas regiones y según la creatividad de los cocineros. Hay de todo: de carne, de pescado, de mariscos, de huevos y de legumbres y verduras.

Las tapas son un invento español que ahora se come en todo el mundo. Desde Australia y Japón hasta América del Norte se encuentran bares y restaurantes que se especializan en tapas. Pero tapear no se trata solamente de probar comida sabrosa, sino también de compartir conversación y buenos momentos con los amigos. ¡Que aproveche!

El origen de las tapas es, probablemente, que se cubría el vaso con una rebanada de pan o un trozo de jamón para que no entraran ni moscas ni polvo. De aquí se extendió la costumbre de ofrecer, en los bares, algo de comer con el refresco, como aperitivo.

1 Lee el texto. Elige la opción correcta para completar cada frase.

1 Una tapa es una pequeña porción de comida que se come

2 Ir de tapas significa

3 Hay tapas para carnívoros

4 En el pasado se usaba un trozo de pan o jamón para

5 Tapear es una actividad

a y para vegetarianos.

b sociable y gastronómica.

c antes del almuerzo o de la cena.

d salir a comer tapas.

e proteger una bebida de insectos o de polvo.

Conexiones

¿Es importante comer con la familia y con los amigos? ¿Por qué?

La paella, el plato más famoso de España, es una receta a base del arroz. Es un plato fuerte y sabrosísimo que tiene su origen en las zonas rurales de Valencia. Los campesinos y los pastores necesitaban una comida fácil de preparar con los ingredientes que tenían a mano: arroz, cebolla, ajo, conejo, pollo y verduras. Ahora la paella se come en toda España y en el extranjero y hay una gran variedad de recetas e ingredientes. Hay paellas de mariscos, de carne y de verduras. Un ingrediente importante es el azafrán que da el color amarillo al arroz.

Cruzando el Océano Atlántico, llegamos a otro país con una gastronomía rica y variada que es México. Uno de los platos más representativos de este país es el moble poblano. Es una salsa exquisita creada originalmente en la ciudad de Puebla a base de chiles, ajo, cebolla, almendras, pimienta, tomates y chocolate. Se sirve con pavo o con pollo. ¡Qué rico!

Lo mismo ...

El País Vasco, una región en el norte de España, es famoso por sus tapas que se llaman pintxos o pinchos. Un pintxo es un pequeño trozo de pan con comida encima.

En México, los platos que se sirven de aperitivo como las tapas se llaman botanas. La más famosa es el guacamole.

pero diferente

2 **Lee el texto. Elige las respuestas correctas.**

1 ¿Cuál es el plato de la foto?
 a tortilla de patata   **b** paella   **c** mole poblano
2 ¿Cuál es el ingrediente principal de la paella?
 a el pollo   **b** los mariscos   **c** el arroz
3 ¿De qué color es una paella valenciana?
 a amarillo   **b** blanco   **c** verde
4 ¿Qué es el mole poblano?
 a una sopa   **b** una salsa   **c** un pastel

A buscar

¿Cuáles son los ingredientes de otros platos importantes de Latinoamérica, como por ejemplo la salsa chimichurri de Argentina, los tamales de México y Centro América o el ceviche de Perú?

Repaso

1 Escucha y lee el menu. ¿Qué piden los clientes? 48

   1 de primer plato   **3** de beber

   2 de segundo plato   **4** de postre

MENU
DEL DÍA

¡Que aproveche!

Primer plato

Ensalada de mariscos
Sopa de zanahoria
Pasta con salsa picante de tomate y pimiento

Segundo plato

Carne a la brasa (de ternera, de cordero)
Chuletas de cerdo
Pollo con patatas fritas
Pescado del día

Postre

Tarta de circuela
Flan
Helado (de chocolate, de coco, de café)
Fruta

pan, agua, vino o cerveza

Precio: 15 euros

2 Túrnate con tu compañero/a. ¿Qué vas a tomar del menú?
Haz los papeles del camarero y del cliente.

3 Para cada frase, elige la respuesta apropiada.

   1 Hola. Bienvenido.
      ¿Cómo estás?

   2 ¿Quieres tomar
      un refresco?

   3 Este es mi padre.

   4 Encantado de conocerte.

   5 ¿Cómo está la carne?

   6 Aquí está el postre. Es
      una tarta de frambuesa.

   a Encantado/a de
      conocerle.

   b Está buenísima.

   c Sí, una limonada,
      por favor.

   d Muy bien, gracias.

   e ¡Vaya! ¡Qué tarta
      más rica!

   f Igualmente.
      Mucho gusto.

> **i**
>
> Adults usually address children
> and young people using the
> informal tú form but when
> you speak to an adult whom
> you don't know well, use
> the formal usted form. So
> *Encantado/a de conocerle* (not
> *Encantado de conocerte*.)

4 Elige las opciones correctas.

1 ¿Cuáles son los sitios más **interesante / interesantes** para visitar?

2 ¿Cuál es la ciudad más **antiguo / antigua**?

3 ¿Cuáles son **el mejor / los mejores** meses para visitar tu país?

4 ¿Cuál es **el peor / la peor** mes del año?

5 ¿Dónde están las playas más **bonitas / bonitos** de tu país?

6 ¿Cuál es el plato más **sabroso / sabrosa** para probar?

7 ¿Cuáles son **el mejor / los mejores** souvenirs para comprar?

5 Escribe sobre tu país. Contesta las preguntas de la Actividad 4.

¿Cómo te va?

Lee y copia para hacer una lista de verificación. Piensa y decide para cada objetivo: **Muy bien, Más o menos, Mal**. Repasa para mejorar.

	Muy bien	Más o menos	Mal
• invitar a un/a amigo/a a salir			
• responder a una invitación a salir			
• usar los verbos *querer, preferir* y *poder* en el presente			
• hacer comparaciones superlativas			
• usar pronombres después de preposiciones			
• pedir comida en un restaurante			
• comentar sobre una comida			
• usar *ir a* + verbo en infinitivo para hablar del futuro inmediato			
• comprar comida en el mercado/la carnicería/la panadería / la pastelería			
• usar expresiones de cantidad: *mucho, bastante, demasiado*, etc.			
• saludar y presentar a los amigos; ofrecerles comida y refrescos			
• usar exclamaciones en el presente del subjuntivo: *¡Venga! ¡Vaya! ¡Viva!*			

Para mejorar

Use everything available to you to help work out unfamiliar language. Headings, photos and the questions asked on a text all contain clues that can help you.

Palabras y frases – Unidad 4

¿Te apetece ...?	Do you fancy ... ?	*En el cine*	At the cinema
¿Quieres ir al/a la ...?	Would you like to go to ... ?	*¿Quieres ver ...?*	Would you like to see ...?
¿Quieres venir conmigo?	Would you like to come with me?	*una comedia*	a comedy
		una película de acción	an action film
¿Qué te parece?	What do you think?	*una película de animación*	an animation
¿Porqué no ... ?	Why don't we/Shall we ... ?		
		una película de ciencia ficción	a science fiction film
¿Te parece bien?	Does that sound good to you?		
		una película romántica	a romantic film
¿De acuerdo?	OK?	*el asiento*	seat
¿Cuándo quieres/ prefieres ir?	When would you like/ prefer to go?	*el descuento*	discount
		los efectos especiales	special effects
Gracias por invitarme.	Thanks for inviting me.	*la entrada*	ticket
Me encantaría ir contigo.	I'd love to go with you.	*la oferta*	offer
Buena idea/Está bien/ Perfecto.	Good idea.	*la pantalla*	screen
		pelicula larga/corta	long/short film
¡Claro que sí!	Of course!	*la sesión*	showing
De acuerdo/Vale.	OK.		
Con mucho gusto.	I'd love to/With great pleasure	*El menú*	Menu
		el albaricoque	apricot
¿A qué hora quedamos?	What time shall we meet?	*el arroz*	rice
		la berenjena (rellena)	(stuffed) aubergine
¿Dónde nos encontramos?	Where shall we meet?	*la carne (a la brasa)*	(grilled) meat
		la cebolla	onion
Hasta el sábado.	See you on Saturday.	*la cereza*	cherry
Hasta luego.	See you later.	*el champiñón*	mushroom
¡Qué lástima!	What a pity!	*la ciruela*	plum
Lo siento.	I'm sorry.	*la col*	cabbage
No puedo./Es imposible.	I can't/It's impossible.	*la coliflor*	cauliflower
Tengo que irme.	I have to go.	*el cordero*	lamb
Espero que lo paséis bien.	Hope you have a good time.	*la ensalada*	salad
		la fresa	strawberry
A mí me es igual.	I don't mind.	*la frambuesa*	raspberry
Vamos a hacerlo otro día.	Let's do it another day.	*el helado (de fresa)*	(strawberry) ice cream
aceptar (una invitación)	accept (an invitation)	*el jamón*	ham
rechazar (una invitación)	decline (an invitation)	*la lechuga*	lettuce
		el limón	lemon
El mejor sitio	The best place	*la limonada*	lemonade
a orillas del/de la	on the shore/banks of	*la manzana*	apple
el/la más ...	the most .../the –est	*el melocotón*	peach
el/la menos ...	the least	*el melón*	melon
el/la mejor	the best	*la naranja*	orange
el/la peor	the worst	*la nuez*	walnut
antiguo/a	old	*el pepino*	cucumber
cómodo/a	comfortable	*la pera*	pear
seco/a	dry	*la piña*	pineapple
visitado/a	visited	*el plátano*	banana
el edificio	building	*el refresco*	soft drink
el monumento	monument	*la salchicha*	sausage
la piscina al aire libre	open-air swimming pool	*la salsa*	sauce
		la sandía	watermelon
		el sorbete (de mango)	(mango) sorbet
		la uva	grape
		la zanahoria	carrot

la cuenta	the bill
el/la camarero/a	waiter/waitress
las bebidas	drinks
el bol	bowl
la copa	glass, cup (sports trophy)
la cuchara	spoon
el cuchillo	knife
el hielo	ice
el plato	plate
la taza	cup
el tenedor	fork
el vaso	glass
amargo/a	bitter
delicioso/a	delicious
picante	spicy
salado/a	salty
¿Qué van a tomar de ...	What would you like to have for ...
primer plato /segundo plato/postre?	first course/main course/dessert?
¿Qué van a beber?	What would you like to drink?
¿Cómo estaba la carne/ el pollo?	How was the meat/ chicken?
¿Algo más?	(Can I get you) anything else?
Para mí, (de primer plato) el/la/los/las ...	I'll have the ... (as first course).
(De postre), voy a tomar ...	(For dessert), I'm going to have ...
Para mí, agua con/sin gas	For me, sparkling/still water.
Estaba buenísimo/a.	It was really good.
¿Nos trae ... por favor?	Could you please bring us ...?
quejarse	complain

Ir de compras — **Go shopping**

la carnicería	butcher's
la frutería	fruit shop
el mercado	market
la panadería	bakery
la pastelería	cake shop
la barra de pan	loaf of bread
la tarta	cake
medio kilo	half a kilo
doscientos gramos	two hundred grams
¿Qué desea?	What would you like?
¿Qué le pongo?	What can I get you?
¿Qué más quiere?	What else would you like?
¿Cuánto quiere?	How much would you like?

¿Quiere alguna cosa más?	Would you like something else?
Aquí lo/la/los/las tiene.	Here you are.
¿Cuánto cuesta(n)?	How much does it/do they cost?
Nada más, gracias.	Nothing else, thanks.
Tiene muy buena pinta	It looks really good/ delicious

En la cocina — **In the kitchen**

asar	roast
asar a la parilla/barbacoa	grill/barbecue
calentar	heat/warm (up)
freír	fry
congelar	freeze
cortar/trocear	chop
cubrir	cover
hervir	boil
mezclar	mix
cocinado/a	cooked
fresco/a	fresh
crudo/a	raw
la harina	flour
el ajo	garlic
la mantequilla	butter
la mermelada	jam
la pimienta	pepper
la sal	salt
la sartén	frying pan
¡Que aproveche!	Enjoy (your meal)!

Presentar a gente — **Introducing people**

Bienvenido/a.	Welcome.
Quiero presentarte a ...	I'd like to introduce you to ...
Este/Esta es ...	This is ...
Encantado/a (de conocerte/conocerle).	Pleased to meet you.
Mucho gusto.	It's a pleasure.
Igualmente.	Likewise.
saludar	greet
abrazar	hug
besar	kiss

Exclamaciones

Dígame.	Hello (when answering the phone in Spain)
¡Vaya!	Wow!
¡Venga!	Come on! Let's go!
¡Viva!	Hurray (to ...)! Cheers (to ...)!

Escuchar

1 Vas a oír un diálogo entre Mónica y su amigo Aurelio sobre los deportes. Vas a oír el diálogo dos veces.

Empareja los deportes con las afirmaciones correctas (A–F). Para cada deporte, escribe la letra correcta (A–F) en la línea.

Ahora tienes unos segundos para leer la siguiente información. (49)

Deportes		Lo que dice Mónica
baloncesto	_____	**A** Marcó un gol.
fútbol	_____	**B** Lo pasó bien pero estaba muy cansada al final.
patinaje	_____	**C** Su equipo ganó la copa.
ciclismo	_____	**D** Se rompió un dedo.
badminton	_____	**E** Recorrió 30 kilómetros.
		F Se cayó pero no se hizo daño.

[Total: 5]

2 Vas a oír una entrevista de radio con Francisco Comas, un experto sobre la salud. Vas a escuchar la entrevista dos veces.

Hay una pausa durante la entrevista.

Para cada pregunta indica tu respuesta escribiendo una X en la casilla correcta (A–D).

Ahora tienes unos segundos para leer las preguntas. (50)

1 Según el experto, ¿qué es lo más importante para los jóvenes en cuanto a dormir?

    A Dormir más de ocho horas cada noche. ☐

    B Acostarse a la misma hora cada noche. ☐

    C Dormir un mínimo de seis horas. ☐

    D Dormir entre siete y ocho horas cada noche. ☐ [1]

2 ¿Qué no se debe hacer por la noche antes de acostarse?

    A Cenar a las nueve. ☐

    B Ver películas de suspense y jugar juegos de video. ☐

    C Ver comedias. ☐

    D Descansar antes de acostarse. ☐ [1]

3 ¿Qué tipo de comida recomienda el experto para cenar?

    A Platos fuertes de carne.

    B Platos vegetarianos.

    C Pollo o pescado con ensalada.

    D Sopa, bocadillos y patatas fritas. [1]

4 ¿Qué puede pasar si no desayunas?

    A Tienes dificultad en concentrarte.

    B Tienes mucho sueño.

    C Te duele la cabeza.

    D Llegas a clase con retraso. [1]

5 ¿Qué es recomendable comer en verano cuando hace calor?

    A Helados y sorbetes.

    B Refrescos con hielo.

    C Ensalada y fruta.

    D Pasteles y caramelos. [1]

6 ¿Qué es importante hacer para evitar el estrés?

    A Estar en contacto con amigos y conocidos en las redes sociales.

    B Estudiar mucho y hacer los deberes.

    C Acostarse temprano.

    D Disfrutar del tiempo libre. [1]

[Total: 6]

Leer

3 **Lee el texto. Para cada pregunta, indica tu respuesta escribiendo una X en la casilla correcta (A–C).**

Juan nos habla de su tiempo libre

En mis ratos libres, es decir, los fines de semana y durante las vacaciones, lo que más me gusta es hacer deporte. El sábado pasado por ejemplo, pasé toda la mañana en el polideportivo jugando al baloncesto con mis amigos. Después de comer, monté en bici y por la tarde, volvimos al polideportivo para entrenar en el muro de escalada.

De septiembre a marzo, me entreno en el club de fútbol los miércoles por la tarde y los domingos hay partido. Desafortunadamente, en marzo, me rompí la pierna durante un partido y no pude jugar al fútbol ni hacer ningún deporte hasta el verano. Fue fatal. Pero poco a poco me fui recuperando y mis padres y mis amigos me apoyaron mucho.

---

1 Juan es …

  A perezoso ☐

  B activo ☐

  C solitario ☐ [1]

2 Cuando no está en clase, Juan está …

  A solo ☐

  B con su familia ☐

  C con sus amigos ☐ [1]

3 En su tiempo libre, le gusta …

  A descansar ☐

  B hacer deporte ☐

  C estudiar ☐ [1]

4 Es miembro de …

  A un club de ciclismo ☐

  B un club de fútbol ☐

  C un gimnasio ☐ [1]

5 En el club se entrena …

  A los domingos por la mañana ☐

  B dos veces a la semana ☐

  C una vez a la semana ☐ [1]

6 Todos los fines de semana en invierno, Juan …

  A juega al fútbol ☐

  B va al cine ☐

  C juega al baloncesto ☐ [1]

7 Durante un partido al final de la temporada, Juan …

  A marcó un gol ☐

  B tuvo un accidente ☐

  C se quedó muy cansado ☐ [1]

[Total: 7]

4   **Estas cinco personas están en un restaurante. Lee lo que dicen (a–e) y las descripciones de los platos en el menú (1–8).**
¿Cuál es el mejor plato para cada persona?
Para cada persona, escribe el número correcto (1–8) en la línea.

a	SOFIA: De primer plato me apetece algo ligero. Me gusta la comida sana y nutritiva y prefiero comer verduras, ensalada y frutas. Suelo comer poca carne y no me gustan nada ni las lentejas ni los garbanzos.	_____
b	MATÍAS: Me encantan los platos fuertes a base de arroz. No soy vegetariano pero prefiero el pescado y el pollo a la carne roja. Me encantan los mariscos.	_____
c	NAIRO: En casa, siempre tomo para terminar un plátano, una manzana o un trozo de melón, según lo que tengamos. Pero cuando salgo a comer, me encanta probar algo diferente.	_____
d	CAMILA: Soy vegetariana. Me encanta el arroz y la pasta. También me gustan mucho las ensaladas y las verduras. Prefiero no comer platos muy picantes y odio el ajo. No soy alérgica a la lactosa pero prefiero evitar el queso y otros productos lácteos.	_____
e	MARIANA: Dejé de comer carne hace tres años pero me gusta todo tipo de pescado. Soy deportista y va bien comer bastante proteína después de entrenar. También hay que comer verduras y carbohidratos.	_____

1	Se sirve el filete de salmón a la brasa o al vapor. Viene acompañado de espinacas o judías verdes y de puré de patatas.
2	El estofado de carne con cebollas y patatas es un plato de la región. Se cuece lentamente durante cincos horas para conseguir la carne muy tierna en una salsa sabrosísima.
3	Nuestra ensalada granjera tiene lechuga, tomate, pepino y también embutidos artesanales de la región: jamón serrano, chorizo y morcilla.
4	La paella se cuece sobre un fuego de leña y por eso tiene un sabor auténtico. Contiene conejo, gambas y mejillones. Se tarda unos 30 minutos en hacer pero si tienes mucho apetito, vale la pena esperar.
5	El gazpacho es una de las especialidades de la casa. Esta deliciosa sopa se prepara de los tomates y los pepinos que cultivamos en nuestro propio huerto. Contiene, además, un poquito de ajo y de cebolla, aceite de oliva y una pizca de sal. Se sirve bien frío.
6	Una selección de tres flanes pequeños: de coco, de vainilla y de chocolate. Se sirven con fresas, frambuesas y moras. Todos nuestros postres se hacen en casa. ¡Se puede pedir más de uno!
7	El espagueti con salsa de tomate se prepara con estilo mexicano. ¡Ojo! Pica bastante porque contiene chiles jalapeños. Se sirve con guacamole y queso.
8	Nuestra tortilla de patatas es un plato sencillo, auténtico y buenísimo. ¡No te lo pierdas! (Si quieres saber hacerlo bien, pasa a la cocina a aprender los trucos de nuestra maravillosa cocinera.) Se sirve con ensalada o con verduras.

[Total: 5]

¿Listo?

¡Revisemos! • Describe different types of jobs • Recognise false friends • Use ordinal numbers

1 Empareja los trabajos con los lugares.

Soy ...

1 enfermero/a
2 mecánica/o
3 dentista
4 carpintero/a
5 panadero/a
6 carnicero/a
7 asistente de vuelo
8 peluquero/a

Trabajo en ...

a un garaje
b un taller
c una panadería
d una clínica
e un avión
f una carnicería
g una peluquería
h un hospital

Gramática

Most job titles have masculine and feminine versions.

Most nouns ending in 'o' change to 'a':
abogado – abogada
But note *piloto – piloto*.

Most nouns ending 'or' add 'a':
profesor – profesora

Most nouns ending –*ista*/–*el*/–*il* do not change in the feminine:
recepcionista, *cantante*, *albañil*
But note *actor – actriz*

2 Escucha y comprueba. (1–8) 🔊 51

3 Escucha y elige la opción correcta para cada descripción. (1–6) 52

1 **a** cartero **b** piloto **c** recepcionista
2 **a** profesora **b** estar desempleada **c** médica
3 **a** amo de casa **b** cocinero **c** camarero
4 **a** taxista **b** dependiente **c** policía
5 **a** abogado **b** conductor de autobuses **c** piloto
6 **a** granjera **b** veterinaria **c** jardinera

Para mejorar

To help you work out unfamiliar words, look at prefixes (re-, pre-, des-) and use these to make connections. e.g. *un empleado* = 'employee' – *emplear* = 'to employ' – *empleado* = 'employed', so *estar desempleado* means 'to be unemployed'.

4 **Empareja las descripciones con los trabajos. Sobran dos trabajos.**

1 El trabajo de Miguel es apagar fuegos. Si hay una emergencia va en un camión con sirenas y luces intermitentes a toda velocidad. Lleva casco y uniforme protector. También informa al público sobre los peligros del humo y el fuego.

2 Maya cambia grifos y arregla e instala la tubería de agua en cocinas y cuartos de baño. Lleva guantes y botas. Necesita muchas herramientas y va a trabajar en una camioneta. Trabaja por su propia cuenta.

3 Vicente tiene su propio vehículo y lleva a pasajeros a donde quieren ir. A veces va y viene del aeropuerto. Las noches de los viernes y sábados hay mucho trabajo. Cobra por cada viaje. Sabe el mapa de la ciudad de memoria.

4 Verónica trabaja en una consulta. Ayuda y trata de curar a personas enfermas. Escribe recetas para medicinas y si es necesario refiere los pacientes a un especialista. Su horario es de lunes a viernes y los sábados por la mañana.

a taxista **b** fontanero/a **c** médico/a

d bombero/a **e** dependiente/a **f** albañil

5 **Trabaja en grupo. Elige una profesión. Tus compañeros/as tienen que adivinarla.**

- ¿Dónde trabaja?
- Trabaja en (un colegio).
- ¿Qué hace?
- (Da clase) y (corrige deberes).
- ¿Qué lleva? / ¿Cuál es su horario? / ¿Qué cobra?
- Trabaja (de lunes a viernes). (No) lleva (uniforme).
- ¡Es un profesor!

6 **Escribe las descripciones de los dos trabajos que sobran de la Actividad 4.**

Un/Una ... trabaja en ... Arregla ...
Trabaja desde ... Lleva ...

7 **Escucha y escribe los números ordinales. (1–6)** 53

5.1 Buscando un trabajo

i ¿Qué es más importante en el trabajo, el salario o la satisfacción en el empleo?

Objetivos
- Understand an advertisement for a job
- Write a CV and a job application letter
- Use the future tense

1 **Empareja los anuncios con los detalles.**

1 Se buscan camareros para trabajar en una cadena de cuatro restaurantes repartidos por la ciudad. No se necesita experiencia, se ofrece formación.

3 Buscamos niñeros a tiempo parcial para cuidar niños en una guardería. Conocimientos de primeros auxilios esenciales.

5 Escuela de idiomas en Málaga busca profesores nativos de inglés. Preferible con experiencia. Imprescindibles buenas referencias.

2 Se necesita un recepcionista con un buen nivel de inglés y otro idioma para trabajar en un hotel. Imprescindible tener buenas relaciones con los clientes y buen aspecto personal.

4 ¿Te gusta la moda? Se buscan dependientes para la sección de zapatería en unos grandes almacenes. Se ofrece horario flexible. Envíe una carta de presentación con curriculum vitae.

6 Se busca joven para trabajar en la cocina de un hospital. Trabajo variado. Interesados deben rellenar un formulario.

a se necesita hablar idiomas

b las horas no son fijas

c saber cómo asistir a un herido o enfermo

d se da instrucción

e completar un documento con datos personales

f recomendaciones de personas que te conocen

2 **Escucha y lee. Empareja las personas buscando trabajo con los anuncios de la Actividad 1.** 🔊 54

a Trabajé en un club infantil el verano pasado. Organizaba juegos y ayudaba con las comidas. Si es necesario haré un cursillo para saber lo que hacer si hay un accidente.

b En el futuro me gustaría ser cocinera porque me encanta cocinar pero necesitaré experiencia. Soy una persona trabajadora y sé que trabajaré muy bien en equipo.

c Busco un trabajo mientras estudio. Me llevo bien con la gente y soy una persona fiable. No me importa trabajar largas horas. Podré trabajar los fines de semana y un trabajo por las noches será ideal.

d Nací en Inglaterra y estudié literatura inglesa en la universidad. Empezaré mi año sabático en el verano y busco un puesto de trabajo en España con buen sueldo. Hice prácticas laborales en un instituto ayudando a niños que no hablan inglés.

e Mi ambición es ser diseñador de modas e iré a la escuela de arte en octubre a estudiar diseño. Me fascina el calzado en particular. Podré trabajar durante todo el verano. Me gustará tener la oportunidad de obtener experiencia directa en una zapatería.

f Creo que soy una persona sociable y extrovertida. Me interesa trabajar con gente. Domino bien el inglés y alemán y me gustaría poder usar mis idiomas. Siempre me visto elegantemente.

3 Escucha las entrevistas. Copia y completa la tabla. (1–5)

	Job or place of work	Reason for applying	Work experience	Personality	Additional information
1	waiter …				

4 Completa las frases.

> aprenderán   dominaréis
> tendré   haremos
> será   trabajarás

Gramática

Use the future tense to talk about the future.
Add the following endings to the infinitive:
-é, -ás, -á, -emos, -éis, -án
Mañana empezaré el nuevo trabajo.
Irregular:
*hacer – haré, poder – podré, querer – querré,
tener – tendré*

¿Más? → Grammar pp. 230–231

1 El trabajo _____ divertido.
2 Yo _____ un buen sueldo.
3 En la guardería tú _____ con niños pequeños.
4 Durante las prácticas de trabajo Tomás y Felipe _____ mucho.
5 Si trabajáis en España dos meses _____ bien el español.
6 En el futuro Raquel y yo _____ un cursillo de primeros auxilios.

5 Túrnate con tu compañero/a. Haz una entrevista.

- ¿Por qué quiere trabajar como camarero?
- ¿Qué experiencia laboral tiene?
- ¿Qué cualidades tiene?
- ¿Cuándo podrá empezar?

Gramática

To address people in a formal situation, use *usted* (one person) or *ustedes* (more than one).
¿Qué cualidades tiene usted?
¿Dominan ustedes el español?

¿Más? → Grammar p. 224

6 Lee la carta. Copia y completa el curriculum vitae.

Barcelona 15 de marzo

Muy señor mío:

Le escribo en respuesta a su anuncio para jóvenes que quieren hacer prácticas de trabajo en una oficina. Soy inglesa y tengo 16 años. Estudio bachillerato en el instituto Frances Barker. Además del inglés, domino bien el español y hablo un poco de francés.

No tengo experiencia de trabajar en una oficina pero trabajé de dependienta en una tienda de regalos durante el verano. También trabajé de camarera en una cafetería hace un año.

Soy una persona responsable y fiable. Trabajo bien en equipo y me llevo bien con la gente.

Tengo buenas referencias de la directora de mi instituto, la señora Jones. Podré empezar a primeros de abril.

¿Me podrá dar detalles sobre el tipo de trabajo y el horario?

Atentamente,

Caroline Russell

Curriculum vitae

Datos personales

Nombre: _____

Apellido(s): _____

Educación: _____

Idiomas: _____

Experiencia laboral:
_____

Cualidades: _____

Referencias: _____

7 Escribe un curriculum vitae para ti.

8 Escribe una carta solicitando un puesto para hacer prácticas laborales. Usa la carta de la Actividad 6 para ayudarte.

5.2 Las prácticas de trabajo

Objetivos
- Describe the requirements of different jobs
- Talk about what you think a job will be like
- Use *lo + adjective* and *lo que*

1 Escucha y apunta el detalle incorrecto de lo que dice cada persona. (1–6)

En mis prácticas de trabajo …

1 contestaré el teléfono, atenderé a clientes, distribuiré el correo.

2 lavaré el pelo a los clientes, barreré el suelo, organizaré citas para los clientes.

3 archivaré documentos, mandaré correos electrónicos, escribiré cartas.

4 serviré comida, pondré y quitaré las mesas, tomaré pedidos.

5 trabajaré en la caja, rellenaré los estantes, atenderé a los clientes.

6 ayudaré a los niños, jugaré con ellos, vigilaré durante el recreo.

2 ¿Quién habla? Escucha y escribe el nombre correcto para cada trabajo. (1–6)

Haré mis prácticas en una clínica veterinaria.

Alba

Iré a un polideportivo para hacer mis prácticas.

Rafael

Trabajaré como secretaria.

Margarita

Lo que más me gusta es trabajar con niños.

Nicolás

Tendré la experiencia de trabajar en una clínica dental.

Cristina

Lo mejor será trabajar al aire libre.

Óscar

3 Completa las frases para dar tu opinión sobre algunos aspectos de las prácticas de trabajo.

| lo mejor lo peor lo bueno lo malo |
| lo difícil lo interesante lo aburrido |

1 _____ será cuidar a los niños.

2 _____ será el horario, trabajaré desde las 10h hasta las 16h.

3 _____ es tener que salir de casa muy temprano.

4 _____ es archivar documentos

5 _____ fue que no hice nada.

Gramática

To vary your opinions, you can use *lo* + adjective (*lo mejor*) or with a *que* clause (*lo que más me gusta*).

Lo bueno es tener un empleo.
Lo que me más gusta es contestar el teléfono.

You can also use *lo* + adjective + *será* + infinitive to talk about the future, or *lo* + adjective + *fue* + infinitive to talk about the past.
Lo peor será ir al trabajo en metro.
Lo interesante fue conocer a nueva gente.

4 Lee el correo electrónico y elige las opciones correctas.

Hola Marcos

Ya tengo un puesto de trabajo para hacer mis prácticas de trabajo. Estoy muy contenta porque trabajaré en la oficina de un periódico local. ¡Qué guay! Las prácticas durarán dos semanas y empezaré en abril. Haré muchas cosas. Por la mañana ayudaré en la recepción de la oficina. Contestaré el teléfono y repartiré el correo. Después de comer ayudaré a redactar las noticias de interés para los lectores. Esto incluirá artículos sobre partidos deportivos, accidentes de tráfico, asuntos del ayuntamiento, delitos, la apertura de nuevas tiendas o restaurantes y mucho más.

Será muy interesante. Lo que más me gusta del trabajo es que podré salir con un fotógrafo para sacar fotos de los eventos locales. Lo peor es que la oficina queda muy lejos de casa y tendré que levantarme muy temprano y coger dos autobuses para llegar. Sin embargo, no me importa porque en el futuro me gustaría ser periodista y será una buena experiencia.

Un abrazo,

Arancha

1 Arancha hará sus prácticas de trabajo

   a en un puesto del mercado   **b** con un periódico   **c** en correos.

2 Empezará las prácticas

   a en dos semanas   **b** por la mañana   **c** en abril.

3 Arancha tendrá que

   a contestar el teléfono   **b** ayudar a los lectores   **c** ir a tiendas nuevas.

4 Quiere salir por el barrio para

   a comer en restaurantes   **b** repartir el correo   **c** sacar fotos.

5 Lo que no le gusta es que la oficina no

   a está cerca   **b** es local   **c** está en el ayuntamiento.

6 Para Arancha lo bueno es

   a redactar las noticias   **b** obtener experiencia   **c** estar contenta.

5 Trabaja en grupo. Haz una encuesta.

- ¿Dónde harás tus prácticas de trabajo?
- ¿Cuánto tiempo durarán?
- ¿Qué tendrás que hacer?
- ¿Cómo crees que será?
- ¿Qué será lo mejor / peor?

6 Escribe un correo electrónico describiendo las prácticas de trabajo que harás.
Mira el correo electrónico de la Actividad 4 para ayudarte.

5.3 ¿Dígame?

Objetivos
- Make a phone call
- Write a work-related email
- Use object pronouns

1 **Pon las frases en el orden correcto.**

1 El número de mi teléfono móvil es el 704 54 38 95 63.

2 Soy Alejando Muñoz, de la compañía Urbano.

3 Sí. Dígale que me llame cuando sea conveniente.

4 ¿De parte de quién?

5 Muy bien. Le pasaré el mensaje.

6 Buenas tardes. ¿Puedo hablar con la señora Díaz?

7 ¿Cuál es su número de teléfono?

8 Agencia Carmina. ¿Dígame?

9 Lo siento, pero en estos momentos está ocupada. ¿Quiere dejarle un mensaje?

2 **Escucha y contesta las preguntas.**

1 ¿Con quién quiere hablar Alejandro Muñoz?

2 ¿Por qué no puede venir al teléfono la señora Díaz?

3 ¿Qué mensaje deja Alejandro?

4 ¿Cuál es su número de teléfono móvil?

3 **Lee las conversaciones telefónicas. Empareja las expresiones marcadas con las frases.**

> **i**
>
> Question words can be used with prepositions.
> *¿de quién?* is used to express possession. *¿De parte de quién*? literally means 'On whose behalf?'
> *¿con quién?* With whom?
> *¿para quién?* or *¿a quién?* For whom? or to whom?
> *¿a dónde?* Where?

- ¿Dígame?
- Quisiera hablar con la Sra. Campos.
- **1 Le comunicaré en seguida.**
- Bueno, gracias.
- **2 No cuelgue, por favor.**
- Vale.
- Lo siento, **3 no contesta el teléfono.**

- ¿Díga?
- Hola. Soy Isabel. ¿Está Carlos?
- **5 En este momento no está.**
- No importa. **6 ¿Me puede dar el número de su móvil?**
- El 0799 409 203.
- De acuerdo, gracias.
- No hay de qué.

- ¿Puedo hablar con el señor Ruiz?
- Lo siento. Aquí no hay nadie con ese nombre.
- ¡Vaya! **4 Me equivoqué de número.**
- ¿A qué número quería llamar?
- Al 45 293 81 66.
- No llamó al número correcto.

- ¿Puedo hablar con la señorita Blanco?
- Sí, un momento. **7 ¿De parte de quién?**
- Soy Juana Caballero.
- ¡Jefa! **8 Una llamada para usted.**
- ¡Ya voy!

---

a Le están llamando.

b Ahora le paso la llamada.

c No debe colgar el teléfono.

d Marqué el número incorrecto.

e La persona no se encuentra aquí.

f ¿Quién llama?

g Necesito saber el número de su celular.

h No responde.

4 **Mira la tabla y las conversaciones. Túrnate con tu compañero/a haciendo tus propios diálogos.**

Para contestar una llamada	**Para hacer una llamada**
¿Dígame? / ¿Diga?	Quiero / Quisiera hablar con…
¿De parte de quién?	¿Puedo hablar con…?
Aquí no hay nadie con ese nombre.	¿Está…?
Le comunicaré enseguida.	Soy …
No cuelgue.	Me equivoqué de número.
Lo siento. En este momento no está.	Bueno / Vale / de acuerdo. Gracias
Estará a partir de las …	Llamaré más tarde.
No contesta el teléfono.	¿Me puede dar el número de su móvil?
Está ocupado/a.	Dígale que me llame cuando sea conveniente.
¿Quiere dejar un mensaje?	Es el …
Le pasaré el mensaje.	
¿Cuál es su número de teléfono (móvil)?	

5 **Reescribe las frases usando pronombres directos o indirectos.**

1 El recepcionista da el mensaje **al jefe**.

2 Contesto **el teléfono**.

3 Mandaré un correo electrónico a **la empresa**.

4 Saco fotocopias para **los empleados**.

5 Voy a escribir una carta **al director**.

6 Archivo **documentos**.

> **Gramática**
>
> Use object pronouns in place of a noun to avoid repetition. Object pronouns can be direct or indirect. A pronoun agrees with the noun it replaces.
>
> **Direct:** *me, te, lo/la, nos, los/las*
> **Indirect:** *me, te, le, nos, os, les*
> *Lo pasaré a mi compañero.*
> *Le comunicaré en seguida.*
>
> ¿Más? → Grammar pp. 224–225

6 **Lee el correo electrónico. Marca las frases que son falsas y corrígelas.**

Para: Gabriel Menéndez
Asunto: Reunión: estrategia de comercialización
....
29 de febrero de 2023
Estimado señor:
Me pongo en contacto con usted para infórmale sobre la reunión que va a tener lugar el 23 de marzo a las 10h en las oficinas del cliente. La dirección es c/ Vicente Arrias, 25, 2°.
El tema de la reunión será la estrategia de comercialización de los nuevos productos que estarán a la venta a partir del primero de junio.
Si tiene más preguntas puede llamarme al 274 32 51 980 o ponerse en contacto con la directora de ventas martasanchez@frutinatura.com.
Le adjunto una lista de los nuevos productos.
Atentamente
Raúl Moreno

1 Gabriel Menéndez escribe a Raúl Moreno.

2 El correo electrónico es para informar al receptor de una reunión.

3 La reunión es el 29 de febrero.

4 La reunión será en la oficina de la directora de ventas.

5 En la reunión hablarán del marketing de los nuevos productos.

6 Para más información puede telefonear a la directora de ventas.

7 Raúl manda una lista de productos con el correo electrónico.

7 **Trabaja en grupo. Escribe un correo electrónico formal sobre una reunión. Usa el correo de la Actividad 6 para ayudarte. Menciona:**

- cuándo y dónde va a tener lugar
- el tema de la reunión
- información de contacto
- lo que adjunta

5.4 Problemas en el trabajo

Objetivos
- Discuss problems at work
- Describe what you had to do at work
- Use the imperfect continuous

1 Lee y decide si las frases se refieren a Mariana (M), Ernesto (E), Virginia (V) or Alonso (A).

Mariana
Hice mis prácticas en una agencia de viajes. Tenía que archivar documentos, contestar el teléfono y hacer café para los empleados. No me llevaba bien con el jefe porque era antipático. Siempre me molestaba cuando estaba hablando por teléfono. El horario era bastante duro. ¡Ni siquiera tenía tiempo para tomar un café!

You can use *bastante* with *lo* to add more detail to your writing and speaking:
lo bastante para + noun – enough for / to
*No gano **lo bastante** para vivir.*

Ernesto
Trabajé durante dos semanas en una fábrica de galletas. El trabajo era más aburrido de lo que esperaba porque era demasiado repetitivo. Lo peor era el ruido continuo de las máquinas mientras estábamos trabajando. Lo único bueno fue que conocí a gente muy simpática. Pero apenas valió la pena porque no aprendí nada nuevo.

Virginia
Tuve que hacer mis prácticas en una granja de pollos. Empezaba a las siete de la mañana y terminaba a las seis. El trabajo era manual y muy duro. Tenía que hacer todos los trabajos sucios como limpiar y desinfectar los gallineros y recoger los huevos. ¡Lo peor de todo era el olor! Ya no como ni pollo ni huevos.

Alonso
Durante el verano trabajé en el taller. El salario apenas era lo bastante para vivir. Me gasté casi más dinero en el transporte del que ganaba. Había demasiado que hacer. Me trataban como un esclavo. Estaba haciendo una cosa y me pedían otra. Tenía que limpiar el aceite del suelo y lavar los coches. Fue una pérdida de tiempo.

1 El salario era muy bajo.
2 El gerente no era amable.
3 El lugar de trabajo era muy ruidoso.
4 Olía muy mal.
5 Era caro ir a trabajar.
6 Tenía que empezar a trabajar muy temprano.

2 Lee los textos otra vez y busca el equivalente de las expresiones.

1 I no longer eat chicken or eggs.
2 He always disturbed me when I was talking on the phone.
3 The work was more boring than I expected.
4 The pay was hardly enough to live on.
5 The worst thing of all was the smell.
6 I was doing one thing and asked to do another.

Gramática

The imperfect continuous is used to describe an action that was happening in the past. It is formed using the imperfect of *estar* + the present participle of the main verb.

No fui a la fiesta porque estaba trabajando.
Me estaba duchando cuando sonó el teléfono.

¿Más? → Grammar p. 231

3 Escucha a Celeste, Salvador, Raquel y Arturo hablar de los problemas en el trabajo. Completa las frases. (1–4) 🎧 59

1 El _____ de Celeste era desde las 7h hasta la 9h.

2 Celeste opina que un día libre al mes no era _____.

3 El trabajo de Salvador en la obra de construcción no solo era duro sino también era _____.

4 Salvador solo trabajó durante una _____ en la obra.

5 Raquel trabajó en la _____ de un restaurante.

6 Los cocineros no trataban bien a Raquel porque el trabajo que hacían era muy _____.

7 Arturo estaba _____ porque tenía poco que hacer.

8 Arturo no ganaba lo suficiente para comprar _____ buena.

Celeste   Salvador

Raquel   Arturo

4 Completa las frases con del/de lo/de la/de los/de las.

1 Había más tareas _____ que podía hacer.

2 Tengo que hacer más cosas _____ que hace mi compañera.

3 Ganaba menos dinero _____ que me gastaba en comer.

4 Trabajo más horas _____ que trabajaba en la tienda.

5 Quería un trabajo con más salario _____ que ganaba antes.

6 Los empleados eran menos simpáticos que _____ que trabajaban en la fábrica.

7 El trabajo es más sucio _____ que pensaba.

> **Gramática**
>
> To make a comparison using an additional conjugated verb, use de + el/la/lo/los/las + que. The article agrees with the noun you are comparing.
>
> *Me gasté casi más dinero en el transporte del que ganaba.*
>
> *Hay menos gente de la que esperaba.*
>
> ¿Más? → Grammar p. 227

5 Trabaja en grupo. Cada persona elige un trabajo diferente. Pregunta y contesta.

- ¿Dónde trabajaste?
- ¿Qué tareas tenías que hacer?
- ¿Qué problemas tuviste?

6 Escribe un blog describiendo dónde trabajaste, las tareas que tenías que hacer y los problemas que tuviste. Usa la tabla y los textos de la Actividad 1 para ayudarte.

> Trabajé en …
> Hice mis prácticas en…
>
> Tenía que limpiar/vigilar …
>
> El jefe era/Los empleados eran antipático(s).
> No me llevaba bien con …
> El horario era (duro).
> El trabajo era sucio/aburrido/repetitivo.
> El salario era (bajo).
> Las condiciones eran (difíciles).
> Había demasiado que hacer.

5.5 El futuro

Objetivos
- Discuss possible job plans for the future
- Describe what qualifications are required
- Use the infinitive

1 **Empareja las fotos con las frases.**

a	tomarme un año sabático	**e**	ser profesor
b	seguir estudiando	**f**	trabajar como médico
c	encontrar trabajo	**g**	tener un trabajo creativo
d	ir a la universidad	**h**	trabajar en el extranjero

1   **2**   **3**   **4**   **5**   **6**   **7**   **8**

2 **Escucha. Empareja las personas con las frases de la Actividad 1. (1–8)**

1 Marta
Quiero …

2 Sebastián
Pienso …

3 Gloria
Me gustaría …

4 Leonardo
Espero …

5 Leticia
Me encantaría …

6 Román
Voy a …

7 Marisol
Mi sueño es …

8 Esteban
Tengo la intención de …

Gramática

These verbs/structures are followed by the infinitive:

Quiero ser *médico.*
Tengo la intención de buscar *un trabajo.*
Pienso tomar*me un año sabático.*
Pienso seguir *estudiando.*
Voy a estudiar *arquitectura.*

preferiría/me gustaría/me encantaría (conditional) + infinitive

Me gustaría conseguir una licenciatura.

3 **Escucha otra vez y elige las opciones correctas.**

1 Marta quiere estudiar idiomas porque le gustaría ser   **a** médica   **b** ingeniera   **c** intérprete
2 Sebastián espera tener un trabajo   **a** con buen salario   **b** seguro   **c** en el extranjero
3 Gloria piensa que ser médico es un trabajo   **a** fácil   **b** difícil   **c** útil
4 Leonardo quiere ganar mucho   **a** dinero   **b** éxito   **c** peso
5 Si Leticia trabaja por su propia cuenta tendrá   **a** felicidad   **b** realidad   **c** libertad
6 Si Román sigue estudiando conseguirá una   **a** licenciatura   **b** carrera   **c** nota
7 El sueño de Marisol es ser   **a** interesante   **b** ingeniera   **c** independiente
8 Esteban piensa mejorar su   **a** inglés   **b** español   **c** australiano

4 **Empareja las dos partes de las frases.**

1 Si quiero ser farmacéutico tendré que

2 Para conseguir una licenciatura hay que

3 Pienso ser banquero por lo tanto

4 Para ser albañil

5 Espero trabajar en el extranjero y

6 Si quiero ser mecánico debería

a hacer un aprendizaje.

b tendré que manejar bien el dinero.

c haré formación profesional.

d ir a la universidad.

e necesitaré hablar más idiomas.

f sacar buenas notas en ciencias.

Gramática

si + present + future
Si saco buenas notas, iré a la universidad.

¿Más? → Grammar pp. 230–231

Para mejorar

Use grammar clues to match sentence halves. Which verb endings match? Which verbs are followed by an infinitive?

Quiero Tengo la intención de Pienso Espero Preferiría Me gustaría Me encantaría Mi sueño / ambición es	ser (ingeniero) trabajar en (un banco / el extranjero) buscar (trabajo) estudiar (medicina) seguir (estudiando) tomarme un año sabático mejorar (mi español)	porque quiero ... trabajar con (jóvenes) un trabajo (seguro) tener un buen salario ver el mundo mejorar (mi español)
Si quiero ... ser (periodista) ganar mucho dinero tener éxito en la vida	tendré que / necesitaré ... estudiar / sacar buenas notas hacer un aprendizaje / formación profesional ir a la universidad / conseguir una licenciatura tener habilidades (para comunicarme)	porque soy ... académico/a creativo/a

5 **Trabaja en grupo. Haz una encuesta.**

- ¿Qué te gustaría hacer en el futuro?

- Tengo la intención de / Quiero ser (veterinario).

- ¿Por qué?

- Porque quiero (trabajar con animales).

- ¿Qué tienes que hacer para (ser veterinario)?

- Si quiero (ser veterinario) (tendré) (que ir a la universidad).

6 **Completa el texto.**

tomarme   trabajar   ver   mejorar   conseguir   estudiar   vivir   viajar   empezar   tener

En el futuro espero **1** _____ como abogada porque me fascina el derecho. Si quiero **2** _____ una licenciatura en derecho tendré que **3** _____ mucho y **4** _____ buenas habilidades para comunicarme. Pienso estudiar derecho con lengua española porque me gustaría **5** _____ en el extranjero ya que quiero **6** _____ mundo. Antes de **7** _____ la universidad tengo la intención de **8** _____ un año sabático y **9** _____ por Latinoamérica porque necesito **10** _____ mi español.

7 ¿Qué piensas hacer en el futuro y por qué? ¿Qué tienes que hacer para conseguir tu sueño? **Escribe sobre ti, usando el texto de la Actividad 6 para ayudarte.**

El mundo de la moda

Si te gusta la moda conocerás la tienda de moda Zara. El fundador de la cadena de tiendas Zara es Amancio Ortega, el hombre más rico de España y el director del grupo de moda **Inditex** que es la empresa más valiosa del país.

A los trece años de edad Amancio empezó a trabajar en una tienda de ropa en la ciudad de La Coruña. Después de casarse todas las noches diseñaba y cosía ropa a mano con su mujer hasta que en 1975 abrió su primera tienda Zara. Ahora su compañía tiene cinco cadenas más, emplea a 152 000 personas y opera más de siete mil tiendas por todo el mundo.

¿Cómo llegó a tener tanto éxito Amancio? Tiene cinco principios básicos: curiosidad por lo que hacen los demás, trabajar en equipo y saber delegar responsabilidades, ser disciplinado y controlar las financias de su empresa cuidadosamente.

¿Qué planes tiene la compañía para el futuro? Facilitará las compras por Internet y piensa abrir tiendas en más países y mejorar la producción de ropa de manera sostenible.

1 **Completa las frases.**

1 El hombre más rico de España es el _____ de Zara.

2 Amancio tenía trece años cuando empezó su primer _____.

3 La compañía tiene miles de _____ por todo el mundo.

4 Para Amancio el trabajo en _____ es importante.

5 Amancio es una persona _____.

6 La compañía tiene la intención de _____ más tiendas.

¿Cómo es un día de trabajo para un diseñador de moda? Mehdi trabaja para Zara y dice que no hay un día normal porque está trabajando en muchas cosas a la vez. Tiene que escoger los estampados o el tipo de tejido para desarrollar prototipos de lo que quiere hacer. Hace pruebas de vestuario casi cada día hasta que al final aprueba el prototipo que va a estar en las diferentes tiendas.

Cuando empezó a trabajar para Zara, Medhi no se esperaba trabajar con tanta gente de tantos países. Para él lo mejor del trabajo es la fantástica atmósfera que hay. Piensa que su trabajo es muy interesante porque está diseñando para millones de mujeres de todo el mundo. Medhi dice: "Tienes la posibilidad de ver tu creación, tu diseño en mujeres reales. Cuando el diseño tiene éxito, que ocurre muy a menudo, es realmente un gran momento."

Vocabulario

tejido – fabric
desarollar – develop
prueba de vestuario – dress fitting

2 **Contesta las preguntas.**

1 ¿Cuál es el trabajo de Mehdi?
2 ¿Por qué no hay un día típico para Mehdi?
3 ¿Qué hace casi todos los días?
4 ¿Con qué tipo de gente trabaja Mehdi?
5 ¿Qué es lo que le gusta más del trabajo?
6 ¿Para quién diseña Mehdi?
7 ¿Qué es un gran momento para Mehdi?

Conexiones

¿Cuál sería el trabajo ideal para ti y por qué?

A buscar

¿Quiénes son las personas más ricas del mundo?

Lo mismo ...

En Latinoamérica no se usa *vosostros* (la segunda persona plural de los verbos), se usa *ustedes* (la tercera personal plural). Por ejemplo, un español preguntaría a unos amigos *¿Qué idiomas habláis?* pero a sus abuelos preguntaría *¿Qué idiomas hablan?* En Colombia o México se usa *ustedes* para los dos. Es una forma de hablar más cortés y formal.

pero diferente

Repaso

1 **Empareja las preguntas con las respuestas.**

1 ¿Por qué quiere trabajar como niñero?

2 ¿Qué calificaciones tiene?

3 ¿Tiene usted experiencia de trabajar con niños pequeños?

4 ¿Qué ambiciones tiene para el futuro?

5 ¿Qué cualidades tiene usted?

6 ¿Podrá empezar el primero de septiembre?

7 Tendrá que trabajar desde las ocho hasta las cinco de la tarde tres días a la semana. ¿Le parece bien?

a Trabajé en una guardería durante un año antes de empezar la universidad.

b Sí, por supuesto. ¿Cuántas horas al día tendré que trabajar?

c Soy fiable y entusiasta.

d Sí claro, está bien.

e Estoy estudiando en la universidad y necesito trabajar para pagar los estudios.

f Hice un curso de formación profesional y tengo un diploma en el cuidado infantil.

g Estoy estudiando magisterio porque quiero ser maestro.

2 **Elige las opciones correctas.**

1 **Ninguna / Nadie** de las tareas es útil.

2 No tengo **ningún / nada** descanso durante todo el día.

3 **Ni siquiera / Nada** tengo dinero para el viaje al trabajo.

4 No puedo hacer **nunca / ninguna** de la llamadas telefónicas.

5 **Nadie / Apenas** hay tiempo para hacer todo el trabajo.

6 Nuestro jefe no nos ayudó **nadie / nada**.

7 No escribí **ninguno / ningunos** de los correos electrónicos.

8 ¡**Ya no / Nadie** quiero trabajar con ese jefe!

3 **Escucha. Copia y completa la tabla. (1–5)** 🎧 61

	¿Qué quiere hacer?	¿Por qué?	¿Qué tendrá que hacer?
1	Abogado	le interesa el derecho; trabajo importante	licenciatura en derecho
2			
3			
4			
5			

4 **Túrnate con tu compañero/a. Pregunta y contesta.**

- ¿Dónde hiciste tus prácticas de trabajo?
- ¿Qué tareas tenías que hacer?
- ¿Qué problemas tuviste?
- ¿Qué quieres ser en el futuro? ¿Por qué?
- ¿Qué tienes que hacer para conseguirlo?

5 **Imagina y escribe sobre los planes que Salvador tiene para el futuro y lo que tiene que hacer para conseguirlo.**

¿Cómo te va?

Lee y copia para hacer una lista de verificación. Piensa y decide para cada objetivo: **Muy bien, Más o menos, Mal**. Repasa para mejorar.

	Muy bien	Más o menos	Mal
comprender un anuncio para un puesto de trabajo			
escribir un curriculum vitae			
usar verbos en el tiempo futuro			
describir los requisitos de diferentes trabajos			
decir cómo piensas que será un trabajo			
hacer una llamada telefónica			
escribir un correo electrónico formal			
hablar de los problemas en el trabajo			
describir lo tuviste que hacer en el trabajo			
hablar de los planes que tienes para el futuro			
describir las cualificaciones que necesitarás			
usar el infinitivo de los verbos			

> **Para mejorar**
>
> When you are asked a question, don't just give a short answer. To make your answers more detailed:
> - introduce more information using words like *y*, *también*, *pero*, *sin embargo*, *aunque*, *además*, *luego*, *entonces*, *después de* + infinitive, *antes de* + infinitive
> - add description using adjectives and adverbs
> - qualify your answer with *pero*, *aunque* or *sin embargo*
> - give a reason using *porque*

Palabras y frases – Unidad 5

Profesiones	**Jobs**
Soy/Quiero ser ...	I'm/I want to be a ...
abogado/a	lawyer
actor/actriz	actor/actress
albañil	builder
amo/a de casa	househusband/ housewife
arquitecto/a	architect
asistente de vuelo	flight attendant
bombero/a	firefighter
cajero/a	shop cashier
camarero/a	waiter/waitress
cantante	singer
carnicera/o	butcher
carpintero/a	carpenter
cartero/a	postman/postwoman
cocinero/a	cook
conductor/a	driver
dentista	dentist
dependiente/a	shop assistant
empleado/a	employee
empleador(a)/patrón	employer
enfermero/a	nurse
fontanero/a	plumber
guía turístico	tour guide
granjero/a, agricultor/a	farmer
ingeniero/a	engineer
intérprete	interpreter
jardinero/a	gardener
jugador(a) (de fútbol)	(football) player
mecánica/o	mechanic
médico/a	doctor
panadero/a	baker
peluquero/a	hairdresser
piloto	pilot
(agente de) policía	police officer
profesor/a	teacher
recepcionista	receptionist
secretario/a	secretary
taxista	taxi driver
veterinario/a	vet

Trabajo en ...	**I work ...**
un avión	on a plane
un garaje	at a garage
un hotel	in a hotel
un hospital	at a hospital
un periódico	for a newspaper
un taller	in a workshop
una carnicería	at a butcher's
una clínica (dental)	in a (dentist's) clinic
una empresa/compañia	in a company
una escuela	in a primary school
una guardería	in a kindergarten

una oficina	in an office
una oficina de Correos	in a post office
una panadería	in a bakery
una peluquería	in a hair salon
Estoy desempleado/a.	I'm unemployed.
ser ascendido/a	get promoted
ser despedido/a	get fired

Anuncios de trabajo	**Job advertisements**
a tiempo parcial	part-time
el día libre	day off
horario flexible	flexible working hours
horas fijas	fixed schedule
horas largas	long hours
el salario/sueldo	salary, wage
anunciar	advertise
contratar	employ
ambición	ambition
buenas relaciones con los clientes	good rapport with clients
cualidades	qualities
experiencia	experience
entusiasta	enthusiastic
extrovertido/a	extrovert
fiable	trustworthy/reliable
la formación	training
hacer un curso	take a course
imprescindible	essential
oportunidad	opportunity
prácticas laborales	work experience
puesto de trabajo	position, post
arreglar/reparar	fix, repair
rellenar un formulario	fill in a form
solicitar un puesto	apply for a vacancy
trabajar en equipo	work in a team
la recomendación	recommendation

En mis prácticas de trabajo	**During my work experience**
archivaré documentos	I'll file documents
atenderé a clientes	I'll serve the customers
ayudaré a los niños	I'll help children
barreré el suelo	I'll sweep the floor
contestaré el teléfono	I'll answer the phone
distribuiré el correo	I'll hand out the mail
escribiré cartas	I'll write letters
jugaré con ellos	I'll play with them
lavaré el pelo a los clientes	I'll wash the clients' hair
mandaré correos electrónicos	I'll send emails
organizaré citas para los clientes	I'll arrange appointments for the clients

pondré y quitaré las mesas	I'll set and clear the tables
rellenaré los estantes	I'll restock the shelves
serviré comida	I'll serve food
tomaré pedidos	I'll take orders
trabajaré en la caja	I'll work at the till
los vigilaré durante el recreo	watch over them during break
Durarán dos semanas.	It will last two weeks.
Lo mejor/peor será …	The best/worst thing will be …

Por teléfono — On the phone

¿Dígame?/¿Diga?	Hello? (formal)
¿De parte de quién?	Who's calling/asking?
Aquí no hay nadie con ese nombre.	There's no one here called that.
Le comunicaré en seguida.	I'll put you through straight away.
No cuelgue, por favor.	Stay on the line, please.
Lo siento. En este momento no está.	Sorry. He/She's not here at the moment.
En estos momentos está ocupado/a.	He/She's busy right now.
No contesta el teléfono.	He/She isn't answering.
¿Quiere dejar(le) un mensaje?	Would you like to leave (him/her) a message?
Le pasaré el mensaje.	I'll pass on your message.
¿Cuál es su número de teléfono (móvil)?	What's your (mobile) phone number?
No hay de qué.	Not at all.
¿Puedo hablar con el señor/la señora …?	Could I speak to Mr/Mrs …?
Quiero/Quisiera hablar con …	I'd like to speak to …
¿Está …?	Is … there?
Ahora le paso la llamada.	I'll put the call through to you now.
Dígale que (me llame) cuando sea conveniente.	Tell him/her to (phone me) … when convenient.
Me equivoqué de número.	I made a mistake with the number.
Marqué el número incorrecto	I dialled the wrong number

Problemas en el trabajo — Problems at work

las condiciones	conditions
el descanso	break
el jefe/la jefa	boss
el/la gerente	manager
Hay demasiado que hacer.	There's too much to do.
Me trata mal.	He/She treats me badly.

aburrido/a	boring
antipático/a	unpleasant
manual	manual
repetitivo/a	repetitive
ruidoso/a	noisy
sucio/a	dirty
una pérdida de tiempo	a waste of time

El futuro — In the future

encontrar trabajo	find a job
ganar mucho dinero	make/earn a lot of money
hacer un aprendizaje/ formacíon vocacional	do an apprenticeship/ a vocational course
ir a la universidad	go to university
conseguir una licenciatura	get a degree
mejorar mi español	improve my Spanish
seguir estudiando	carry on studying
tener éxito	be successful
tomarme un año sabático	take a gap year
en el extranjero	abroad
la diploma	certificate
el certificado/título	certificate
Mi sueño es …	My dream is …
Es mi trabajo soñado.	It's my dream job.
Espero ser/tener …	I hope to be/have …
Pienso estudiar …	I'm thinking of studying …
Tengo la intención de …	I intend/I'm planning to …
Preferiría buscar trabajo …	I'd rather look for work …
Me gustaría/encantaría ser …	I'd love to be …
Tendré que/Necesitaré …	I'll have to …

6 De vacaciones

1 Empareja las frases con los dibujos. Escucha y comprueba. 🎧 62

1 Hace mucho viento.

2 ¡Qué día más bueno! Hace sol. Hace buen tiempo.

3 ¡Uf! Hace mucho calor. Estamos a 35 grados.

4 ¿Llueve? Sí, está lloviendo.

5 Hoy está nublado en toda la isla.

6 ¡Brr! Hace frío.

7 Esta mañana, nieva en las montañas.

8 Hay una tormenta.

a

b

c

d

e

f

g

h

2 Lee y empareja los textos con las fotos.

a

b

c

d

1 Prefiero el invierno. Me encantan los días de cielo despejado, cuando hace sol y brilla la escarcha. Me gusta jugar al hockey sobre hielo también. No me importa el frío.

2 Para mí, la mejor estación del año es la primavera porque no hace ni mucho frío ni demasiado calor. Es perfecto para hacer deporte.

3 En mi región, el otoño es precioso. Los árboles cambian de color. Puedes salir a pasear y los días aún son bastante largos.

4 Me encanta el verano porque hace buen tiempo. Puedes sentarte en la terraza a tomar un refresco con los amigos. Te sientes más relajado y menos estresado.

3 Trabaja en grupo. Pregunta y contesta.

- ¿Te gusta el invierno/la primavera/el verano/el otoño? ¿Por qué?/¿Por qué no?

- ¿Qué estación del año prefieres? ¿Por qué?

- ¿Cuál es la mejor estación para … estudiar/hacer deporte/ir de vacaciones?

4 Escribe sobre el tiempo. Contesta las preguntas.

- ¿Qué tiempo hace en tu región en invierno/primavera/verano/otoño?

- ¿Qué estación prefieres? ¿Por qué?

- ¿Qué estación no te gusta? ¿Por qué?

5 Escucha y escribe el orden.  63

a la mochila   **b** el reloj deportivo   **c** las gafas de sol   **d** el traje de baño   **e** los auriculares   **f** el móvil

6 Trabaja con tu compañero/a. Pregunta y contesta.

- Vas de excursión y solo puedes llevar tres de las cosas de la Actividad 5. ¿Qué llevas? ¿Por qué?

7 Escucha las direcciones y mira el mapa. ¿Adónde van? (1–3) 64

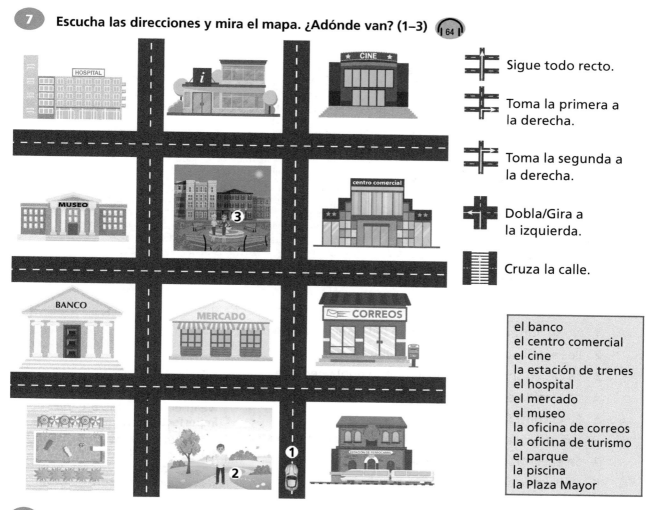

Sigue todo recto.

Toma la primera a la derecha.

Toma la segunda a la derecha.

Dobla/Gira a la izquierda.

Cruza la calle.

el banco
el centro comercial
el cine
la estación de trenes
el hospital
el mercado
el museo
la oficina de correos
la oficina de turismo
el parque
la piscina
la Plaza Mayor

8 Trabaja con tu compañero/a. Túrnate para pedir y dar direcciones a los sitios en el mapa.

- Por favor, ¿me puedes decir cómo ir de la oficina de turismo a la estación?
- Sí, claro. Sales de la oficina y doblas a la izquierda. Luego tomas la primera calle a la derecha. Sigues todo recto y la estación está al final, a la izquierda.

6.1 Fuimos de viaje

ℹ️ ¿Te gusta ir de vacaciones? ¿Por qué?/¿Por qué no?

Objetivos
- Describe a past holiday
- Talk about holiday activities
- Use past tenses for weather

1 **Lee los comentarios. ¿A qué sitio se refiere cada frase?**

www.deja tu opinión…

Deja tu opinión sobre tu experiencia.

Hotel La Selva, Perú

Sonia

Todo estaba perfecto, tanto en la habitación como en el restaurante. El trato era muy amable y las instalaciones excelentes. Nos encantó el lugar. Dormimos de maravilla: no había ningún ruido en el exterior excepto una noche que hubo una tormenta increíble con relámpagos y truenos. ¡Quizás sería mejor ir durante la temporada menos lluviosa!

Camping Playa Dorada

Javier

Nos tocó una semana que hacía muchísimo calor. El agua de la piscina estaba demasiado caliente y había muy poca sombra. En la playa había muchas piedras y poca arena. Nuestra parcela estaba al lado de la entrada y había bastante ruido por la noche. Además, se admiten perros y algunos ladraban a todas horas.

Finca Las Carreras

Lucía

Pasamos una semana en esta casa estupenda, cómoda y espaciosa y muy bien equipada. El entorno es ideal para los que les gusta estar en contacto con la naturaleza.

Durante nuestra estancia hacía buen tiempo todos los días. Por las mañanas, a veces había niebla. Un día había escarcha en la hierba. Luego hacía sol y a mediodía, hacía bastante calor. Por las noches, como no estaba nublado: el cielo estaba despejado y se veían la luna y miles de estrellas. Era increíble.

Cada día hicimos una actividad diferente. Pescamos truchas en el río y luego las cocinamos en la barbacoa. Hicimos senderismo y seguimos unos caminos por el bosque hasta llegar a la cima de la colina. Desde allí había unas vistas estupendas del paisaje y se veía a lo lejos el mar. Nos bañamos debajo de una catarata. Montamos en bici e hicimos una ruta para bicicleta de montaña. Fue emocionante. Fueron unas vacaciones inolvidables y totalmente recomendables. ¡Volveremos!

1 No se dormía bien por el ruido del tráfico. *Camping Playa Dorada*

2 Los empleados eran muy amigables.

3 La casa disponía de todo lo que se podía necesitar.

4 La comida era de buena calidad.

5 Se encontraba en la costa.

6 Las mascotas de otros veraneantes eran una molestia.

7 Se encontraba en el campo.

8 Había mucho que hacer.

2 **¿Qué tiempo hacía? Busca las expresiones en los textos de la Actividad 1.**

Gramática

For general references to weather in the past, use the **imperfect tense:**
Hacía buen tiempo todos los días.
No estaba nublado.
Había escarcha.
Hacía mucho frío pero no nevaba.

For weather events with a clear start and finish, use the **preterite tense.**
Una noche hubo una tormenta.
Ayer nevó y está mañana llovió.

¿Más? → Grammar p. 232

1 2 3 4 5 ☀️ 6 ☁️

3 Completa las frases.

> estaba   había   hubo   hizo   nevaba

1 Fuimos de vacaciones a la costa e _____ mal tiempo todos los días.

2 La semana pasada hacía mucho frío por la noche y _____ escarcha por la mañana.

3 Fui a los Andes en Chile en agosto, que es el invierno allá, y _____ cada noche.

4 Ayer _____ muy nublado. No vimos el sol en todo el día.

5 Anoche _____ una tormenta tremenda y los truenos me despertaron.

4 Escucha las entrevistas con Serena y Mario. Lee las preguntas y elige las respuestas para cada persona. (1–2) (65)

1 ¿Cuándo fuiste de vacaciones?

   a el año pasado   **b** el verano pasado   **c** el invierno pasado

2 ¿Adónde fuiste?

   a al campo   **b** a la costa   **c** a la montaña

3 ¿Con quién fuiste?

   a con mi familia   **b** con mis amigos   **c** con mis compañeros de clase

4 ¿Qué tiempo hacía?

   a hacía mal tiempo   **b** hacía buen tiempo   **c** hacía frío

5 ¿Qué hiciste?

   a monté en bici/a caballo   **b** fui a la playa   **c** jugué al tenis de mesa/al voleibol/al fútbol
   d hice surf/yoga/vela/senderismo/esquí   **e** pesqué en el río/en el mar

6 ¿Qué tal lo pasaste?

   a de maravilla   **b** muy bien/genial/fenomenal   **c** bastante mal/muy mal/fatal

5 Túrnate con tu compañero/a. Haz y responde a las preguntas de la Actividad 4.

6 Escribe sobre tus vacaciones. Contesta las preguntas de la Actividad 4.

El *año pasado, fui de vacaciones a* ...

> (i)
>
> To make your writing more expressive, learn words and phrases for descriptions and for giving opinions. For example, use the holiday feedback in Activity 1 to make a list of positive expressions: *todo estaba perfecto, dormimos de maravilla, nos encantó el lugar,* etc.

6.2 ¿Qué tipo de vacaciones te gustan?

1 **Lee los anuncios. Elige las vacaciones ideales para cada persona.**

Objetivos
- Read about different kinds of holidays
- Talk about holiday preferences
- Use indefinite adjectives

www.vacaciones_ideales...

Club Deportivo Lanzarote

Nuestro centro es un paraíso para deportistas y familias activas. Cada mañana, a las 8.00 horas, empezamos el día con 45 minutos de gimnasia al aire libre para todos los clientes. Hay piscinas, gimnasios, pistas de tenis, una laguna para hacer windsurf, un campo de mini-golf y clases para ponerse en forma. Se organizan varias actividades para niños y jóvenes: tardes de cine, mini-triatlón con medallas para todos los concursantes y barbacoas en la playa. El alojamiento es en apartamentos. Todas las actividades son gratis.

Viaje al Valle Central de Chile

Visitaremos las ciudades de Santiago, Viña del Mar y Valparaíso y se conocerán el origen de las ciudades y los lugares más importantes. También visitaremos los alrededores de la capital, incluyendo un día en el centro de vacaciones de invierno en los Andes. El precio incluye los vuelos y el alojamiento en hotel con media pensión (desayuno y cena).

Vacaciones en una isla caribeña

La hermosa isla de Cozumel es una de las principales atracciones turísticas de México. Tiene buen clima todo el año pero de diciembre a marzo hace el mejor tiempo, con sol y poca lluvia. Nuestro hotel está al lado de la playa y todas las habitaciones tienen vistas al mar. Se puede descansar al lado de la piscina o bañarse en las aguas cristalines del mar.

Viaja al techo del mundo

Iremos al Campo Base del Everest en un viaje de trekking por paisajes impresionantes de los Himalayas. Será una experiencia única e inolvidable con la comodidad de alojamiento en albergues durante todo el trayecto. Este viaje es adecuado para todas las personas habituadas a caminar por montaña.

1 Me gusta tumbarme a la sombra con un buen libro. ¡Qué ilusión!

2 Lo mío es el senderismo. Me encanta disfrutar de la naturaleza. Me gusta estar en forma y me gusta andar.

3 Quiero hacer una actividad diferente cada día. Es muy aburrido hacer las mismas cosas todos los días. Me encantan las vacaciones activas.

4 Prefiero las vacaciones culturales. Me gusta viajar para conocer otros países y otras culturas. Me interesan más los sitios históricos que el campo.

2 **Lee los anuncios otra vez. ¿En cuáles de los lugares puedes …**

1 andar todos los días por las montañas?

2 visitar monumentos importantes y sitios de interés?

3 probar comida mexicana?

4 disfrutar del paisaje del lugar más alto del mundo?

5 hacer gimnasia con toda la familia por la mañana?

6 tomar el sol y nadar en el mar?

7 jugar al tenis y practicar otros deportes?

8 participar en eventos deportivos?

3 **Túrnate con tus compañeros/as. Pregunta y contesta. ¿Cuál de las vacaciones prefieres? ¿Por qué?**

- ¿Te gustaría ir al Centro Deportivo Lanzarote?
- No, porque no me gustaría levantarme temprano para hacer gimnasia.

4 **Completa con las formas apropiadas de los adjetivos *mismo, todo, otro, cada* y *varios*.**

Normalmente, voy de vacaciones con mi familia en verano y siempre vamos al **1** _____ sitio en la costa. **2** _____ día, vamos a la **3** _____ playa y comemos en los **4** _____ restaurantes. Lo bueno es que conocemos a **5** _____ familias que también van allí **6** _____ los años. Sin embargo, este año nos gustaría ir a **7** _____ sitio e incluso a **8** _____ país. Creo que viajar es bueno porque te da la oportunidad de conocer **9** _____ culturas.

> **Gramática**
>
> *Es aburrido hacer las mismas cosas todos los días.*
>
> *Me gusta viajar para conocer otros países y otras culturas. Se organizan varias actividades para niños y jóvenes.*
>
> *cada* does not change: *Quiero hacer una actividad diferente cada día. Cada mañana, a las 8.00 horas, empezamos el día con gimnasia.*
>
> ¿Más? → Grammar p. 236

5 **Escucha a Daniela y Gael. Lee las preguntas y escribe las respuestas para cada persona. (1–2)** 🎧 66

1 ¿Qué tipo de vacaciones prefiere?
2 ¿Qué le gusta hacer cuando está de vacaciones?
3 ¿Qué no le gusta hacer?
4 ¿Cuándo prefiere ir de vacaciones?
5 ¿Qué planes tiene para las vacaciones del año que viene?

6 **Túrnate con tu compañero/a. Haz y responde a las preguntas de la Actividad 5 como Daniela o Gael.**

- ¿Qué tipo de vacaciones prefieres?
- Prefiero …

Prefiero	las vacaciones activas/culturales	
Me gusta No me gusta	conocer ciudades descansar en la playa esquiar hacer deporte hacer las mismas cosas todos los días	ir a los mismos sitios/al mismo lugar montar a caballo probar los platos típicos visitar museos
Prefiero ir de vacaciones	en invierno/primavera/verano/otoño	
Iré/Iremos	a los Andes	
Me gustaría Me encantaría Quiero Voy/Vamos a	ir a Chile conocer Ciudad de México probar los platos típicos visitar los museos	

7 **Escribe sobre las vacaciones que prefieres. Contesta las preguntas de la Actividad 5.**

6.3 ¿Dónde nos alojamos?

Objetivos
- Read about holiday accommodation
- Make a reservation
- Use possessive pronouns

1 **Lee las cartas. ¿Dónde se alojarán Alberto, Marta y Adela?**

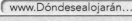

www.Dóndesealojarán…

Hotel céntrico con habitaciones dobles e individuales, todas con baño y aire acondicionado, restaurante, terraza con piscina climatizada.

Camping los Piños, al lado de la playa, acceso a rutas de senderismo y bicicletas de montaña. Parcelas para tiendas y para caravanas.

Albergue Santa Rosa, precios económicos desde 5 euros por noche, calefacción, comedor para desayunos.

Estimados señores:

Quisiera reservar una parcela para una tienda y un coche para la primera semana de agosto. ¿Me podría decir el precio y si se permite traer mascotas?

Atentamente

Alberto Pastor

Estimada señora Garrido:

Quisiera saber si será posible reservar tres camas en una habitación compartida para la noche del 7 de julio. ¿Podría decirme el precio por persona y si hace falta traer toallas? ¿Podría decirme además si se puede pagar con tarjeta o si prefiere que paguemos en efectivo?

Un cordial saludo

Marta Paredo

Estimados señores:

Quisiera reservar una habitación con cama doble y una habitación con dos camas individuales para dos noches, el 29 y el 30 de junio. ¿Me podría confirmar el precio del alojamiento para estas fechas y si está incluído el desayuno? También quisiera saber si será posible cenar el día 29, dado que llegaremos bastante tarde, sobre las 10.30.

Les saluda atentamente

Adela Domínguez

2 **Lee las cartas otra vez y contesta las preguntas.**

¿Quién …

1 viajará en coche?

2 no llegará temprano?

3 se quedará una semana?

4 estará solo una noche?

5 quiere llevar su perro?

6 viajará con dos amigas?

3 **Completa las frases con *quisiera* o *podría*.**

1 ¿Me _____ decir si hay que pagar un depósito para confirmar la reserva?

2 _____ reservar una parcela para una caravana y una tienda pequeña.

3 ¿Me _____ indicar el precio para una semana en agosto?

4 Si es posible, _____ reservar una habitación individual con vistas al mar.

5 _____ saber si es posible pagar con tarjeta de crédito.

6 _____ hacer una transferencia bancaria o pagar en efectivo, si Ud. prefiere.

Gramática

For polite statements and requests, use *quisiera* + infinitive/ *podría* + infinitive:

Quisiera reservar una parcela para una tienda. ¿Me podría decir el precio?

¿Más? → Grammar p. 233

4 **Elige y escribe una carta para hacer una reserva.**

1
- una semana en un camping con tu familia a finales de julio
- una parcela para una caravana y una tienda pequeña
- ¿el precio? ¿pagar un depósito? ¿pagar con tarjeta de crédito?

2
- una fin de semana en un hotel en mayo con tu familia
- compartir una habitación con tu hermano/hermana
- ¿piscina? ¿el precio? ¿mascotas?

5 **Lee los diálogos. ¿Dónde tienen lugar?**

en **a** el albergue **b** el camping **c** el hotel

1 • Perdone, señor, ¿estas maletas son suyas?
- • No, las nuestras son aquellas maletas grises. ¿Podría subirlas a nuestra habitación?
- • Con mucho gusto.

2 • ¿Quién va a dormir en la cama de arriba?
- • Yo no, ésta es la mía, la de abajo.

3 • Encontré este perro cerca de la piscina. ¿Es suyo?
- • No, no es mío. El mío está aquí en la tienda.

6 **Elige las opciones correctas.**

1 ¡Qué envidia! Vuestra habitación mira al mar. **El nuestro / La nuestra** tiene vistas del parking.

2 Estas gafas de sol no son **los míos / mías. Las mías / Mías** son azules.

3 Jaime lleva mi chaqueta impermeable porque dejó **el suyo / la suya** en el albergue.

4 ¿Es **tuyo / el tuyo** este reloj? Lo encontré en el comedor.

5 Me gusta vuestra tienda. Es mucho más grande que **el nuestro / la nuestra**.

6 Tu mochila es mucho más ligera que **el mío / la mía**.

> ## Gramática
>
> Possessive pronouns agree in number and gender with the noun they replace. *el/la/los/las* is usually omitted after the verb *ser*.
>
> | (el/la) | (los/las) |
> |---|---|
> | *mío/mía* | *míos/mías* |
> | *tuyo/tuya* | *tuyos/tuyas* |
> | *suyo/suya* | *suyos/suyas* |
> | *nuestro/nuestra* | *nuestros/nuestras* |
> | *vuestro/vuestra* | *vuestros/vuestras* |
> | *suyo/suya* | *suyos/suyas* |
>
> *¿Estas maletas son* suyas*?*
> *No,* las nuestras *son aquéllas maletas grises.*
>
> *¿Este perro es* suyo*?*
> *No, no es* mío*. El mío está aquí.*
>
> ¿Más? → Grammar pp. 225–226

7 **Escucha la conversación entre Vicki y sus padres. Empareja las frases.** 🔊 67

1 A Vicki le gustaría
2 Su madre no quiere
3 A Vicki le hace ilusión
4 A su padre no le apetece
5 A los tres les parece buena idea

a alojarse en un hotel.
b alquilar un apartamento cerca de la playa.
c nada dormir en una tienda.
d ir a una ciudad en agosto.
e volver a un camping en la montaña.

8 **Trabaja en grupo. Decidid adónde ir para un viaje de fin de curso.**

- A mí me gustaría ir a … porque …
- Prefiero ir a …
- Me hace ilusión ir a …

Estoy de acuerdo.	No estoy de acuerdo.
Me parece estupendo.	No me parece buena idea.
¡Qué buena idea!	No me convence mucho.
Suena bien.	No me apetece.

6.4 De viaje

Objetivos
- Talk about transport
- Give directions to places in town
- Use *lo* for superlatives

1 Escucha y empareja los diálogos con las fotos. (1–4)

a En la oficina de turismo

b En la parada de autobús

c En el puerto: el muelle del ferry

d En la estación de trenes

2 Escucha otra vez y contesta las preguntas. 🎧 68

1 ¿Quién sube al barco primero, los pasajeros en coche o los peatones?

2 ¿Es mejor ir al aeropuerto en autobús o en tranvía?

3 Si llevas equipaje, ¿es más fácil ir a pie o en taxi a la parada del tranvía?

4 Para ir a Madrid, ¿sale más barato comprar dos billetes o un billete de ida y vuelta?

5 ¿De qué andén sale el tren a Madrid?

6 El Museo Picasso ¿está cerca o lejos de la Oficina de turismo?

7 Para ir al Museo Picasso, ¿es mejor ir a pie o en autobús?

3 Completa las frases con la forma superlativa de los adjetivos.

> malo   práctico   bueno   interesante

1 Cuando vas de viaje, _____ es ir en coche porque puedes llevar más equipaje.

2 Para mí, _____ de ir de vacaciones es conocer otros sitios y otras costumbres.

3 La travesía en ferry fue tan largo e incómodo que _____ del viaje fue llegar al puerto.

4 _____ de viajar en metro es que no ves la ciudad y los edificios.

> **Gramática**
>
> Use *lo + más/menos + adjective* to express superlatives. Here *lo* stands for an idea: the way to travel, the best/worst thing, etc.
>
> *Lo más rápido es ir en autobús.*
> *Lo más cómodo es tomar un taxi.*
> *Lo mejor es comprar un billete de ida y vuelta.*
> *Lo peor es llegar tarde al aeropuerto y perder el vuelo.*
>
> ¿Más? → Grammar p. 227

4 Empareja las preguntas con las respuestas.

1 Por favor, ¿me podría decir cómo llegar a la oficina de turismo?

2 ¿Está cerca o lejos?

3 ¿Se puede ir a pie?

4 ¿Es más rápido ir en autobús/en metro?

5 ¿Dónde está la estación del metro/la parada del autobús/la parada de la tranvía?

a En esta calle./En la plaza./En el centro.

b Bueno, está bastante cerca/lejos.

c Creo que lo mejor es tomar el metro/ un autobús/un taxi.

d Sí, claro, con mucho gusto.

e Sí, pero son unos veinte minutos andando.

5 Túrnate con tu compañero/a. Pregunta cómo llegar a estos sitios en vuestra ciudad.

la estación   el polideportivo   el centro comercial   el parque   el aeropuerto

6 Hay estudiantes de intercambio en tu colegio. Escríbeles instrucciones para llegar a los sitios de la Actividad 5.

7 Escucha y lee. Elige las dos fotos para cada texto. (1–3)

a
b
c

d
e
f

1 Hace dos semanas, fui de viaje con mi familia a Madrid. Estuvimos solo cuatro días pero lo pasamos bomba. El día que nos marchamos, salimos puntualmente del hotel para tomar el autobús al aeropuerto pero desafortunadamente, había obras en la carretera y tardamos casi dos horas en vez de cuarenta minutos. Llegamos al aeropuerto con retraso y perdimos el vuelo. Buscamos un empleado de la compañía aérea, pero nadie llegó para ayudarnos. Estábamos esperando desde hacía cuarenta minutos cuando nos dijeron que no había otro vuelo hasta el próximo día y que tendríamos que hacer cola para comprar los billetes a las seis de la mañana siguiente.

2 El hotel no era lo que parecía en las fotos de la web. La habitación era estrecha y oscura. Solo tenía una ventana muy pequeña que daba al parking del hotel. Además era bastante ruidosa y olía a humedad. Para colmo, no había agua caliente en la ducha.¡Qué desilusión! Fui a hablar con la recepcionista en seguida.

3 El viaje de fin de curso con mis compañeros de clase fue un desastre. Viajaba desde hacía dos horas cuando descubrí que me faltaba la maleta. La rejilla estaba vacía. Pensé que alguien se la había llevado pensando que era suya. Pero no apareció. Solo tenía la ropa que llevaba puesta. ¡Qué disgusto!

8 ¿Qué pasó al final? Escucha y escribe.

> ### Gramática
> To say how long something had been going on, use the imperfect tense + *desde hacía* + time:
> *Comían desde hacía quince minutos cuando llegó.*
> They had been eating for 15 minutes when he arrived.
>
> ¿Más? → Grammar p. 232

6.5 ¡Qué desastre!

Objetivos
- Describe a holiday that went wrong
- Report a lost item
- Use the perfect

1 Escucha y lee el mensaje. Elige cuatro emoticones para poner al final. 🔊 71

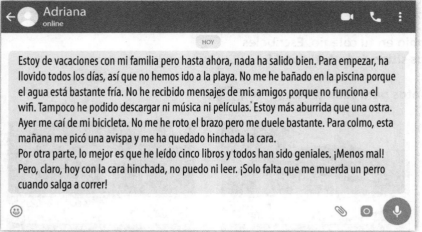

Adriana online

HOY

Estoy de vacaciones con mi familia pero hasta ahora, nada ha salido bien. Para empezar, ha llovido todos los días, así que no hemos ido a la playa. No me he bañado en la piscina porque el agua está bastante fría. No he recibido mensajes de mis amigos porque no funciona el wifi. Tampoco he podido descargar ni música ni películas. Estoy más aburrida que una ostra. Ayer me caí de mi bicicleta. No me he roto el brazo pero me duele bastante. Para colmo, esta mañana me picó una avispa y me ha quedado hinchada la cara.
Por otra parte, lo mejor es que he leído cinco libros y todos han sido geniales. ¡Menos mal! Pero, claro, hoy con la cara hinchada, no puedo ni leer. ¡Solo falta que me muerda un perro cuando salga a correr!

2 Lee el mensaje otra vez. Marca las frases que son falsas y corrígelas.

1 Adriana está de vacaciones con su familia cerca de la costa.

2 No hace buen tiempo.

3 Adriana no quiere bañarse porque hace mucho calor.

4 Contacta con sus amigos de vez en cuando.

5 No puede ver películas porque no tiene ni el portátil ni la tableta.

6 Tiene el brazo roto.

7 Le gusta leer.

8 Como resultado de una picadura de un insecto, ahora no puede leer.

9 Le mordió un perro.

Para mejorar

To identify correct statements, look at each one and check whether:
- it gives information that doesn't match the text (incorrect)
- it talks about something that is not mentioned (incorrect)
- it's true, although it may use different words to those in the text (correct).

3 Completa las frases con las formas apropiadas de los verbos en el pretérito perfecto.

1 (perder) _____ mi raqueta de tenis y mi padre (perder) _____ sus palos de golf.

2 Ana y yo no lo (pasar) _____ bien porque (llover) _____ todos los días.

3 Soy tan estúpido – (olvidar) _____ la contraseña para abrir la tableta.

4 (tener) _____ mala suerte porque me (picar) _____ una avispa y me (morder) _____ una serpiente.

5 Lo peor de todo es que yo no (marcar) _____ un punto.

6 Lo bueno es que Belén y Pablo (ver) _____ muchas películas.

Gramática

Use the perfect to describe recent events and actions that happened in a period of time that hasn't finished. It's formed using the present tense of *haber* + past participle.

haber	regular past participles	
he	–ar verbs	trabajado
has	–er verbs	llovido
ha	–ir verbs	salido
hemos		
habéis		
han		

Irregular past participles:
hacer → *hecho*, *romper* → *roto*, *ver* → *visto*

Este año ha llovido mucho.

¿Más? → Grammar pp. 231–232

4 **Lee el diálogo. Escribe las palabras que faltan. Escucha y comprueba.** 🎧 72

- Buenos días. Espero que me pueda ayudar.
- Espero que sí. ¿**1** _____ ha pasado?
- He **2** _____ mi monedero.
- ¿Dónde lo perdió?
- No sé exactamente pero creo que lo perdí en la **3** _____ del metro.
- ¿**4** _____ perdido algo más? ¿El móvil? ¿Las tarjetas de crédito? ¿La bolsa?
- No, **5** _____ más. Solo el monedero.
- ¿Y cómo es? ¿Es **6** _____ cuero? ¿De plástico?
- No, es de algodón. Es pequeño y es amarillo.

> The perfect is also used for events in the recent past which affect the present:
> **He perdido** mi pasaporte (y es un problema porque ahora no puedo viajar).

5 **Escucha y contesta las preguntas para cada persona. (1–4)** 🎧 73

1 ¿Qué ha perdido?
2 ¿Dónde lo/la ha perdido?
3 ¿Cómo es?

6 **Túrnate con tu compañero/a. Pregunta y contesta sobre lo que has perdido y dónde lo perdiste.**

Para mejorar

Find the following expressions in Adriana's message in Activity 1:
Para empezar …
No … tampoco …
No … ni … ni …
Estoy más aburrida que una ostra.
Para colmo, …
Menos mal.

Look at the context for each expression so that you can use them where appropriate in your writing.

7 **Tus vacaciones no han ido bien. Escribe un párrafo.**

Estoy de vacaciones en … y hasta ahora han sido un desastre. …

No hemos ido a … porque …
Ha llovido/Ha hecho mal tiempo.
Me caí de una bicicleta/un caballo/un burro.
Me he roto el brazo/la pierna/el tobillo.
He perdido mi móvil/portátil/bolsa.
Me ha picado una avispa/un insecto.
Me ha mordido un perro/un gato/una serpiente.

Medellín, una ciudad para conocer

Medellín, la segunda ciudad de Colombia, se encuentra en los Andes a 1500 metros de altura. Se llama la ciudad de la eterna primavera por su clima templado. Tiene temperaturas entre 22 y 28 grados todo el año.

Situada entre montañas verdes, Medellín dispone de hoteles de buena calidad, y de parques y museos. En los centros comerciales se encuentran tiendas de ropa de diseñadores nacionales e internacionales. En los restaurantes se puede comer lo mejor de la gastronomía colombiana, además de la peruana, argentina y mexicana.

Pero Medellín no ha sido siempre el destino ideal para turistas. Hace solo 20 años, era conocida como una de las ciudades más peligrosas del mundo, debido a la violencia provocada por el narcotráfico y la inestabilidad política y social. ¿Cómo se ha transformado la ciudad? Con un conjunto de estrategias prácticas.

El transporte público se ha mejorado con una extensión del metro a las zonas más lejanas del centro. Se llama el 'Metroplus' y une el norte y el sur, el este y el oeste. Se ha construido también un teleférico, el 'Metrocable', que conecta los barrios más altos, donde vive la gente más pobre, con el centro. Con un solo billete, un pasajero puede tomar el metro y subir también al Metrocable. Además, hay una red de escaleras mecánicas en las partes más inclinadas de la ciudad que conectan con las estaciones de metro.

El metro en Medellín

1 **Lee y contesta las preguntas.**

1 ¿Qué tiempo hace en Medellín normalmente?

2 ¿Cómo es el paisaje alrededor de la ciudad?

3 ¿Qué tipo de comida se puede comer allí?

4 ¿Por qué no era una ciudad turística hace poco?

5 ¿Cómo ha cambiado el metro?

6 ¿Qué es el Metrocable?

7 ¿Por qué es más fácil ser peatón en algunas partes de la ciudad ahora?

Lo mismo ...

En España y Latinoamérica, las mismas cosas tienen nombres distintos. En el transporte, por ejemplo, el vocabulario varía bastante:

España	Latinoamérica
autobús	bus, camión, guagua
billete	boleto
coche	carro, automóvil
conducir	manejar
conductor	chófer
aparcar	estacionar

Pero lo bueno es que, si hablas español, todo el mundo te entiende en España y en los dieciocho países de habla española en Latinoamérica.

pero diferente

Los pasajeros en el Metrocable en Medellín

No es solo el transporte que ha mejorado la vida de los habitantes de Medellín. Gracias a la colaboración entre arquitectos, planificadores y políticos, la ciudad se ha transformado.

Se han creado parques, jardines y espacios verdes abiertos al público para pasear como, por ejemplo Los Jardines Botánicos, promocionados con el eslogan 'El jardín es tuyo' para animar a los habitantes a disfrutar de sus plantas, flores y árboles. Hay el Parque Biblioteca España, una estructura de grandes rocas artificiales que tiene una bibilioteca dentro. También está el Parque de los Descalzos donde se anima a niños y mayores a jugar sin zapatos.

Se ha notado un cambio de actitud y un nuevo sentimiento de orgullo por parte de los habitantes. Ha bajado la tasa de desempleo y han disminuido los actos violentos. Los cambios han mejorado la calidad de vida y han creado una ciudad digna tanto de sus habitantes como de sus visitantes. Vale la pena conocer Medellín.

2 **Trabaja en grupo. Pregunta y contesta.**

¿Por qué crees que …

- los cambios han mejorado la vida diaria de los habitantes de Medellín?
- se puede entrar a los parques y jardines gratuitamente?
- se construyó una biblioteca dentro de unas grandes rocas artificiales?
- se ha creado un parque donde se puede jugar descalzo?
- vale la pena visitar Medellín?

A buscar

Busca información sobre otras ciudades importantes de Colombia, como por ejemplo, Bogotá, Calí, Barranquila o Cartagena. ¿Dónde están? ¿Cómo es el clima? ¿Qué museos hay? ¿Qué más hay de interés para visitantes?

Conexiones

¿Se ha mejorado el transporte público o los espacios verdes en tu barrio, tu ciudad o tu país? ¿Cómo? ¿Qué resultados ha tenido?

Repaso

1 Escucha. Escribe los problemas que tienen. (1–3) 🔊 74

2 Escucha otra vez. Contesta las preguntas. 🔊 74

1 a ¿Con quién está de vacaciones el chico?

b ¿De qué color es su tienda?

c ¿Dónde está la tienda?

2 a ¿Dónde estaba la chica cuando se dio cuenta que no tenía su bolsa?

b ¿Cómo es la bolsa?

c ¿Qué había en la bolsa?

3 a ¿Con quién va de excursión el chico?

b ¿Cuándo quieren alojarse en el albergue?

c ¿Cómo se puede solucionar el problema?

3 Lee el comentario. ¿Le gustaba? Marca los dibujos con una ✓ o una ✗.

En noviembre del año pasado, me hospedé en el hotel por 5 noches. La situación era excelente porque estaba muy cerca del centro. Sin embargo, el hotel era **sucio** y **desfortunadamente** el personal era muy **maleducado**. Además, el desayuno era **malo** y el café estaba **frío**. La habitación era **pequeña** y la cama era **incómoda**. Por la noche era **ruidoso** y dormí **mal**. Lo mejor era la piscina al aire libre con agua cálida.

1
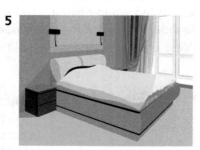

2

3

4

5

6

7
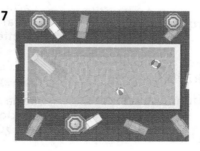

4 Escribe un comentario positivo. Cambia las palabras marcadas en la Actividad 3 con palabras del cuadro.

> cómoda   de maravilla   limpio   amable   caliente
> bueno   silencioso   amplia   afortunadamente

5 Túrnate con tu compañero/a. Pregunta y contesta.

- ¿Te gusta ir de vacaciones? ¿Por qué?/¿Por qué no?
- ¿Qué tipo de vacaciones prefieres?
- ¿Qué te gusta hacer cuando vas de vacaciones?
- ¿Qué no te gusta hacer?
- ¿Qué estación del año prefieres para ir de vacaciones? ¿Por qué?
- ¿Fuiste de vacaciones el año pasado? ¿Cuándo fuiste? ¿Dónde fuiste?
- ¿Cómo fuiste? ¿En avión? ¿En tren? ¿En coche?
- ¿Dónde te alojaste? ¿En un hotel? ¿En un camping? ¿En un albergue?
- ¿Qué tiempo hacía?
- ¿Qué hiciste?
- ¿Cómo lo pasaste?
- ¿Quieres volver? ¿Por qué?/¿Por qué no?

¿Cómo te va?

Lee y copia para hacer una lista de verificación. Piensa y decide para cada objetivo: **Muy bien, Más o menos, Mal.** Repasa para mejorar.

	Muy bien	Más o menos	Mal
• dar y entender direcciones			
• hablar de las vacaciones			
• hablar del tiempo que hacía			
• leer comentarios y anuncios sobre viajes y vacaciones			
• decir qué tipo de vacaciones prefiero			
• hablar de las estaciones del año			
• hacer una reserva en un hotel, un albergue o un camping			
• hablar del transporte			
• describir unas vacaciones que no han ido bien			
• decir lo que he perdido y describirlo			

Para mejorar

To make your writing and speaking more varied, learn synonyms (words with the same or similar meaning) and antonyms (words with the opposite meaning). e.g. think of all the ways you can express a positive opinion: *bueno, excelente, estupendo, fantástico, maravilloso.* Then think of antonyms: *malo, fatal, terrible, horroroso, inadecuado, asqueroso.*

Palabras y frases – Unidad 6

El tiempo — **The weather**

Hace buen/mal tiempo.	The weather is good/bad.
Hace frío.	It's cold.
Hace calor.	It's hot.
Hace sol.	It's sunny.
Hace viento.	It's windy.
Hay escarcha.	It's frosty.
Hay niebla.	It's foggy/misty.
Hay nieve.	It's snowy.
Hay relámpagos/rayos.	There's lightning.
Hay una tormenta.	There's a storm.
Está nublado.	It's cloudy.
El cielo está despejado.	It's a clear sky.
Llueve.	It's raining.
Nieva.	It's snowing.
los grados	degrees
el granizo	hail
el hielo	ice
la lluvia	rain
la nube	cloud
la sombra	shade
el trueno	thunder
despejado/a	clear
húmedo/a	humid, damp
mojado/a	damp
la previsión del tiempo/ meteorológica	weather forecast

Estaciones del año — **Season**

la primavera	spring
el verano	summer
el otoño	autumn
el invierno	winter

Indicaciones — **Directions**

el banco	bank
el centro comercial	shopping centre
el cine	cinema
la estación de trenes	train station
el hospital	hospital
el mercado	market
el museo	museum
la oficina de correos	post office
la oficina de turismo	tourist information office
el parque	park
la piscina	swimming pool
la plaza	square
¿Me puedes decir cómo ir a …?	Can you tell me how to get to … ?
Sal …	Go out …
Sigue todo recto.	Go straight on.

Toma la primera/ segunda …	Take the first/second …
a la derecha	on the right
a la izquierda	on the left
Dobla/Gira a la derecha/ izquierda.	Turn right/left.
Cruza …	Cross …
Está a la derecha/ izquierda.	It's on the right/left.

Las vacaciones — **Holidays**

el entorno	setting
la estancia	stay
el trato	treatment
el trayecto/viaje	journey
la arena	sand
las estrellas	stars
la luna	moon
las piedras	stones
la catarata	waterfall
la colina	hill
la montaña	mountain
activo/a	active
cultural	cultural
gratis/gratuito/a	free
las instalaciones	facilities
el campo de (mini-)golf	(mini) golf course
la pista/cancha de tenis	tennis court
conocer ciudades	get to know cities
descansar en la playa	relax on the beach
disfrutar de la naturaleza	enjoy nature
disfrutar del paisaje	enjoy the landscape
esquiar	ski
hacer deporte	do sport
hacer las mismas cosas	do the same things
hacer senderismo	go hiking
hacer una barbacoa/ tomar una barbacoa	have a barbecue
ir al mismo lugar	go to the same place
ir de viaje	go on a trip/go travelling
jugar al tenis de mesa	play table tennis
montar a caballo	go horse-riding
pescar	fish
probar comida (típica)	taste/try typical food
tomar el sol	sunbathe
tumbarse a la sombra	lie down in the shade
visitar museos	visit museums
volver	return (to a place)
Lo pasé genial/de maravilla.	I had a great time.

Alojamiento — **Accommodation**

alojarse en …	stay in …
alquilar	rent
reservar	reserve
al alojamiento	accommodation
el albergue	hostel
el camping	camping
el hotel	hotel
el aire acondicionado	air conditioning
la calefacción	heating
la caravana	caravan
la habitación doble/individual/con dos camas individuales	double/single/twin room
la parcela	pitch (for a tent)
la piscina climatizada	heated pool
la terraza	terrace
la tienda	tent
con vistas (al mar)	with a view (of the sea)
el cepillo de dientes	toothbrush
el cepillo del pelo	hairbrush
el champú	shampoo
el desodorante	deodorant
el jabón/gel de baño	soap/shower gel
el peine	comb
la toalla	towel
el váter	toilet
vacante	empty, unoccupied

Opiniones — **Opinions**

Spanish	English
Estoy de acuerdo.	I agree.
Me parece estupendo.	I think it's great.
¡Qué buena idea!	What a good idea!
Suena bien.	Sounds good.
No estoy de acuerdo.	I don't agree.
No me parece buena idea.	I don't think it's a good idea.
No me convence mucho.	It doesn't really appeal to me.
No me apetece.	I don't feel like it.

Transporte — **Transport**

Spanish	English
el aeropuerto	airport
el andén	platform
el autocar	coach
el barco	boat
el billete (de ida/de ida y vuelta)	(return/one way) ticket
el equipaje	baggage/luggage
el ferry	ferry
la maleta	suitcase
el mapa	map
el muelle/el embarcadero	quay
la parada (de tren/autobús)	(train/bus) stop
los pasajeros	passengers
el retraso	delay
el tranvía	tram

Spanish	English
el vuelo	flight
rápido/a	quick
lento/a	slow
barato/a	cheap
caro/a	expensive

¡Qué desastre! — **What a disaster!**

Spanish	English
andar	walk
acordarse	remember
bajarse	to get off (a bus, etc.)
devolver	return
embarcarse	embark
llegar con retraso	arrive late
morder	bite
olvidar	forget
perder	lose; miss (a flight, etc.)
perderse	get lost
picar	sting
romper	break
subirse	to get on (a bus, etc.)
tardar	be late
tomar/coger (el autobús/un taxi)	take (a bus/a taxi)
volar	to fly
el folleto	brochure
la guía	guidebook
el pasaporte	passport
la tarjeta de credito/débito	credit/debit card
retrasado/a	delayed

Es de …	It's made of …
algodón	cotton
cuero/piel	leather
cristal	glass
lana	wool
madera	wood
metal	metal
oro	gold
papel	paper
plástico	plastic
plata	silver

Escuchar

1 Vas a oír una entrevista en la radio con Sofía, que cuenta sobre una organización para personas en paro que estableció en la ciudad de Mérida. Vas a escuchar la entrevista dos veces.
Hay una pausa durante la entrevista.
Para cada pregunta indica tu respuesta escribiendo una X en la casilla correcta.
Ahora tienes unos segundos para leer las preguntas. (75)

1 ¿Cuál es el objetivo principal de la organización que estableció Sofía?

   A Ayudar a gente a encontrar empleo.

   B Dar clases de formación.

   C Entrevistar a candidatos.

   D Colocar a personas en empresas. [1]

2 ¿Qué hizo la amiga de Sofía?

   A Volvió a escribir su curriculum.

   B Le dio trabajo en su empresa.

   C Le aconsejó sobre cómo mejorar sus solicitudes.

   D Tuvo la idea de formar una compañía. [1]

3 Cuando estableció la organización, Sofía, …

   A necesitaba ayuda.

   B trabajaba desde su casa.

   C promocionó su servicio por teléfono.

   D tenía muchos clientes. [1]

4 Sofía …

   A tiene multitud de empleados.

   B trabaja todavía desde su piso.

   C va a abrir una tercera oficina.

   D quiere abrir una oficina más eficiente y cómoda. [1]

5 La gente que ha encontrado trabajo …

   A da su salario a la empresa.

   B trabaja gratis por seis meses.

C   tiene que hacer más esfuerzo. ☐

D   paga a la compañía. ☐ [1]

6   ¿Qué planes tiene Sofía para la organización?

A   Solo ayudará a los jóvenes desempleados. ☐

B   Quiere establecerse en otras ciudades. ☐

C   Piensa llegar a la población entera. ☐

D   Le encantaría hacer maravillas. ☐ [1]

[Total: 6]

2 **Vas a oír una entrevista con Inés, que ha dado la vuelta al mundo en bicicleta. Vas a oír la entrevista dos veces.**
Hay dos pausas durante la entrevista.
Para cada pregunta indica tus respuestas escribiendo una X en las dos casillas correctas (A–E).
Ahora tienes unos segundos para leer las preguntas. 🎧 76

1   A   Inés tiene problemas de salud. ☐

B   Los padres de Inés la ayudaron económicamente. ☐

C   Inés pasó más de tres años en la carretera. ☐

D   Lo que menos le gustó fue ir cerca de los camiones. ☐

E   A Inés le encantó el clima tropical. ☐ [2]

[PAUSA]

2   A   En la India trataron a Inés espléndidamente. ☐

B   Normalmente, Inés comía bien a mediodía. ☐

C   El sur de Chile es muy poblado. ☐

D   A veces se alojaba en un camping. ☐

E   Se duchaba en casas donde se alojaba. ☐ [2]

[PAUSA]

3   A   Inés nunca quiso abandonar el viaje. ☐

B   Inés quería dar a conocer su campaña. ☐

C   Inés quiere que su aventura inspire a la gente. ☐

D   Inés ha hecho un viaje en kayak. ☐

E   Inés escribió un libro sobre sus aventuras. ☐ [2]

[PAUSA]

[Total: 6]

Leer

3 **Lee el texto. Contesta las preguntas en español.**

Hola Lara,

¿Qué tal estás? Aquí las cosas no van muy bien en mi vida. Como recordarás, hace seis meses que terminé los estudios e inmediatamente encontré trabajo. Lo que pasa es que ya me estoy hartando de él.

Cuando empecé, estaba tan contento porque parecía ser el trabajo de mis sueños. Pero ahora cada día laboral es una pesadilla. Tengo un montón de problemas.

Lo peor es que mis compañeros no quieren trabajar en equipo y por eso prefieren trabajar por su cuenta. Hay choque de personalidades y por lo tanto es difícil compartir ideas y ser productivo.

Hay mal ambiente en la oficina. Los compañeros no son amables los unos con los otros y hay personas verdaderamente antipáticas que crean conflictos.

El jefe me hace la vida imposible. No sabe comunicarse bien y nunca sabes lo que quiere. Además se enfada fácilmente.

Me encuentro muy estresado, no puedo dormir por pensar en las miles de cosas que tengo que hacer. Ya no tengo vida social por trabajar tanto y apenas veo a mis amigos.

No sé si debería buscar otro trabajo. El salario es bueno y no llevo mucho tiempo aquí. Otra ventaja es que la oficina está cerca de casa y solo tardo media hora a pie.

Tú, ¿qué harías? ¿Puedes aconsejarme?

Felipe

---

1 ¿Cuándo empezó Felipe el trabajo?

_____ [1]

2 ¿Cómo se sentía Felipe cuando encontró el trabajo?

_____ [1]

3 ¿Qué piensa Felipe de su trabajo ahora?

_____ [1]

4 ¿Por qué trabajan solos los compañeros de Felipe?

_____ [1]

5 ¿Qué no es fácil hacer?

_____ [1]

6 ¿Cómo son las relaciones entre los compañeros?

_____ [1]

7 ¿Qué no hace el jefe?

_____ [1]

8 ¿Qué hace con frecuencia?

_____ [1]

9 ¿De qué se preocupa Felipe por las noches?

_____ [1]

10 ¿Por qué duda Felipe en buscar otro empleo?

(i) _____ [1]

(ii) _____ [1]

11 ¿A qué distancia está la oficina de la casa de Felipe?

_____ [1]

[Total: 12]

4 **Lee el texto. Contesta las preguntas en español.**

Juana Ramírez nos aconseja cómo tener unas vacaciones sin problemas

Antes de ir de vacaciones generalmente reservamos el hotel, planeamos el itinerario y tenemos pensado la ropa y los complementos que llevaremos en las maletas … Pero son muchos los problemas que pueden ocurrir durante las vacaciones y debemos tomar precauciones antes de salir de viaje para evitar los incidentes más comunes.

Si vas a ir al extranjero, lo más importante es tener la documentación necesaria para viajar. Cada verano, hay largas colas en las comisarías y oficinas de pasaporte para renovar los documentos. Una vez no pude ir de vacaciones porque no miré la fecha de caducidad de mi pasaporte. Mira el tuyo ahora y no lo dejes hasta el último momento.

Una vez perdí un avión por no despertarme. No tenía derecho a ninguna compensación porque era mi culpa y tuve que comprar otro billete. Es importante que salgas pronto de casa para llegar a tiempo al tren o vuelo. Por otra parte si hay una huelga o cancelan el vuelo, se puede reclamar una compensación.

Una de las peores incomodidades a la hora de viajar es perder el equipaje. Para que el disgusto sea menor si ocurre, nunca debes poner objetos de valor en el equipaje.

Las aerolíneas hacen todo lo posible para encontrar maletas perdidas. Pero si se viaja en tren las compañías ferroviarias no se hacen responsables de la pérdida del equipaje.

De vez en cuando he caído enferma durante los viajes y en una ocasión tuve un accidente de coche. Pagar por tratamiento médico en el extranjero es muy costoso pero gracias al seguro de viajes no tuve que pagar nada. No viajes sin seguro.

¿Qué hacer si te roban la cartera o los documentos? Es esencial que guardes fotocopias de los documentos y tarjetas en algún lugar de emergencia.

¡Que tengas unas vacaciones felices y sin problemas!

---

1 Según Juana, ¿qué solemos planificar?

_____ [1]

2 ¿Qué dice Juana que hay que hacer para prevenir sucesos inesperados?

_____ [1]

3 ¿Para qué espera mucha gente en los despachos oficiales?

_____ [1]

4 ¿Qué no hizo Juana una vez antes de salir de viaje?

_____ [1]

5 ¿Por qué Juana tuvo que comprar otro billete?

_____ [1]

6 ¿Cuándo es posible pedir compensación de una aerolínea?

_____ [1]

_____ [1]

7 ¿Qué no recomienda Juana que pongas en la maleta?

_____ [1]

8 ¿Qué le pasó a Juana durante un viaje?

_____ [1]

9 ¿Por qué Juana no pagó por el tratamiento médico?

_____ [1]

10 Según Juana, ¿por qué debes tener copias de tu documentación?

_____ [1]

[Total: 11]

¡Revisemos!
• Talk about free time activities • Give opinions on TV programmes and films • Use object pronouns

1 Escucha y escribe las letras correctas. (1–6) 🔊 77

a b c d e

f g h i j

2 Escucha otra vez y contesta las preguntas. 🔊 77

1 When does José like to watch a film?

2 What does Anaís do two or three times a week?

3 What is Guillermo going to perform at a gig next month?

4 Where does Nadia go window shopping?

5 Where does Max go on Saturday mornings?

6 What types of films does Maya like?

3 Completa el texto. Escucha y comprueba. 🔊 78

iré   tocar   leer   me divierto   escuchar   salimos   voy   escribiendo   ido   toco

---

Asunto: Pasatiempos

Tengo varios pasatiempos. Me gusta la música y **1** _____ la guitarra después del instituto. Me encanta **2** _____ y escribir y estoy **3** _____ una novela de ciencia ficción. Los fines de semana **4** _____ jugando al fútbol con los amigos. A veces **5** _____ por la ciudad. El fin de semana pasado fuimos a la bolera. También hemos **6** _____ a la pista de hielo dos o tres veces. El próximo sábado **7** _____ a un concierto. Va a ser emocionante porque van a **8** _____ mis dos grupos favoritos. **9** _____ a pasarlo bomba viéndolos. Me gustaría ir a **10** _____ música en vivo más a menudo pero es caro.

Santiago

Para mejorar

Santiago uses a variety of tenses. What are they? What effect does this have? Try to do the same in your own speaking and writing.

4 **Trabaja en grupo. Pregunta y contesta.**

- ¿Qué te gusta hacer en tu tiempo libre?
- ¿Qué haces después del instituto/los fines de semana?
- ¿Qué hiciste el fin de semana pasado?
- ¿Qué vas a hacer el fin de semana próximo?
- ¿Qué te gustaría hacer?

> Use the correct verb tense/mood to talk about what …
> - you do/like to do: **present**
> - you're doing now: **present continuous**
> - you did: **preterite**
> - you used to do, descriptions of the past: **imperfect**
> - you're going to do: **immediate future**
> - you will do: **future**
> - you hope, plan or wish to do: **conditional**

En mi tiempo libre Después del instituto Los fines de semana	toco el piano/la guitarra/escribo/salgo con los amigos/me paseo por la ciudad/bailo/voy al cine me gusta … escuchar música/jugar con la videoconsola/ir de compras/dibujar
El fin de semana pasado	fui a un concierto/salí con los amigos
El fin de semana próximo	iré/voy a ir a la pista de hielo jugaré al tenis me gustaría ir a la bolera/leer

5 **Escribe sobre los pasatiempos que tienes y lo que haces en tu tiempo libre. ¿Qué hiciste el fin de semana pasado y qué vas a hacer este fin de semana?**

6 **Reescribe las frases.**

1 Julieta va a ver la película.

1 *Julieta va a verla.*

2 Yo estoy tocando la trompeta.

3 ¿Vas a comprar los billetes?

4 Puedo dibujar el paisaje.

5 ¿Quieres escuchar los nuevos discos?

6 Me gusta pasear al perro.

7 Vamos a ver a las amigas.

Gramática

Direct object pronouns usually go in front of the verb. However, they are attached to the end of the **infinitive and present continuous.**

¿Has leído estas novelas? Voy a leerlas durante las vacaciones. ¿Estás viendo el programa? Estoy viéndolo en la tele.

¿Más? → Grammar pp. 224–225

7 **Empareja los tipos de películas y programas con las descripciones.**

una película/una serie …

1 policiaca	a escenas con mucha adrenalina
2 histórica	b de dibujos animados
3 romántica	c de amor y sensibilidad
4 de acción	d cómica
5 de ciencia ficción	e trata del futuro y la tecnología
6 de fantasía	f trata de magia y la mitología
7 de terror	g provoca miedo y tensión
8 de guerra	h trata del pasado
9 de animación	i trata de batallas y soldados
10 de humor	j trata de actividad criminal
11 documental	k trata de deporte y deportistas
12 deportivo	l analiza una tema de interés

7.1 ¿En qué te gastas el dinero?

ℹ ¿Prefieres pasar tu tiempo libre con amigos o solo?

Objetivos
- Say how much pocket money you get
- Talk about what you spend your money on
- Use present subjunctive with *cuando* and *ojalá*

1 Escribe la frase para cada foto. Escucha y comprueba. (1–8) 🎧 79

1   2   3   4
5   6   7   8

ahorrar el dinero   videojuegos   el saldo para el móvil   chucherías, golosinas y refrescos
las zapatillas de deporte de marca   ropa y maquillaje   el transporte   ir a la bolera

2 Escucha. Copia y completa la tabla. (1–5) 80

	¿Cúanto dinero recibe?	¿Con qué frecuencia?	¿En qué se lo gasta?	¿Ahorra? ¿Para qué?
1	€20	a la semana	Saldo chucherías	no

Para mejorar

Listening and Reading questions will often include distractors – extra pieces of information that might lead you to the wrong answer. It's important to listen or read to the end of the section rather than anticipate the answer.

3 Escucha otra vez. ¿Qué harán las personas cuando tengan más dinero? (1–5) 🎧 80

4 Completa las frases.

tenga   sea   pueda   reciba   ahorre   vaya

1 Cuando _____ más dinero, me compraré una bicicleta de carreras.
2 ¡Ojalá _____ ir a la bolera el sábado!
3 Cuando _____ a la universidad, tendré más libertad.
4 Cuando _____ tiempo, iré al cine con mis amigos.
5 ¡Ojalá _____ dinero de regalo para mi cumpleaños!
6 Cuando _____ adulto, no malgastaré el dinero que gano.

Gramática

When using *cuando* to talk about future plans, you use the subjunctive. Take the present tense 'I' form, remove the –o and add these endings:

–ar: –e, –es, –e, –emos, –éis, –en
–er & –ir: –a, –as, –a, –amos, –áis, –an

Irregular verbs in the present subjunctive include: *ser → sea* and *ir → vaya*.

Iré de vacaciones cuando tenga más dinero.

Ojalá means 'let's hope' or 'if only'. If you use it with a verb, use the subjunctive form.

Ojalá pueda comprar unas zapatillas nuevas.

¿Más? → Grammar pp. 233–234

5 **Túrnate con tu compañero/a. Pregunta y contesta.**

- ¿Te dan paga tus padres?
- ¿En qué te lo gastas?
- ¿Ahorras dinero? ¿Para qué?
- Cuando tengas dinero, ¿en qué te lo gastarás?

Mis padres me dan (10€) Recibo …	a la semana al mes
Gasto la paga/el dinero en Me lo gasto en	comida (rápida) salir con los amigos
(No) malgasto el dinero.	
Ahorro dinero para Estoy ahorrando para	comprar … ir de vacaciones
Cuando tenga dinero, Cuando sea rico/a, Cuando pueda, ¡Ojalá tenga dinero para comprar … !	compraré … iré a … me lo gastaré en …

6 **Escribe un párrafo sobre la paga que recibes y en qué te lo gastas.**

7 **Lee el artículo. Marca las frases que son falsas y corrígelas.**

¿Dónde gastan los jóvenes su dinero?

Un 60% por ciento de los jóvenes españoles entre los 12 y 13 años recibe paga semanal de sus padres. ¡Gastan un medio de 155 € al mes pero reciben solo 105 € de paga! Los padres españoles están entre los más generosos de Europa en cuanto la cantidad de dinero que dan a sus hijos. El 70% de los jóvenes no tiene que hacer tareas a cambio de la paga. Solo 30% de los padres le quita la paga a sus hijos si no estudian pero 14% dan más dinero por sacar buenas notas.

En general los jóvenes gastan 26 € al mes en ropa, 24 € en comer fuera de casa y 20 € en tecnología. Gastan más en comer que en muchos otros países. Compran una media de 21 prendas de ropa y cuatro pares de zapatos al año. Las chicas compran más ropa que los chicos pero ellos consumen más prendas de marca conocida. Salen con los amigos dos veces al mes y el 38%

gasta entre 12 € a 15 € cada vez que sale. Van al cine, a la discoteca y a restaurantes de comida rápida. Las chicas gastan más en saldo para el móvil que los chicos pero ahorran más dinero. Los chicos gastan sus ahorros en videojuegos y las chicas los gastan en ropa.

1 La mayoría de los jóvenes españoles recibe dinero de sus padres cada semana.
2 Los jóvenes reciben más dinero de lo que gastan.
3 Los padres españoles dan menos paga a sus hijos que otros padres europeos.
4 La mayoría de los jóvenes no tiene que ayudar en casa para recibir dinero.
5 Algunos jóvenes no reciben la paga si no estudian.
6 No les importa gastar dinero en comer fuera.
7 Para las chicas comprar ropa de marca es más importante que para los chicos.
8 Las chicas gastan sus ahorros en saldo para el móvil.

7.2 ¿Puedo probármelo?

Objetivos
- Shop for clothes
- Talk about shopping preferences
- Use demonstrative adjectives

1 Escribe las frases en el orden correcto. Escucha y comprueba. (81)

Mediana.

Me los llevo en azul.

¿Puedo probármelos?

¿Tiene la talla grande en otro color?

Quisiera comprar unos vaqueros negros.

Claro que sí. Los probadores están a la derecha.

Puede pagar en la caja.

¿De qué talla?

Me quedan un poquito pequeños. ¿Tiene una talla más grande?

Sí, aquí tiene en azul y blanco.

Lo siento, no quedan vaqueros negros en esa talla.

¿Cómo puedo ayudarle?

Esta marca de vaqueros es muy buena.

2 Escucha y contesta las preguntas para cada diálogo. (1–5) (82)

a ¿Qué quiere probarse?

b ¿Qué número/talla usa?

c ¿Cómo le queda(n)?

d ¿Se lo/la(s) lleva?

3 Completa las frases.

1 (These) _____ chaquetas son de buen precio.

2 Me voy a llevar (this) _____ jersey.

3 ¿Puedo probarme (these) _____ zapatos?

4 Quisiera compra (those, over there) _____ zapatillas.

5 (That) _____ camiseta es demasiado cara.

6 (This) _____ falda me queda un poquito pequeña.

Gramática

Use demonstrative adjectives to indicate particular items. They agree with the noun they refer to.

this these	este, esta estos, estas
that those	ese, esa esos, esas
that (over there) those (over there)	aquel, aquella aquellos, aquellas

¿Puedo probarme esta camisa y aquella chaqueta?

¿Cuánto cuesta este bolso?

Esas gorras son muy baratas pero aquellos guantes son carísimos.

¿Más? → Grammar p. 228

4 **Túrnate con tu compañero/a. Pregunta y contesta.**

- Quisiera comprar (unos pantalones negros).
- ¿De qué talla?
- (Mediana.)
- (Estos son de buen precio.)
- ¿Puedo probarme estos?
- ¡Cómo no! (Los probadores están enfrente.)
- Me queda/n (grandes). (No) Me (los) llevo.

Para el/la dependiente/a

¿Cómo puedo ayudarle?
(Estos vaqueros) es/son …
de buen precio/bonito/a(s)
¿De qué talla/número?
¡Como no!/Naturalmente/Claro que sí.
Los probadores están (a la derecha).

Para el/la cliente

Quisiera/Quiero/Necesito comprar …
En grande/mediana/pequeña. El (38).
¿Puedo probármelo/la/los/las?
Me queda grande/pequeño/a.
Me quedan bien/feos/as.
(No) Me lo/la/los/las llevo.

5 **Lee el blog de Mónica. Busca los equivalentes de las palabras/frases.**

Sobre mí   Contacto   Blog   Álbumes de fotos ▾

🏠 MIS TIENDAS FAVORITAS Y LA ROPA QUE ME GUSTA

No me gustan mucho los centros comerciales porque las tiendas suelen ser las mismas cadenas de siempre. Sin embargo, es divertido ir a veces con los amigos, mirar escaparates y tomar un cafecito.

Tengo mi propio estilo y no quiero vestir como los demás aunque compro algunas cosas como la ropa deportiva en El Corte Inglés, que son unos grandes almacenes que hay en casi todas las ciudades españolas.

A veces compro ropa en tiendas de diseño si hay rebajas, ya que puede haber gangas. Cuando tenga más dinero me compraré algo especial. Me encanta la ropa vintage y generalmente la compro en sitios web. Hago muchas compras por internet ya que es muy práctico y se pueden encontrar cosas poco corrientes. Sin embargo, si tengo tiempo, me gusta ir tranquilamente de tiendas. En particular me encantan las tiendas independientes de moda y las tiendas de segunda mano. ¡El otro día compré un vestidito de los años sesenta que solo me costó 15€!

¿Y a tí? ¿Adónde te gusta ir de compras?, ¿Cómo te gusta vestir y que tipo de ropa prefieres? ¿Qué fue la última cosa que compraste? ¿Qué te comprarás cuando tengas dinero? ¡Escríbeme!

1	to window shop	**5**	bargains
2	sports wear	**6**	unusual
3	department store	**7**	browse the shops
4	sales	**8**	second hand

Direct object pronouns match the noun they replace in gender and number. They go before the verb.
el jersey – Me lo llevo.

6 **Lee otra vez y contesta las preguntas.**

1 ¿Dónde va de compras Mónica de vez en cuando y por qué?
2 ¿Qué no le gusta hacer?
3 ¿Qué compra en los grandes almacenes?
4 ¿Cuándo compra ropa de diseño?
5 ¿Por qué compra por internet?
6 ¿Qué se compró por buen precio?

Gramática

You came across augmentatives like *riquísimo* and *buenísimo* in Unit 4. Diminutives work in the same way and are used to show smallness or affection.

To form a diminutive, replace the –o or –a noun ending with –ito/–ita: *un vestidito, unas botitas*
If the noun ends in –e, –n or –r, add –cito/–cita. Watch out for spelling changes: *un cafecito, una florecita*

7 **Escribe una respuesta a la carta de Mónica describiendo tus hábitos de compra. Contesta sus preguntas.**

7.3 Organizando el tiempo

Objetivos
- Say how you manage your time
- Understand advice on managing time better
- Use the subjunctive to express a viewpoint

1 Túrnate con tu compañero/a. Haz el test para ver si sois personas que sabéis organizar el tiempo.

Test: ¿Cómo organizas el tiempo?

1 ¿Cuándo haces los deberes?
- **a** Hago los deberes cuando llego a casa después del colegio.
- **b** Hago los deberes después de cenar, si no estoy demasiado cansado.
- **c** Solo hago los deberes si tengo ganas.

2 ¿Cuántas veces a la semana haces deporte?
- **a** Hago deporte todos los días.
- **b** Hago deporte dos o tres veces a la semana.
- **c** Nunca hago deporte.

3 ¿Qué haces en tu tiempo libre?
- **a** Leo novelas y toco un instrumento.
- **b** Salgo con los amigos.
- **c** No hago nada.

4 ¿Cuántas veces al día miras el móvil?
- **a** Miro el móvil dos o tres veces al día.
- **b** Miro el móvil cada hora.
- **c** Miro el móvil cada diez minutos.

5 ¿Dónde sueles cenar?
- **a** Ceno en la cocina con la familia.
- **b** Ceno delante de la tele.
- **c** No ceno, pico algo.

6 ¿Cuántas horas duermes por la noche?
- **a** Duermo entre nueve y doce horas.
- **b** Duermo unas ocho horas.
- **c** Duermo no más de cinco a seis horas.

Si tienes más A: Parece que tienes un equilibrio bueno entre los estudios y la vida familiar y social. Eres ambicioso/a y sabes lo que tienes que hacer para tener éxito en la vida. Sin embargo es importante que te relajes también y evites el estrés.

Si tienes más B: Eres una persona sociable y te llevas bastante bien con la familia pero es necesario que dediques más tiempo a los estudios para no suspender los exámenes. También es aconsejable que duermas más y revises el móvil menos.

Si tienes más C: Es una lástima que malgastes tanto tiempo. Tan pronto te hagas un horario podrás organizar el tiempo más eficazmente. Es esencial que apagues el móvil y estudies.

2 Habla con tu compañero/a. ¿Estáis de acuerdo con los resultados del test? ¿Por qué (no)?

3 Empareja las dos partes de las frases.

1 Es esencial que
2 Haré los deberes
3 Escribiré en mi diario
4 Me acostaré pronto
5 Haré más ejercicio ya que
6 Para relajarme es bueno

- **a** es importante que esté en forma.
- **b** que haga algo creativo.
- **c** tan pronto como llegue a casa.
- **d** apague el móvil una hora antes de acostarse.
- **e** en cuanto termine el programa.
- **f** antes de que cenemos.

Gramática

Use the present subjunctive:

– to express points of view with *es + adjective + que*:
Es importante que tenga una rutina para hacer los deberes.

– after time conjunctions when referring to future plans that you're not certain will take place, e.g. *en cuanto*, *tan pronto como*, *hasta que*, *antes/ después de que*:

En cuanto llegue a casa haré los deberes.
No revisaré el móvil hasta que termine de cenar.

¿Más? → Grammar pp. 233–234

4 **¿Quién es? Escucha. Lee las frases y escribe C (Carlota) o A (Arturo) o CA (los dos).** 🔊 83

1 No dedica suficiente tiempo a los deberes.

2 Hace los deberes por la mañana antes de ir al colegio.

3 Hace deporte muy frecuentemente.

4 Le gusta pasar su tiempo libre con los amigos.

5 Tiene controlado el uso del móvil.

6 Se lleva el móvil a la cama.

7 Prefiere cenar por su propia cuenta y no a horas fijas.

8 Duerme lo suficiente.

5 **Escucha otra vez. ¿Quién organiza su tiempo mejor? ¿Por qué? Escribe unas notas y compara tu respuesta con tu compañero/a.** 🔊 83

6 **Completa el texto.**

> duerman   practiquen   recargue   coman   empiecen   hagan

CÓMO AYUDAR A LOS JÓVENES PARA QUE EVITEN EL ESTRÉS

La mayoría de los jóvenes que sufren del estrés podrán mejorar su salud física y mental en cuanto 1 _____ a manejar el tiempo eficazmente.

Es necesario que 2 _____ más deporte para mantenerse en forma y evitar la depresión. Si es un deporte de equipo al aire libre, los beneficios son

aún mayores. Es muy importante que los jóvenes 3 _____ saludablemente a horas regulares y que 4 _____ entre nueve a doce horas por noche. Es recomendable que 5 _____ algo creativo, sea tocar un instrumento, pintar o escribir un blog. Tan pronto como un joven 6 _____ las pilas encontrará motivación y éxito en la vida.

7 **Escribe un párrafo sobre cómo organizas el tiempo.**

No dedico suficiente tiempo a los deberes.	Es importante/necesario/esencial que …
Hago los deberes (después de cenar).	dedique tiempo a los estudios (para que no suspenda los exámene).
Hago deporte (dos o tres veces a la semana).	haga ejercicio (para que esté en forma y evite la depresión).
En mi tiempo libre (salgo con los amigos).	pase tiempo con los amigos. haga algo creativo. me relaje/recargue las pilas/disfrute de la vida.
Miro el móvil (cada diez minutos).	apague el móvil una hora antes de acostarme/durante las comidas. mire el móvil menos.
Ceno (en la cocina con la familia).	pase tiempo con la familia. coma comida saludable.
Duermo (entre nueve a doce horas) cada noche.	me acueste más temprano. duerma lo suficiente.

ⓘ You can use these structures with the infinitive as an alternative to the subjunctive:
*Es necesario **hacer** un horario para manejar el tiempo eficazmente.*
*Dedicaré tiempo a los estudios para no **suspender** los exámenes.*
*No revisaré el móvil hasta **terminar** los deberes.*
*Me alegra **salir** con los amigos.*
Don't forget to remove *que* from the phrase.

7.4 ¿Te gustó la película?

Objetivos
- Talk about films and TV programmes
- Recommend a film to a friend
- Use the subjunctive after verbs of influence

1 Lee la publicidad para la película. Busca el equivalente de las palabras.

| SOBRE LOS AUTORES | ARCHIVO | NOTICIAS | VIDEOS | CONTACTO ▾ |

Vengadores: La Guerra a la Infinidad

21st Marzo   10:25 am

Espectacular película de Marvel que unirá a Los Vengadores y a los Guardianes de la Galaxia en la lucha por el control del infinito. Se reunirán hasta cuarenta superhéroes en una misma escena.

MEJOR QUE: 'El Hombre Araña'

PEOR QUE: 'Pantera Negra'

Guión: 6,7

Interpretación: 7,0

Ambientación (fotografía, vestuarios, banda sonora): 8,3

Efectos Especiales: 8,6

Género: Acción | Aventuras | Fantasía

Director: Stephen McFeely

Protagonistas: Robert Downey Jr., Chris Evans, Benedict Cumberbatch, Scarlett Johansson

Duración: 2h 29m

Presupuesto: 300.000.000,00 $

País: EE. UU.

Clasificación: No recomendada a menores de 12 años.

Sinopsis: Trata de una batalla entre Los Vengadores y Thanos, el tirano intergaláctico para evitar que controle la galaxia y toda la existencia. El destino de la Tierra está en peligro, unos querrán protegerla y otros controlarla, ¿quién ganará?

Recomendamos que veas esta película. Y si la has visto, ¿qué te pareció?

¡¡Votá!!!

😊 149 Gustos   💬 67 Comentarios   ⬚ 23 Comparte

1 scene	**4** stars	**7** special effects
2 script/screenplay	**5** costumes	**8** genre
3 acting	**6** sound track	

2 Lee otra vez y contesta las preguntas.

1 How many Avengers will come together in one scene of the film?
2 What is the score for special effects?
3 What type of film is it?
4 How long is the film?
5 What is the budget for the film?
6 Who should not see the film?
7 What does the tyrant want to control in the film?
8 What is in danger?

3 Escucha las descripciones de las películas. Copia y completa la tabla. (1–5)

Género/tipo	Duración	Público	Opinión	Más información
1 Acción				

4 Túrnate con tu compañero/a. Pregunta sobre los detalles de dos o tres películas y adivina la película.

- ¿Qué tipo de película es?
- ¿Quiénes actúan en la película?
- ¿Cuánto dura?
- ¿Para qué público es?
- ¿Qué opinas de la película?

5 **Escucha y lee las recomendaciones. Identifica las tres frases correctas.** 85

Quiero que no te pierdas la nueva serie de televisión española. Se llama *La casa de papel.* Tiene lugar en la Fábrica Nacional de Moneda y Timbre. Con su banda, el Profesor espera llevar a cabo el atraco perfecto. Deseo que te sientes a verla porque es muy emocionante.   **Julián**

¿Ya has visto el último episodio de la serie *La catedral del mar*? Te pido que no me cuentes lo que pasa al final. Sé que habrá un giro final en la historia e insisto que no me digas cómo termina. Es impresionante y la interpretación de los protagonistas principales es estupenda.   **Antonia**

Exijo que veas *El accidente* antes de que se acabe. Es una serie policiaca y trata de un hombre que desparece misteriosamente y cómo se descubre dónde está. La serie está llena de suspense y está protagonizada por unos actores muy conocidos. Recomiendo que la veas cuanto antes. ¡Te gustará!   **Santiago**

1   Julián quiere que veamos una película que ponen en la televisión.

2   *La casa de papel* trata de actividad criminal.

3   Antonia ha visto todos los episodios de *La catedral del mar*.

4   Antonia quiere que la digamos lo que pasa en el primer episodio de la nueva serie.

5   Santiago dice que veamos *El accidente* porque terminará pronto.

6   Los actores de *El accidente* son famosos.

6 **Completa las frases.**

| vayas   lean   digas   escuchemos   quedemos   veamos |

1   Mis amigos recomiendan que _____ el nuevo disco de este grupo.

2   Emilia quiere que tú _____ al cine con ella.

3   La profesora exige que _____ el documental que ponen en la tele en el canal 2.

4   Prohíbo que me _____ cómo termina la serie.

5   Deseo que Ramón y Felix _____ esta novela tan buena.

6   Prefiero que nos _____ en casa a ver una serie de comedia en la tele.

> **Gramática**
>
> The subjunctive is used with verbs of influence, wishing, command, request and emotions, e.g. *querer, sugerir, prohibir, pedir, alegrarse, recomendar*:
>
> *Quiero que veas la película.*
> *Juan pide que vaya al cine con él.*
> *Me alegro que te guste el programa.*
>
> ¿Más? → Grammar pp. 233–234

7 **Trabaja en grupo. Elige una película y produce una página web para promocionarla. Usad la publicidad de la Actividad 1 para ayudaros.**

> una película de/una serie/un episodio de acción/ aventura/fantasía/suspense
> La escena/La interpretación/La banda sónora es …
> El guión/El vestuario/El reparto es…
> impresionante/emocionante/una tontería
> Los efectos especiales/Los actores/Los protagonistas son estupendos/espectaculares/buenos/malos.
> Es para (mayores de 12 años).
> Dura (1h 20).
> Trata de (una batalla).
> Tiene lugar en (España/una fábrica).

7.5 La tecnología

Objetivos
- Talk about technology
- Discuss personal experiences of technology
- Use the subjunctive after conjunctions of purpose

1 Escucha y lee. Empareja las fotos y los tuits. 🎧86

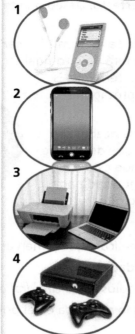

> **Nicolás**
> @lobosalvaje   ⚙ 👤FOLLOW
>
> #tendencia
>
> Los ordenadores portátiles tienen muchas ventajas. Yo uso el mío para todo – navego la red, compro por internet y hago los deberes. Está conectado a una impresora de modo que pueda imprimir las tareas escolares y fotos también. También lo utilizo para mandar y recibir correos electrónicos. Pero nunca lo llevo al insti porque es demasiado pesado. La desventaja es la cantidad del correo basura.

> **leonor**
> @guerreraurbana   ⚙ 👤FOLLOW
>
> #tendencia
>
> Uso las aplicaciones de mi smartphone para buscar información y tener acceso a mi cuenta bancaria. El calendario es indispensable. También utilizo los mapas de Google para no perderme. Saca muy buenas fotos y uso los medios sociales para compartirlas. ¡Tengo miles de seguidores!

> **Bernardo**
> @jugadorclave   ⚙ 👤FOLLOW
>
> #tendencia
>
> Mis padres dicen que paso demasiado tiempo jugando en la videoconsola. Es muy entretenido y opino que algunos juegos mejoran la coordinación y la concentración. Además, si juegas con otras personas es una actividad muy sociable.

> **Paloma**
> @ritmoloco   ⚙ 👤FOLLOW
>
> #tendencia
>
> Tengo un reproductor de MP3. Descargo música y lo escucho cuando voy al gimnasio y más que nada cuando paseo el perro. Escuchar música me hace sentir feliz. También puedo navegar por internet y ver películas y vídeos. Lo peor es que son aparatos fáciles de robar. ¡Ya me robaron dos!

2 Lee los tuits otra vez. Identifica quién dice lo siguiente, Nicolás (N), Leonor (L), Bernardo (B) o Paloma (P).

1 Ha sido víctima de un robo dos veces.
2 Usa el aparato para visitar tiendas virtuales.
3 Puede hacer operaciones bancarias con su aparato.
4 Si se pierde puede encontrar el camino con su aparato.
5 Utiliza el aparato para pasarlo bien con amigos.
6 Usa el aparato para saber lo que tiene que hacer cada día.
7 Se lleva el aparato cuando hace ejercicio.
8 Una ventaja es poder hacer copias de documentos.

3 Escucha y contesta las preguntas para cada persona. (1–4) 🎧87

1 ¿Qué aparato usa más?
2 ¿Para qué lo usa?
3 ¿Cuáles son las ventajas y desventajas del aparato?

4 Túrnate con tu compañero/a. Pregunta y contesta las preguntas de la Actividad 3.

El aparato que uso más es	el móvil/la videoconsola.
Lo/La uso para	descargar música/chatear con los amigos.
La ventaja/Lo bueno (del portátil) es que / Por un lado	puedo usarlo en cualquier parte/sacar buenas fotos.
La desventaja/Lo malo es que / Por otro lado	es fácil de robar o perder/malgasto mucho tiempo.

5 **Escribe un párrafo sobre dos o tres aparatos digitales que usas. Usa los textos de la Actividad 1 para ayudarte. Menciona:**

– para qué los usas

– las ventajas y desventajas de los aparatos

6 **Elige las formas correctas.**

1 Mis padres me dejan usar los mensajes para que **estoy / esté / estar** en contacto con los amigos.

2 Le restringen el uso del móvil a fin de que no **gaste / gasté / gasto** demasiado dinero.

3 Llevaré el portátil de viaje de modo que **pude / podía / pueda** trabajar en cualquier sitio.

4 He sincronizado el calendario en mi teléfono inteligente de manera que siempre **sepa / saber / se** lo que tengo que hacer.

5 Le compré un reproductor de MP3 para que **escuché / escucha / escuche** música todo el tiempo.

6 Hemos descargado una aplicación en la tableta de mi madre a fin de que no **tenga / tiene / tendrá** que ir al supermercado.

> You can adapt a model in different ways:
> • Choose whole sentences that apply to you.
> • Adapt part of a sentence and change the details.
> • Cover the same ideas in your own words.

Gramática

> The subjunctive is used after conjunctions of purpose such as *para que, de manera/modo que, a fin de que*:
> *Compro por internet para que no tenga que ir a las tiendas.*
> *Siempre coloca su ropa de modo que no se arrugue.*
>
> ¿Más? → Grammar pp. 233–234

Según las estadísticas, los jóvenes españoles practican cada vez menos deportes, comen mal, duermen poco, no estudian y tienden a la obesidad por el sedentarismo. La razón es la adicción de los jóvenes a estar en línea.

Los jóvenes dedican una hora y media al día a estudiar, mientras que pasan una media de cuatro horas en sus aparatos digitales.

Los gobiernos europeos están considerando nuevas leyes para que Facebook, Google y Twitter paguen por los programas de recuperación para niños adictos a estar en línea.

Muchas adolescentes sufren de adicción a los sitios que las animan a publicar selfies y miden su autoestima por la cantidad de 'me gusta' que reciben. En cambio los chicos son más adictos al juego.

También habrá terapia gratuita a fin de que los jóvenes que hayan sufrido abuso en línea reciban ayuda. Hasta el 60% de los niños dicen que han sido intimidados en línea y muchos sufren de depresión o ansiedad.

1 Los jóvenes españoles son más deportistas que antes.

2 Tienen una dieta malsana, están cansados y sacan malas notas.

3 El sedentarismo es la causa de estar delgado.

4 Los adolescentes pasan más tiempo con los libros que con los aparatos digitales.

5 Algunas chicas son adictas a compartir sus fotos en los medios sociales.

6 Una mayoría de niños ha sufrido abuso en línea.

8 **Trabaja en grupo. Debate la siguiente declaración:** *El uso de los aparatos digitales daña la salud física y mental de los jóvenes.*

El cine y la música, ¿los pasatiempos más populares?

En una noche de otoño, hacía calor y yo fui al cine. Además de estar adelante, me gusta sentarme solo y un poco a la izquierda de la pantalla. Apenas me senté, vi en la pantalla a una mujer que perdía dinero en la mesa de un casino. Ella estaba en un hotel y el gerente le advertía que debía abandonar su habitación a la mañana siguiente. Esa noche ella entró en su habitación con pasos lentos. Llevaba un vestido de fiesta. Su belleza venía bien con su desesperación. Yo le tomé simpatía, me puse un poco dentro de su piel. Yo hubiera querido que aquella mujer aprovechara la última noche en aquel hotel lujoso. Ella debía aislar esas horas y gozar de todo lo que después podría recordar en plena miseria: tendría que proveerse de felicidad como los camellos comen y beben para muchos días del desierto.

A mí me había quedado en la sangre todo el lujo y los pasos lentos de aquella película; y al salir del cine, no solo caminaba lentamente y se me picaba la piel al imaginarme que cruzaba mundos de grandeza, sino que evitaba tropezar con la gente y no me despertaran de aquel sentimiento de las cosas que tenía que ver con lo que terminaba de ocurrir en la pantalla.

Esa noche me duró mucho el efecto del cine.

Fragmentos póstumos: En el cine
de Felisberto Hernández

1 Busca los equivalentes de las frases.

1 The manager told her she had to vacate her room

2 Her beauty suited her desperation

3 I put myself in her shoes a bit

4 I would have liked her to make the most of the last evening

5 Enjoy everything so that later she could remember it all in her absolute poverty

6 She had to stock up on happiness

7 I had goose bumps

8 what had just happened on the screen

2 ¿Has visto una película que te afectó tanto? Habla con tu compañero/a.

Conexiones
¿Por qué la música y el cine siguen siendo tan populares entre los jóvenes?

A buscar
¿Quiénes son los directores de cine y cantantes de música pop más conocidos de España y Latinoamérica?

Todo el mundo conoce 'Havana', la canción que lanzó a la joven cubana Camila Cabello a la primera posición de iTunes en 99 países. El single es un homenaje a la capital cubana, donde nació, de un padre mexicano y una madre cubana.

La familia de Camilia migró hacia Estados Unidos cuando ella tenía seis años. Cuando llegó a Miami, no sabía hablar inglés así que hacía lo que podía para hacer amigos nuevos poniendo canciones de pop en una boombox. 'Esa era mi forma de comunicarme,' recuerda.

Llevaba grabando y haciendo giras sin parar desde los 15 años, cuando apareció en X Factor. Tuvo mucho éxito con el grupo de chicas Fifth Harmony. Al separarse del grupo lanzó su espectacular carrera solista. Ahora es la estrella de pop más grande del mundo hispano.

El perfil de los fans de Camilia suele ser chicas jóvenes. Opina que su popularidad se debe a que usa un lenguaje romántico. Aunque sus fans usan los medios sociales, dice que ella no los usa porque ha tenido malas experiencias con el abuso de su privacidad.

¿Qué hace Camilia en su tiempo libre? "Por desgracia, mi trabajo no funciona por horarios convencionales. Es difícil socializar y hacer amigos cuando estás en una industria como esta", finalizó.

3   **Contesta las preguntas.**

1   ¿Dónde nació Camila Cabello?

2   ¿Qué no podía hacer cuando llegó a los Estados Unidos?

3   ¿Por qué tocaba canciones en una boombox?

4   ¿Qué edad tenía cuando apareció en un concurso de televisión?

5   ¿Con quién cantaba antes de empezar su carrera solista?

6   ¿Qué aspecto de los medios sociales no le gusta a Camilia?

7   ¿Qué desventaja tiene el trabajo de Camilia?

8   ¿Qué no es fácil para Camilia?

Lo mismo …

En España las películas extranjeras se doblan al español para que puedan ser entendidas por la mayoría del público.

En Latinoamérica también se doblan las películas pero el doblaje suele ser de origen mexicano. Esto se debe a que México es uno de los principales consumidores de películas y los actores mexicanos de doblaje no tienen un acento tan marcado como el de las otras nacionalidades latinoamericanas.

pero diferente

Repaso

1 Lee la carta y elige las opciones correctas.

> Querido amigo:
>
> Te escribo para contarte lo que hice el sábado. Fui a ver una película cómica estupenda. Se llama *Los Futbolísimos* y trata de unos amigos que juegan en un equipo juvenil de fútbol. El equipo tiene que ganar un partido para no perder la categoría. El guión es divertidísimo y los protagonistas son muy buenos actores. La película está basada en una novela muy buena y es para todas las edades. Fui con mis amigos, solemos salir juntos los fines de semana. Después del cine compramos comida mexicana para llevar y la comimos en la plaza. El fin de semana próximo vamos a ir a la nueva piscina al aire libre. Espero que haga buen tiempo porque si llueve tendremos que quedarnos en casa jugando con la videoconsola.
>
> Un abrazo,
>
> Elías

1 Elías salió con los amigos

   a después del colegio   **b** el fin de semana pasado   **c** antes del partido de fútbol

2 Los amigos vieron

   a una película de acción   **b** un documental deportivo   **c** una película de humor

3 A Elías le gustó mucho

   a los efectos especiales   **b** la actuación   **c** el vestuario

4 Elías sale con los amigos

   a todos los fines de semana   **b** siempre   **c** frecuentemente

5 Cuando terminó la película los amigos comieron

   a al aire libre   **b** en el cine   **c** en un restaurante mexicano

6 Este fin de semana jugarán videojuegos si

   a hace sol   **b** hay lluvia   **c** hace buen tiempo

2 Escucha y contesta las preguntas.

1 Why can't Juan go to the festival?

2 How much pocket money does Juan get per week?

3 What does Juan spend his money on?

4 What does Elena suggest he shouldn't do?

5 Why does Juan say he can't have a job?

6 What does Elena suggest he should do to find time to work?

7 Where does she suggest he should ask for a job?

8 What does Elena hope?

3 Túrnate con tu compañero/a. Pregunta y contesta.

- ¿Cuánta paga te dan tus padres?
- ¿En qué te gastas el dinero?
- ¿Te gusta ir de compras? ¿Dónde?
- ¿Qué compraste a última vez que fuiste de compras?
- ¿Cuál es tu pasatiempo preferido?

- ¿Qué vas a hacer este fin de semana?
- Si tuvieras mucho dinero, ¿qué harías?
- ¿Para qué usas la tecnología?
- ¿Crees que eres adicto a estar en línea? ¿Por qué / Por qué no?

4 **Elige los verbos apropiados en el presente del subjuntivo para completar las frases.**

1 Cuando (**llegar,** 3rd person) _____ el fin de semana, saldré con los amigos.

2 ¡Ojalá (**poder,** 1st person) _____ comprarme un par de zapatos nuevos!

3 Es importante que (**apagar,** 1st person plural) _____ el móvil antes de acostarnos.

4 Para que (**poder,** 1st person) _____ tener suficiente dinero debo gastar menos.

5 Quiero que (**ver,** 2nd person) _____ el próximo episodio conmigo.

6 Me alegro de que (**gustar,** 2nd person) _____ la nueva serie.

5 **Escribe sobre tu tiempo libre. Contesta las preguntas de la Actividad 3.**

¿Cómo te va?

Lee y copia para hacer una lista de verificación. Piensa y decide para cada objetivo: **Muy bien, Más o menos, Mal.** Repasa para mejorar.

	Muy bien	Más o menos	Mal
• hablar de lo que hago en mi tiempo libre			
• decir cuánta paga recibo y en qué me la gasto			
• pedir por tallas y números en una tienda de ropa			
• hablar de dónde y cómo prefiero comprar			
• usar adjetivos demostrativos			
• usar diminutivos			
• describir cómo manejo el tiempo			
• recomendar películas y programas de televisión			
• hablar de las ventajas y desventajas de la tecnología			
• usar el presente del subjuntivo con *cuando* y *ojalá*			
• expresar puntos de vista			
• persuadir e influenciar usando el subjuntivo			
• usar conjunciones de intención			

Para mejorar

Practise using varied and precise vocabulary. You can do this by:
- learning words as part of a topic
- collecting synonyms
- learning phrases rather than isolated words.

Remember that verbs play an important part in your stock of vocabulary. Make sure you learn key infinitives related to each topic.

Palabras y frases – Unidad 7

Pasatiempos / Hobbies

en mi tiempo libre	in my free time
bailar	dance
coleccionar	collect
dibujar	draw
escribir poesia/en mi diario	write poetry/in my diary
escuchar música	listen to music
ir a la bolera	go bowling
ir al cine	go to the cinema
ir al gimnasio	go to the gym
ir a la pista de hielo	go to the ice rink
ir a un concierto	go to a concert
ir de compras	go shopping
jugar con la videoconsola	play on a video console
jugar al (tenis)	play (tennis)
leer	read
mirar escaparates	go window-shopping
pasear (por la ciudad)	stroll (in the city)
pintar	paint
salir con mis amigos	go out with friends
tocar (la guitarra/la trompeta)	play (the guitar)

Tipos de películas y programas / Film genres and TV programs

La película/La serie ...	
de acción	action film/series
de animación	animation/animated film/series
de ciencia ficción	science fiction film/series
de fantasía	fantasy film/series
de guerra	war film/series
de humor	comedy film/series
de terror	horror film/series
histórica	historical film/series
policiaca	police/crime film/series
romántica	romantic film/series
el documental	documentary
el programa deportivo	sports program

La paga / Pocket money

(No) malgasto el dinero.	I (don't) waste money.
Ahorro el dinero para ...	I'm saving up to ...
Gasto la paga/el dinero en ...	I spend my pocket money/money on ...
Gasto mis ahorros en ...	I spend my savings on ...
Me lo/la gasto en ...	I spend it on ...
Recibo ...	I get ...
a la semana/al mes	each week/each month
Cuando sea rico/a ...	When I'm rich ...
Cuando tenga dinero, ...	When I have enough money ...
Cuando pueda, ...	When I can, ...

Mi madre/padre me da ...	My mother/father gives me ...
¡Ojalá tenga dinero para ...!	I wish I had enough money to ...
los videojuegos	video games
el saldo para el móvil	phone credit
la comida rápida	fast food
las chucherías	snacks
las golosinas	sweets
los refrescos	soft drinks
las zapatillas de deporte	trainers
de marca	branded
la ropa	clothes
el maquillaje	make-up
el transporte	transport

De compras / Shopping

la caja	till
los probadores	changing rooms
la tienda de segunda mano	second-hand shop
comprar	buy
probarse	try on
vender	sell
elegante	elegant
informal	casual
las rebajas	sales
la ropa de marca	brand clothes
la ganga	bargain
la talla pequeña/mediana/grande	small/medium/large size
¿De qué talla?	What size?
¿Qué número/talla lleva?	What's your size?
¿Cómo le queda(n)?	Does it/Do they fit?
Me queda(n) pequeño(s).	It/They're small.
Me queda(n) grande(s).	It/They're big.
Me queda(n) bien.	It fits./They fit.
Me lo/la/los/las llevo.	I'll take it/them.

Ropa / Clothes

el abrigo	coat
la blusa	blouse
los calcetines	socks
la camisa	shirt
la camiseta	T-shirt
la chaqueta	jacket
la falda	skirt
el jersey/el suéter	jumper
los pantalones	trousers
los pantalones cortos	shorts
la sudadera (con capucha)	(hooded) sweatshirt
el traje	suit
el traje de baño/el bañador	swimsuit
los vaqueros	jeans
el vestido	dress

las botas	boots	evitar	avoid
las sandalias	sandals	manejar	manage
las zapatillas de	trainers	mejor	improve
deporte/deportivas		pasar tiempo con	spend time with
los zapatos	shoes	recargar las pilas	recharge your batteries
las joyas	jewellery	relajarse	relax
el anillo	ring	revisar el móvil	check your phone
el collar	necklace	suspender les exámenes	fail your exams
los pendientes	earrings		
el reloj	watch	**Películas y televisión**	**Films and TV**
la bufanda	scarf	la banda sonora	sound track
el cinturón	belt	la duración	duration
la corbata	tie	los efectos especiales	special effects
las gafas (de sol)	(sun)glasses	el episodio	episode
la gorra	cap	la escena	scene
los guantes	gloves	el género	genre
el paraguas	umbrella	el guión	script
el sombrero	hat	la interpretación	performance/acting
el bolso	handbag	el papel	role
el bolsillo	pocket	el protagonista	main/lead character
la cartera	purse	el reparto	casting
la mochila	backpack	la serie	series
el monedero	wallet	la sinopsis	summary
un par de (guantes)	a pair of (gloves)	el vestuario	costumes
ancho/a	wide/loose	Dura (1 hora y 20	It lasts for (1 hour and
suelto/a	wide/loose	minutos).	20 minutes).
estrecho/a	tight	Es para (mayores de	It's suitable for (people
corto/a	short	12 años).	older than 12).
largo/a	long	Tiene lugar en …	It's set in …
a la moda	in fashion	Trata de …	It's about …
pasado de moda	out of fashion		
devolver algo	return something	**Tecnología**	**Technology**
conseguir un reembolso	get a refund	chatear con amigos	chat with friends
el recibo	receipt	copiar	copy
la vuelta/el cambio	change [money]	descargar	download
		estar en línea	be online
Colores	**Colours**	grabar	record, film
amarillo/a	yellow	guardar	save
azul	blue	imprimir	print
blanco/a	white	navegar la red/navegar	surf the internet
gris	grey	por Internet	
marrón	brown	publicar una selfie	post a selfie
morado/púrpura	purple	el aparato	device
naranja	orange	el aplicación	app
negro/a	black	el chat	chat, chatroom
rojo/a	red	el correo electrónico	email
rosa	pink	el correo basura	junk mail
verde	green	la impresora	printer
plateado/a	silver	los medios sociales/	social media
dorado/a	gold	las redes sociales	
claro/a	light	los mensajes instantáneos	instant messaging
oscuro/a	dark	el ordenador	computer
		el (ordenador) portátil	laptop
Organizando el tiempo	**Organising time**	la página web/de Internet	web page
la depresión	depression	el reproductor de MP3	MP3 player
el estrés	stress	el smartphone	smartphone
suelo …	I usually …	el software	software
apagar el móvil	switch off your phone	subir/cargar	upload
dedicar (suficiente)	give (enough) time to	la tableta	tablet
tiempo a		el wifi	WiFi
hacer algo creativo	do something creative		

¿Listo?

¡Revisemos!
- Use and understand numbers
- Give facts and figures about my hometown
- Use expressions with *tener*

1 Empareja las fotos con los diálogos. ¿Qué quieren decir las expresiones marcadas?

1   2   3   4

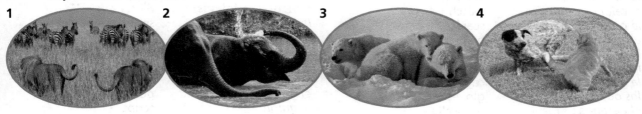

a
- ¿**Tienes sueño**?
- Sí.
- Pues, duérmete.

b
- ¿Qué les pasa a tus mascotas? ¿Es que el gato **tiene miedo** del perro?
- No, es al revés. El perro tiene miedo del gato.

c
- **Tengo hambre**.
- Yo también. Pero **no tenemos prisa**.
- **Tienes razón**. Esperemos el mejor momento.

d
- ¡Ay! ¡Qué bien! El agua está muy fría.
- Perfecta cuando **tienes calor**.
- Y si **tienes sed**.
- Claro.

2 Túrnate con tu compañero/a. Empareja las preguntas con las respuestas.

1   ¿Quieres un bocadillo?

2   ¿Tienes miedo de las serpientes?

3   ¿Me das un vaso de agua? Tengo mucha sed.

4   ¡Uff! ¡Qué calor tengo!

5   ¡Ay! Tengo mucho frío.

6   Los osos polares son una especie amenazada a causa del calentamiento global.

7   Espera un momento. ¿Quieres ver las fotos de mis vacaciones?

a Acércate a la estufa y caliéntate las manos.

b Lo siento. Otro día quizás. Tengo mucha prisa.

c No gracias. No tengo hambre.

d No me extraña. Llevas una sudadera y una chaqueta.

e Sí, claro. Ahora te lo traigo.

f No, pero tengo miedo de las ratas.

g Tienes razón. Es una lástima.

3 Túrnate con tu compañero/a. Pregunta y contesta.

- ¿Cuándo es tu cumpleaños?
- Si sumas tu edad a la mía, ¿cuántos años tenemos en total?
- ¿Qué numero de zapatos calzas?
- ¿Cuál es tu número de teléfono?
- ¿Cuántos alumnos hay en este colegio?
- ¿En cuántos segundos puedes correr 100 metros?

> **i**
> The numbers 16–30 are one word: *dieciséis, veintiuno, veintidós, veintitrés*, etc. Numbers from 30 are linked by *y*: *treinta y uno, cuarenta y dos*, etc.
>
> Numbers above 100: *ciento uno, ciento veinticinco*

4 Escucha y elige los números correctos. (1–4)

1 La velocidad máxima en autopista en España es:

a 50 kph   b 110 kph   c 120 kph

2 ¿Cuántos gramos de queso de cabra pide la chica?

a 500 gramos   b 200 gramos   c 250 gramos

3 ¿A qué altura está volando el avión?

a 10 000 metros   b 2000 metros   c 20 000 metros

4 ¿Cuánto cuesta la bicicleta que el chico va a comprar?

a 1200 €   b 1495 €   c 1500 €

> Use *unos/unas* (about) to give approximate numbers:
> *Hay unos mil quinientos alumnos en nuestro colegio.*

5 Escucha otra vez y contesta las preguntas. (1–4)

1 ¿Cuál es la velocidad máxima en zonas urbanas?

2 ¿Cuántos gramos de jamón serrano compra la chica?

3 ¿A cuántos grados está la temperatura en Sevilla?

4 ¿Cuánto vale la bicicleta azul?

6 Completa el texto.

> una   veintitrés   24 °C   1172   3432   dos millones

---

www.mejoresciudadesparavisitar…

NOTICIAS   INVESTIGACIÓN   BOLETINES INFORMATIVOS   PUBLICIDAD   CONTACTO ▼

San José en cifras ⭐⭐⭐☆☆

San José es la capital de Costa Rica, en Centro América. Está a **1** _____ metros sobre el nivel del mar y tiene buen clima todo el año con una temperatura media de **2** _____.

La ciudad tiene una población de más de **3** _____ de habitantes y está dividida en once distritos. Cada distrito tiene entre ocho y veintisiete barrios.

El aeropuerto está a **4** _____ kilómetros al oeste de la ciudad.

En San José, las clases en las escuelas secundarias empiezan a las siete de la mañana y terminan entre la **5** _____ y las cuatro.

Hay sesenta volcanes en Costa Rica y seis de ellos están activos. Irazú, a **6** _____ metros sobre el nivel del mar es el volcán más cercano a la capital.

---

7 Escribe sobre tu pueblo o ciudad. Contesta las preguntas.

- ¿Cómo se llama tu pueblo o ciudad?
- ¿Cuántos habitantes tiene?
- ¿Está dividido/a en distritos o barrios? ¿Cuántos hay? ¿Cómo se llama tu barrio?
- ¿Dónde está el aeropuerto más cercano?

- ¿A qué hora empiezan las clases en las escuelas secundarias?
- ¿Hay montañas o volcanes cerca de tu pueblo o ciudad? ¿A qué altura están?
- ¿Hay bosques, ríos, lagos o playas cerca de tu pueblo o ciudad? ¿Dónde están?

8.1 Caminos a recorrer

 ¿Para qué necesitas saber los números en otro idioma?

Objetivos
- Use mathematical terms
- Talk about years and centuries
- Use high numbers

1 Escucha y lee. ¿A qué se refieren los números?

---

www.excursiones…

| Home | Excursiones | Rutas | Países |

En una encuesta entre jóvenes españoles entre 16 y 25 años, el 29% dijeron que les gustaba ir de excursión. El hecho de que el senderismo se haya puesto de moda en los últimos años no es de sorprender porque es un deporte cien por cien sano y saludable y trae muchos beneficios. No es caro ni competitivo. Estás en contacto con la naturaleza y respiras aire puro. Te pones en forma y mejoras tanto el estado físico como el estado de ánimo.

Hay medio millón de rutas por todo el planeta. En España hay más de 20 000 kilómetros de senderos de Gran Recorrido (GR). Son rutas de más de 50 kilómetros, señalizados con pintura blanca y roja. También hay rutas más cortas, de Pequeño Recorrido (PR), de menos de 50 kilómetros que son ideales para salidas de un día o de un fin de semana.

Si quieres recorrer varios países de Europa a pie, puedes caminar una ruta de alrededor de 6000 kilómetros desde el templo de Delfos en Grecia hasta Tarifa en el sur de España.

---

1 dieciséis y veinticinco

2 veintinueve por ciento

3 100 por 100 (100%)

4 500 000

5 veinte mil

6 seis mil

2 Lee el texto otra vez. Lee las frases y elige.

1 Aproximadamente **un tercio / tres cuartos** de los encuestados son aficionados a ir de excursión.

2 El senderismo tiene **un montón de / pocos** beneficios para la salud.

3 Hay **una gran cantidad de / unas pocas** rutas en todo el mundo.

4 España tiene **más de / casi** 20 000 kilómetros de rutas de más de 50 kilómetros.

5 Algunas de las rutas de Gran Recorrido son **el doble / la mitad** de la distancia de las rutas de Pequeño Recorrido.

6 **El total / La mitad** de la ruta desde Delfos a Tarifa mide 3000 kilómetros.

3 Elige las opciones correctas.

1 Hay más de **doscientos / doscientas** casas antiguas en este valle.

2 Hacía **cien / cientos** años había más gente viviendo en el campo.

3 El club de excursionistas tiene unos **trescientos / trescientas** miembros.

4 Esta ruta es bastante larga y hay que subir unos **quinientos / quinientas** metros al final.

5 El precio de una noche en el albergue para diez personas es **ciento / cientos** cincuenta euros.

Gramática

Before a masculine noun, *uno* → *un* and *ciento* → *cien*.

Mi hermano tiene veintiún años.
El pueblo es pequeño, solo tiene cien habitantes.

The hundreds 200–900 agree with the gender of the noun that follows:
En el instituto hay cuatrocientos estudiantes.
Hay más de doscientas rutas en esta región.

¿Más? → Grammar pp. 236–237

---

4 Trabaja en grupo. Lee las preguntas y elige las respuestas.

¡Aprueba este test de los números!

1 ¿En qué año tuvo lugar la Copa Mundial de fútbol en Brasil?
a dos mil dieciocho **b** dos mil catorce **c** dos mil diez

2 ¿Cuál es la distancia de un maratón?
a veintiséis mil metros **b** treinta mil trescientos ochenta y cinco metros
c cuarenta y dos mil ciento noventa y cinco metros

3 ¿Cuántos habitantes tiene Ciudad de México?
a alrededor de 9 millones **b** más de 10 millones **c** unos 20 millones

4 ¿En qué siglo se inventó el cine?
a a principios del siglo veinte **b** a finales del siglo diecinueve
c en el siglo dieciocho

5 ¿Hace cuántos años tuvieron lugar los primeros Juegos Olímpicos en Grecia?
a más de dos mil setecientos años **b** mil años **c** ciento veinticinco años

6 ¿Cuántos jugadores hay en un equipo de fútbol americano?
a 15 **b** 20 **c** 45

7 ¿Cuántos días hay en el mes de marzo?
a 31 **b** 30 **c** 28

8 ¿Cuánto mide el puente de Milau en Francia?
a dos mil cuatrocientos sesenta metros **b** tres mil quinientos metros
c cuatro mil setecientos metros

9 ¿De qué altura es el edificio Burj Khalifa de Dubái?
a quinientos metros **b** seiscientos noventa y cinco metros
c ochocientos veintiocho metros

10 ¿Cuál es el récord mundial del mayor número de palabras en una canción?
a más de dos mil quinientas **b** más de dos mil **c** más de mil quinientas

5 Escucha y comprueba las respuestas. 🎧 91

6 Trabaja en grupo. Escribe cinco preguntas y apunta las respuestas.

- ¿En qué año tuvo lugar la Copa Mundial de fútbol/los Juegos Olímpicos en ...?
- ¿Cuántos habitantes tiene ... ?
- ¿En qué siglo se inventó ...?

7 Trabaja en grupo. Haz las preguntas a la clase.

8.2 Prefiero estas

1 ¿Cuántas cosas en la foto puedes nombrar?

Objetivos
- Talk about what to take on an expedition
- Understand advice about clothes and equipment
- Use demonstrative pronouns

la bolsa
la botella
los calcetines
la camiseta
la chaqueta de plumas
la chaqueta impermeable
    (el chubasquero)
las gafas (de sol)
el gorro
los guantes
la linterna frontal
la mochila
el móvil
los pantalones
los pantalones cortos
el reloj deportivo
el sombrero
la sudadera
la sudadera con capucha
las zapatillas

2 Escucha y comprueba. 🎧 92

3 Escucha. Laura va de excursión. ¿Qué le aconseja llevar su hermano? 🎧 93

4 Escucha otra vez. ¿Por qué le aconseja llevar estas cosas? 🎧 93

porque	para
va a hacer ...	montar la tienda
calor/sol/frío/buen tiempo/mal tiempo	ver el mapa
va a ...	llamar si hay una emergencia
llover/hacer viento/nevar	llevar ...
es ...	el dinero/las llaves/el móvil/
importante/práctico/útil	la crema solar

5 ¿Qué vas a llevar? Escribe dos listas.

1
> Vas a hacer una excursión a la montaña.
> Es invierno. Va a hacer frío y puede llover.
> Tu mochila es bastante pequeña y solo puedes llevar 12 cosas.

2
> Vas a hacer una excursión a la costa.
> Es verano. Va a hacer calor.

6 Trabaja en grupos. Compara y justifica las listas.

7 Completa las frases.

> este   aquellos   esta   aquellas   esos

1 Me gustan esos pantalones negros, pero prefiero _____ de allí porque son más prácticos.

2 Aquélla chaqueta te queda muy bien, pero creo que _____ te va mejor.

3 ¿Vas a llevar los guantes de esquí o _____ que son más ligeros?

4 Aquel sombrero es elegante pero creo que _____ va a protegerte más del sol.

5 Estas sudaderas son bonitas pero _____ son mejores porque tienen capucha.

Gramática

Use demonstrative pronouns to indicate particular items. They agree with the noun they replace.

this/these			
este	esta	estos	estas
that/those			
ese	esa	esos	esas
that/those (further away)			
aquel	aquella	aquellos	aquellas

No me gustan esas zapatillas.
Prefiero aquellas.

¿Más? → Grammar p. 226

8 Túrnate con tu compañero/a. Pregunta y contesta.

- ¿Te gusta este sombrero o prefieres ese/aquel?
- Prefiero este porque ese/aquel sombrero no va a protegerme del sol.

8.3 No olvides el chubasquero

Objetivos
- Understand an article about planning an expedition
- Plan an expedition
- Use imperatives in the *tú* form

1 Escucha y lee. Busca esta información en el texto. 🎧 94

1 cuatro razones para hacer senderismo
2 cuatro condiciones meteorológicas inapropiadas para ir de excursión
3 información para dar a tu familia sobre la ruta
4 lo que llevas para evitar picaduras
5 algo de beber y de comer
6 qué ponerte en los pies
7 qué ponerte en la cabeza
8 la razón para llevar una chaqueta impermeable
9 el número de teléfono para emergencias
10 un consejo importante para cuidar a los compañeros en una excursión

Caminar con amigos al aire libre, respirar aire puro, estar en contacto con la naturaleza y disfrutar de paisajes preciosos son algunos de los motivos para ir de excursión. Pero hay que prepararse bien. Lee nuestros consejos para una excursión de éxito.

¿Qué tiempo va a hacer?

Mira los sitios web que te dirán el pronóstico del tiempo. Si hay la posibilidad de tormentas, lluvias torrenciales, mucho viento o nieve, cancela la salida y aplázala para otro día.

Planifica la ruta

Infórmate bien antes de decidir qué ruta vais a hacer. Es importante elegir una ruta adecuada. Hay rutas muy exigentes que pueden ser peligrosas si no estás preparado. No elijas una ruta porque un conocido la haya hecho o por una foto. Mírala en el mapa y lee información sobre ella. Antes de salir, di a tu familia adónde vas a ir y a qué hora aproximadamente volverás. Si es necesario, ten en cuenta las alternativas más cortas o date la vuelta.

¿Qué debes llevar?

Aunque tu excursión sea corta, vale la pena una mochila para llevar las cosas esenciales: un mapa, una brújula, crema solar, una linterna frontal, ropa de abrigo, desinfectante y tiritas, repelente de insectos y pomada para aliviar las picaduras. Hay que llevar agua: un mínimo de 1 litro por persona por día. También debes tener comida. Llévate un bocadillo, barras de energía y fruta.

¿Qué me pongo?

Lleva ropa cómoda y lleva calzado apropiado para la ruta: botas o zapatillas deportivas de treking. Hay que proteger la cabeza con una gorra o un sombrero en verano y en invierno con un gorro de lana. No olvides el chubasquero porque si te mojas, te enfrías rápidamente.

En caso de emergencia

Lleva el móvil con la batería cargada al 100%. A pesar de que pueda faltar cobertura en la montaña, puedes llamar al 112 y este número cogerá la cobertura que haya. Hay aplicaciones útiles para el móvil que ayudan a los servicios de emergencia a localizarte según las coordenadas que les mandas.

Además, recomendamos ...

- Evita salir solo a la montaña. El número mínimo recomendado es de tres personas.
- No te separes de los compañeros ni dejes a nadie solo.
- Si vas en grupo o con un club, sigue las instrucciones de los guías en todo momento.

2 Escucha. Empareja las instrucciones y los consejos. 🎧 95

1 No te olvides de
2 Dinos la ruta que
3 Lleva el chubasquero
4 Ponte el sombrero
5 Carga la batería del móvil
6 Acuéstate temprano porque
7 No salgas de casa sin
8 No os preocupéis porque

a al 100%.
b darnos un beso.
c llevar agua y algo de comer.
d mañana vas a caminar mucho.
e para protegerte del sol.
f para que no te mojes.
g tengo todo controlado.
h vais a hacer.

3 **Completa las frases con los imperativos de la segunda persona singular.**

1 (Levantarse) _Levántate_ a tiempo para desayunar antes de ir al colegio.

2 En un examen, (leer) _____ las preguntas con cuidado antes de contestarlas.

3 No (mirar) _____ mensajes en el móvil durante las clases.

4 (Hacer) _____ un esfuerzo para entender las asignaturas que encuentras difícil.

5 No (hacer) _____ los deberes de prisa porque puedes hacer errores.

6 (Tener) _____ en cuenta lo que te dije.

7 No (salir) _____ de casa sin decir a tus padres adónde vas.

8 No (olvidarse) _____ de llevar crema solar cuando vas a la playa.

9 (Llevar) _____ una botella de agua cuando sales en bici en verano.

4 **Escribe consejos. Elige las opciones apropiadas para dar tu opinión.**

Lee bien las instrucciones antes de	preparar la receta/tomar la medicina/montar la tienda/hacer el exámen
No hables	mal de los demás/cuando el profesor está explicando la lección/en voz alta en el móvil en el tren
No salgas de casa sin	peinarte/el móvil/el monedero/las llaves/las gafas
No te olvides de	cepillarte los dientes/hacer los deberes/apagar las luces/ducharte después de hacer deporte/llevar el casco cuando vas en bici
No te pongas nunca	el pijama para ir al súper/las gafas de sol cuando sea de noche/una camisa naranja y unos pantalones color de rosa
Ten en cuenta que	tus padres eran jóvenes (hace unos años)/aprender un idioma te ayudará a viajar por el mundo en el futuro
Haz un esfuerzo para	aprender algo nuevo/leer más libros/sonreír cuando estás de mal humor/comer menos azúcar/ir de excursión más a menudo

5 **Trabaja con tu compañero/a. Compara vuestros consejos.**

6 **Trabaja en grupo. Prepara una excursión y presenta el plan.**

- ¿Cuándo iréis?
- ¿Qué ruta vais a hacer?
- ¿A qué hora saldréis?
- ¿Cuánto tiempo durará?
- ¿Qué tiempo va a hacer?

- ¿Qué hay que llevar?
- ¿Qué información debéis dar a vuestras familias?
- ¿Qué otros consejos e instrucciones daréis a los excursionistas?

8.4 Espere un momento

Objetivos
- Understand recorded instructions and messages
- Give instructions
- Use imperatives in the *usted* form

1 Escucha. ¿Dónde se oye cada instrucción? (1–7)

a	en el aeropuerto	**e**	en el metro
b	en el tren	**f**	en el teléfono
c	en la calle	**g**	en una clínica
d	en el avión		

2 Relaciona las instrucciones con los sitios (a–g) de la Actividad 1.

1 No se preocupe. Está cerca. Vaya usted todo recto por esta calle.

2 Prepárense a bajar.

3 Embarquen por la puerta veintiuno.

4 Pulse uno.

5 Pasen ustedes y siéntense aquí.

6 Bajen el volumen de sus teléfonos móviles durante el viaje.

7 Mantenga abrochado su cinturón de seguridad.

3 Lee las frases de la Actividad 2 otra vez. ¿Cómo las dirías en tu idioma?

4 Elige las opciones correctas para dar instrucciones de *usted/ustedes*.

1 Por favor, **pasa / pase** y **siéntese / siéntate**.

2 **Espera / Espera** un momento.

3 No **corren / corran** en los pasillos.

4 Para llegar a Correos, **doblen / doblan** a la derecha y **siguen / sigan** todo recto.

5 No se **bañe / baña** cuando se ve la bandera roja.

6 Por favor, **apaguen / apagan** sus móviles durante el concierto.

7 **Cruze / Cruza** la calle en los semáforos o en el cruce de peatones.

8 Señores pasajeros, por favor **permanecen / permanezcan** sentados hasta que el avión se detenga totalmente.

Gramática

Imperatives for *usted* and *ustedes*, both affirmative and negative, are the same as the present subjunctive for the third person singular and plural.

Baje el volumen.

Reflexive pronouns go before the verb in the affirmative and after it for negatives.

Pasen ustedes y siéntense aquí, por favor.

No se preocupe.

¿Más? → Grammar pp. 232–233

5 **Lee el test. Elige las instrucciones correctas.**

www.lacarretera…

1 Una señal redonda con un círculo rojo y un número en el centro dice:

   a conduzca a una velocidad mínima.

   b reduzca su velocidad a este límite.

   c vaya despacio.

2 Las señales triangulares dicen:

   a ceda el paso a los animales.

   b pare en los semáforos.

   c prepárese a parar porque hay posibles peligros adelante.

3 Esta señal cuadrada con dos flechas indica:

   a ceda el paso a peatones.

   b proceda usted adelante porque tiene prioridad.

   c no siga recto.

6 **Completa las conversaciones. Escucha y comprueba. (1–3)**

> baje   cruzen   doblen   espere   pase   perdone   pulse   salgan   sigan   suba

- Por favor, ¿nos podría decir cómo llegar a la Plaza Mayor?
- Sí, no está lejos. **1** _____ de aquí y **2** _____ a la derecha. **3** _____ la calle en los semáforos y **4** _____ todo recto, La Plaza está al final.
- Muchas gracias.
- De nada.

- Buenos días.
- Buenos días.
- Quisiera hablar con la directora.
- **5** _____ usted un momento. Voy a buscarla.
- Gracias.
- La directora está en su oficina. **6** _____ usted y **7** _____ la escalera. La oficina es la primera puerta a la derecha.

- **8** _____, señora. Me podría decir donde bajo para ir al centro commercial.
- Sí, claro. **9** _____ usted en la próxima parada.
- ¿El autobús se para en todas las paradas?
- Normalmente sí, pero **10** _____ el botón para estar seguro.

7 **Elige y escribe una conversación.**

1 Estás trabajando en una tienda en tu ciudad. Unos señores españoles te preguntan cómo llegar de la tienda a la estación.

2 Estás haciendo prácticas laborales de recepcionista en una oficina. Un señor español llega para una cita con el director.

3 Estás en el metro o el autobús en tu ciudad y una señora española te pregunta dónde tiene que bajar para ir al centro.

8 **Túrnate con tu compañero/a. Lee la conversación.**

8.5 Colaborar y aprender

Objetivos
- Talk about volunteering
- Prepare and give a presentation
- Use the conditional

1 **Lee el artículo. Contesta las preguntas.**

¿Te gustaría colaborar en proyectos medioambientales, hacer de voluntario para ayudar a los demás o desarrollar tus propias habilidades artísticas o deportivas? A continuación te ofrecemos algunas sugerencias para vivir nuevas experiencias.

Si te interesa la naturaleza, participar en una campaña de conservación sería una buena opción para ti. Hay distintas tareas que podrías realizar: plantar y sembrar árboles y arbustos para la conservación forestal; mejorar los hábitats para proteger las especies amenazadas y recoger basura para limpiar las playas y las orillas de los ríos. Trabajarías mucho y no ganarías dinero pero ayudas a proteger el planeta y disfrutas de la naturaleza.

Hacer de voluntario en el extranjero o en tu propio país es una buena forma de adquirir experiencia de distintos tipos de trabajo, de desarrollar tus habilidades personales y de aprender a trabajar en equipo. Si te gusta trabajar con niños, puedes hacer de monitor en un campamento de verano. Ayudarías en actividades deportivas y creativas como senderismo y orientación, fotografía, astronomía, piragüismo, tiro con arco, rutas en bici y talleres de reciclaje.

Por otra parte, si te interesan las artes escénicas, podrías inscribirte en un campamento de las artes donde harías clases y talleres de danza, teatro, música, cine y dibujo. Sería una oportunidad educativa para desarrollar tus talentos artísticos. Durante el campamento, los estudiantes preparan espectáculos que combinan lo que han aprendido, de modo que se viva la experiencia educativa.

Para los aficionados al deporte, hay muchos campamentos deportivos donde puedes mejorar tu técnica en fútbol, baloncesto, tenis, natación, artes marciales, surf o en montar a caballo.

Hay un sinfín de posibilidades, de manera que puedes elegir las actividades voluntarias y educativas que te interesan más.

1 ¿Qué tipo de tareas haces en una campaña de conservación?

2 Según el artículo, ¿cuáles son las ventajas de colaborar en una campaña de conservación?

3 ¿Cuáles son las desventajas?

4 ¿Cuáles son los beneficios de hacer de voluntario?

5 ¿Qué hacen los monitores en un campamento de verano?

6 ¿Qué haces en un campamento de las artes?

7 ¿Para qué vas a un campamento deportivo?

2 **Escribe los verbos en condicional.**

1 (**preferir**) _____ trabajar al aire libre más que en una oficina.

2 Me (**gustar**) _____ más plantar árboles que recoger basura.

3 En un campamento de verano, (**hacer**) _____ muchas actividades y te lo (**pasar**) _____ bomba.

4 En un campamento de artes, los estudiantes (**tener**) _____ la oportunidad de participar en un espectáculo de música y baile.

5 Te (**encantar**) _____ ir a un campamento deportivo porque (**poder**) _____ jugar al fútbol y practicar otros deportes todos los días.

Gramática

The conditional is used to talk about what you would do. It is formed by adding the endings –ía, –ías, –ía, –íamos, –íais, –ían to the infinitive.

Trabajarías mucho y no ganarías dinero.

Verbs which are irregular have the same stem as irregular future verbs:
hacer → **haría**, poder → **podría**, salir → **saldría**, tener → **tendría**, etc.

Podrías inscribirte en un campamento de las artes donde. Harías clases y talleres de danza

¿Más? → Grammar p. 233

3 **Escucha. ¿Qué les gustaría hacer? (1–3)**

1 A Mauricio le gustaría	**a** hacer de voluntario
2 A Alba le gustaría	**b** hacer un curso en un campamento de las artes
3 A Pablo le gustaría	**c** ser monitor en un campamento de verano
	d colaborar en un proyecto social o de conservación
	e hacer actividades divertidas
	f trabajar en algo relacionado con la música en el futuro

4 **Escucha otra vez. ¿Por qué quieren hacerlo?**

1 Mauricio	**a** sería una experiencia muy interesante
2 Alba	**b** le ayudaría a conseguir un empleo en el futuro
3 Pablo	**c** aprendería mucho y mejoraría sus habilidades artísticas
	d trabajaría en equipo con gente de su edad
	e haría algo que valdría la pena
	f le encanta la música y el baile

5 **Túrnate con tu compañero/a. Pregunta y contesta.**

- ¿Haces de voluntario en tu pueblo, tu barrio o tu colegio? ¿Qué haces?
- ¿Te gustaría colaborar en una campaña social o de conservación? ¿Por qué?/¿Por qué no?
- ¿Preferirías hacer de voluntario en tu país o en otro país? ¿Por qué?
- ¿Qué tipo de trabajo voluntario te gustaría hacer?
- ¿Cuáles son, para ti, las ventajas de hacer de voluntario? ¿Y las desventajas?
- ¿Te interesaría ir a un campamento de las artes o preferirías ir a un campamento deportivo? ¿Por qué?

> ayudar a los ancianos
> colaborar en eventos deportivos
> cuidar parques, jardines y senderos
> dar apoyo escolar a niños
> distribuir comida en un comedor
>   comunitario
> limpiar las playas o las orillas de los ríos
> participar en campañas de reciclaje
> recoger basura
> trabajar en un refugio de mascotas
>   abandonadas

6 **Trabaja en grupo. Elige un tema y prepara una presentación.**

> Un proyecto o una campaña en España o en Latinoamérica en los que podrías hacer de voluntario.

> Un campamento de las artes o de los deportes en España o Latinoamérica.

1 Buscar información y fotos en Internet.

2 Escribir la información para la presentación.

3 Dividir las secciones de la presentación para que todos los miembros del grupo participen.

4 Dar la presentación a la clase.

5 Pedir preguntas de la clase y contestarlas.

Paraísos para los caminantes

La mejor manera de conocer un país es caminando y más si te gusta la naturaleza. En Perú hay rutas fenomenales para trekking. Puedes caminar por los Andes entre paisajes espectaculares con vistas de bosques, volcanes, ríos, cataratas, glaciares y picos nevados, que se extienden hasta perderse en la inmensidad del desierto. Hay más de 12 000 lagunas y se encuentran también los cañones más profundos del planeta.

La ruta más conocida es el Camino Inca. Es un camino pavimentado de piedra que fue diseñado y construido hace más de 600 años como una ruta de peregrinación para llegar a Machu Picchu. Hoy en día, más de 6000 excursionistas de todo el mundo recorren los 43 kilómetros cada año para llegar a este lugar sagrado de los Incas. La zona más alta del recorrido está a 4200 metros sobre el nivel del mar. Para subir por esta ruta, hay que ir con cuidado y acostumbrarse a la altura poco a poco. Los excursionistas más valientes y aventureros suben a pie y duermen en campings, una excursión de 4 o 5 días. Sin embargo, hay también viajes para turistas que prefieren subir a Machu Picchu en menos de dos horas, en tren.

1 Busca la palabra para cada dibujo en el texto.

1

2

3

4

5

6

2 ¿A qué en el texto se refieren estos números?

1 doce mil
2 seiscientos
3 seis mil
4 cuarenta y tres
5 cuatro mil doscientos
6 cuatro o cinco
7 dos

DONEJAKUE BIDEA
CAMINO DE SANTIAGO

A buscar

Lee sobre las distintas rutas para llegar a Santiago de Compostela. Decide cuál sería más interesante y por qué.

Desde el siglo once, peregrinos de muchas partes de Europa han caminado por rutas que atravesan Francia y el norte de España para llegar a la catedral de Santiago de Compostela, en el noroeste de España. Se puede ir a pie, en bicicleta o a caballo. Los caminantes se alojan en albergues que se encuentran a lo largo del camino. Hay varias rutas distintas para llegar a Santiago y cada año más de 100 000 caminantes hacen esta peregrinación. En el camino encontrarás a personas de todas las edades, desde niños a ancianos. Hay que tomarse tiempo para disfrutar del entorno y para dialogar con otros peregrinos. Cada uno tiene su propia razón para hacer el viaje.

Conexiones

¿Cuál es la diferencia entre hacer trekking y hacer un peregrinaje?

¿Preferirías hacer el Camino Inca a Machu Picchu o el Camino de Santiago? ¿Por qué?

Lo mismo ...

En Perú el 85 % de los habitantes hablan castellano (español) pero hay unos ocho millones de peruanos que hablan quechua, la lengua de los incas. También se habla aymara, otro idioma antiguo de los Andes, y varias otras lenguas indígenas.

En Galicia se habla castellano y gallego. El gallego es el idioma de la región de Galicia. Es más parecido al portugués que al castellano.

pero diferente

3 **Marca las frases que son falsas y corrígelas.**

1 Hace quinientos años que hay peregrinos que caminan a Santiago de Compostela.

2 El camino termina en el noroeste de España.

3 Todos los peregrinos van a pie.

4 Más de cien mil peregrinos al año hacen el camino.

5 Es una ruta apta para todas las edades.

6 Es mejor ir de prisa para no aburrirse en el viaje.

Repaso

1 Escucha. Escribe el orden de las frases. (1–2) 🎧 99

1 **a** Espere un momento. **2** **a** Come algo.
    b No se preocupe.   **b** Despiértate.
    c Pase.   **c** Levántate.
    d Siéntese.   **d** No salgas sin …
    e Suba usted.

2 Escribe instrucciones para cada señal.

> Dobla a la   Cruza en   Sube la   Sigue   Ponte
> derecha   el cinturón de seguridad   el paso de peatones   escalera   izquierda   recto

1    **2**    **3**

4    **5**    **6**

1 Dobla a la izquierda.

3 Escribe las instrucciones de la Actividad 2 para hablar de usted.

4 Completa el texto.

> asegúrate   bolsas   cocinar   cómoda
> cuenta   fuego   insectos   olvides   verano

Ten en **1** _____ algunos aspectos importante para hacer camping.

Además de la tienda y el saco de dormir, no te olvides de llevar utensilios para **2** _____: una pequeña cocina de gas, una olla y una sartén. También te harán falta platos, cubiertos y vasos. Vale la pena tener algunas **3** _____ de plástico para guardar la basura.

Llévate un pequeño botiquín de primeros auxilios: repelente de **4** _____ y tiritas, etc. No te **5** _____ de llevar jabón y pasta de dientes.

Busca un camping cerca del sitio que quieres visitar. Si quieres hacer acampada libre, **6** _____ de que está permitido. Pon la tienda en un sitio alto, a la sombra y bien nivelado. No hagas ningún **7** _____ y así evitarás peligros.

Lleva ropa **8** _____ y apropiada para la estación. Llévate algo de abrigo incluso en **9** _____ porque por la noche puede hacer fresco.

5 **Túrnate con tu compañero/a. Pregunta y contesta.**

- Imagina que vas a ir de excursión. ¿Qué harías antes de ir?
- ¿Con quién irías?
- ¿Adónde te gustaría ir?
- ¿Qué tipo de ropa y zapatos te pondrías? ¿Por qué?
- ¿Qué llevarías en la mochila?
- ¿Te gustaría hacer camping o preferirías dormir en un albergue?
- ¿Qué harías si hubiera un accidente u otra emergencia?

6 **Escribe un resumen de tu conversación. Contesta las preguntas de la Actividad 5.**

¿Cómo te va?

Lee y copia para hacer una lista de verificación. Piensa y decide para cada objetivo: **Muy bien, Más o menos, Mal.** Repasa para mejorar.

	Muy bien	Más o menos	Mal
• usar expresiones con *tener*			
• usar expresiones relacionadas con los números y las matemáticas			
• enterarme de las rutas para caminar en España			
• entender y hablar de números, años y siglos			
• participar en un quiz sobre los números			
• decidir qué llevar para ir de excursión			
• usar pronombres demostrativos			
• dar y entender instrucciones y consejos hablando de *tú*			
• planear una excursión			
• dar y entender instrucciones y consejos hablando de *usted*			
• leer un artículo sobre proyectos de voluntariado y campamentos de verano			
• hablar de las ventajas y desventajas de hacer de voluntario			
• usar verbos en el condicional			
• escribir y dar una presentación			
• leer sobre dos rutas famosas: el Camino Inca y el Camino de Santiago			

Para mejorar

Think of how ideas are expressed in Spanish to avoid translating word for word from your language. To help with speaking and writing, remember phrases and expressions you've learnt. To extend your vocabulary, look at articles and blogs on the internet connected with the topics you want to talk and write about. Note down useful expressions to use.

Palabras y frases – Unidad 8

Las medidas — Measurements

el grado	degree
el gramo	gram
el kilogramo	kilogram
el litro	litre
el metro	metre
el kilómetro	kilometre
alto/a	high/tall
bajo/a	short
enorme	enormous
grueso/a	thick
¿De qué altura es ... ?	How high is ... ?
la cima	top, summit

Expresiones con tener — Expressions with tener

Tengo calor.	I'm hot.
Tengo éxito.	I'm successful.
Tengo frío.	I'm cold.
Tengo hambre.	I'm hungry.
Tengo miedo.	I'm scared.
Tengo prisa.	I'm in a hurry.
Tengo razón.	I'm right.
Tengo sed.	I'm thirsty.
Tengo sueño.	I'm sleepy.
Tengo suerte.	I'm lucky.

Números — Numbers

cien	100
ciento uno	101
doscientos/as	200
quinientos/as	500
mil	1000
mil uno	1001
medio millón	500,000
unos/unas	around/approximately
unos mil alumnos	around 1000 students
(hasta) un millón	(up to) 1,000,000
dos millones	2,000,000
(veintinueve) por ciento	(29%)
cien por cien	100%
un tercio	1/3
un cuarto	1/4
un montón/mucho	lots
una gran cantidad de	a large amount of
el doble de	double
la mitad de	half
el total de	total
más de	more than
exacto/a	exact
alrededor de	about
casi	almost
ambos/as	both
bastante/suficiente	enough
demasiado/a	too much

poco	not enough, a litle
el máximo	most
la mayoría	the majority
el minoría	the minority
¿Cuánto/a?	How much?
¿Cuántos/as?	How many?
¿Cuánto cuesta(n)?	How much is/are?
a principios del siglo	at the beginning of the century
a finales del siglo	at the end of the century

Las excursiones — Excursions

el camino	path/track
el estado físico	physical state
el estado de ánimo	state of mind
la naturaleza	nature
la ruta	route
el senderismo	hiking
ir de excursión	to go on a trip/ excursion
mejorar	to improve
ponerse en forma	to get fit
recorrer	to cover/do (distance)
corto/a	short
largo/a	long
señalizado/a	sign-posted

El equipamiento/ equipo — Equipment

la bolsa	bag
la botella	bottle
los calcetines	socks
la camiseta	t-shirt
la chaqueta de plumas	padded jacket
la chaqueta impermeable /el chubasquero	waterproof jacket
la crema solar	sun cream
las gafas (de sol)	sunglasses
el gorro	cap
los guantes	gloves
la linterna frontal	head torch
la llave	key
la mochila	backpack
el móvil	mobile phone
los pantalones	trousers
los pantalones cortos	shorts
el reloj deportivo	sports watch
el sombrero	hat
la sudadera	sweatshirt
la sudadera con capucha	hoodie
las zapatillas	trainers

Los consejos	Advice
el prognóstico del tiempo	weather forecast
adecuado/a	appropriate
exigente	demanding/difficult
importante	important
peligroso/a	dangerous
práctico/a	practical
útil	useful
cargar	to charge (a battery)
cuidar	to look after
evitar	to avoid
informarse	to find out/get information
llevar (la crema solar)	to bring (suncream)
llevar (ropa cómoda)	to wear (comfortable clothing)
montar la tienda	to put up the tent
olvidar	to forget
ponerse	to put on
salir	to go out
ver el mapa	to look at the map
volver	to return/come back
vale la pena	it's worth
va a (hacer frío)	it's going to (be cold)

Instrucciones	Instructions
Apague su móvil.	Switch off your phone.
Baje el volumen.	Turn the volume down.
Ceda el paso.	Give way.
Conduzca a una velocidad mínima.	Drive
Cruce la calle.	Cross the road.
Doble a la derecha/ izquierda	Turn right/left.
Espera un momento.	Wait a moment.
Haz un esfuerzo para ...	Make an effort to ...
Pare en los semáforos.	Stop at the traffic lights.
Pase.	Come through.
Permanezca sentado.	Remain seated.
Prepárese a bajar.	Get ready to get off.
Pulse el botón.	Press the button.
Reduzca su velocidad.	Reduce your speed.
Siga todo recto.	Go straight on.
Siéntate.	Sit down.
Suba la escalera.	Go up the stairs.
Ten en cuenta que ...	Bear in mind that ...
Vaya despacio.	Go slowly.
No corra en los pasillos.	No running in the corridors.
No se bañe.	Don't swim.
sin	without
la salida	departure
de éxito	successful
el círculo/redondo/a	circle/round
el cuadrado/cuadrado/a	square/square (adj)
el triángulo/triangular	triangle/triangular

Voluntariado	Volunteering
hacer de voluntario	volunteer/work as a volunteer
ayudar a los ancianos	help the elderly
colaborar en eventos deportivos	collaborate in sports events
cuidar parques, jardines y senderos	look after parks, gardens and paths
dar apoyo escolar a niños	help schoolchildren
distribuir comida en un comedor comunitario	hand out food in a community kitchen
limpiar las playas o las orillas de los ríos	clean beaches or river banks
participar en campañas de reciclaje	take part in recycling campaigns
recoger basura	collect rubbish
trabajar en un refugio de mascotas abandonadas	work at an animal shelter

Geografía	Geography
el bosque	wood
el cañón	canyon
la catarata	waterfall
el desierto	desert
el glaciar	glacier
la laguna	lagoon
el pico	peak
el río	river
el volcán	volcano
nevado/a	snowy

Escuchar

1 Vas a oír una conversación entre Isabel y su primo Alejandro. Isabel habla de lo que hizo para celebrar el fin de curso. La conversación está dividida en dos partes.

Hay una pausa durante la conversación.

Primera parte: Preguntas 1–5.

Vas a escuchar la primera parte de la conversación dos veces. Para las preguntas 1–5 indica tu respuesta escribiendo una X en la casilla correcta (A–C).

Ahora tienes unos segundos para leer las preguntas 1–5. 🎧100

1 Isabel y sus amigos decidieron salir juntos …

   A una tarde ☐

   B un domingo ☐

   C un fin de semana ☐ [1]

2 Para tener dinero para su celebración decidieron …

   A trabajar los fines de semana ☐

   B ahorrar la paga ☐

   C pedir el dinero a sus padres ☐ [1]

3 Fueron …

   A a la montaña ☐

   B al extranjero ☐

   C a la costa ☐ [1]

4 Durante su estancia …

   A escucharon música ☐

   B se bañaron en el mar ☐

   C jugaron en la playa ☐ [1]

5 Fue difícil montar la tienda en el camping porque …

   A hacía mucho viento ☐

   B estaba muy oscuro ☐

   C no sabían hacerlo ☐ [1]

[PAUSA]

Vas a escuchar la segunda parte de la entrevista dos veces. Para las Preguntas 6–9 indica tu respuesta escribiendo una X en la casilla correcta (A–C).

6 El primer día …

   A hacía buen tiempo ☐

   B hacía frío ☐

   C hubo mucha lluvia ☐ [1]

7 Isabel tenía una chaqueta impermeable pero …

   A no era de su talla ☐

   B le quedaba muy grande ☐

   C no se la ponía ☐ [1]

8 Comieron …

A solo hamburguesas y heladas ☐

B comida muy variada ☐

C lo que cocinaron ellos en el camping ☐ [1]

9 El año que viene, Isabel y sus amigos …

A volverán al mismo sitio ☐

B piensan ir a otro país ☐

C irán a otro festival de música ☐ [1]

[Total: 9]

2 Vas a oír a dos jóvenes, Lucía y Sergio, hablando del trabajo. Vas a oír la conversación dos veces.
Hay dos pausas durante la entrevista.
Para cada pregunta indica tus respuestas escribiendo una X en las dos casillas correctas (A–E).
Ahora tienes unos segundos para leer las preguntas.

1 A Hace mucho que Lucía no ha vista a Sergio. ☐

B Sergio está trabajando en una tienda en el centro de la ciudad. ☐

C El trabajo es para tres meses. ☐

D Sergio se lleva bien con sus compañeros. ☐

E Sergio vende televisores y videoconsolas. ☐ [2]

[PAUSA]

2 A Sergio gana menos que ganaría en otras tiendas. ☐

B Le gustaría trabajar de dependiente en el futuro. ☐

C Cree que la experiencia del trabajo será útil en el futuro. ☐

D En septiembre irá de viaje. ☐

E Va a ir de vacaciones en invierno. ☐ [2]

[PAUSA]

3 A Sergio va a buscar otro trabajo para el año que viene. ☐

B Le gustaría trabajar de cocinero en una hamburguesería. ☐

C Una desventaja es que Sergio no habla ni inglés ni francés. ☐

D Los clientes no serían tan agradables como en la tienda de electrónica. ☐

E Es probable que el salario en el restaurante fuera más bajo que en la tienda. ☐ [2]

[PAUSA]

[Total: 6]

Leer

3 **Lee el texto. Contesta las preguntas en español.**

> Hola Esteban,
>
> Desde que lo vi por televisión cuando tenía solo 5 años, siempre había querido participar en el Maratón de Barcelona. Me queda un año para poder correr, sin embargo, a partir de los 17 años, se puede hacer de voluntario. Así que decidí pedir puesto en la carrera de este año.
>
> Rellené los datos necesarios en el sitio web del Maratón y al poco rato me llamaron para una entrevista. Me explicaron que los voluntarios no reciben ninguna recompensa financiera pero se les dan bocadillos y agua. Los voluntarios reciben también una camiseta gratis. Después de una semana, recibí un mensaje diciendo que me habían seleccionado y que tenía que asistir a un breve curso para explicar las tareas y las responsabilidades.
>
> La noche antes de la carrera, casi no dormí por los nervios y por la ilusión. Me levanté antes de las seis y a las siete y media, llegué a mi puesto. A las nueve y media, pasaron los primeros atletas. Mi tarea consistía en ofrecer botellas de agua a los corredores. Los primeros tomaron el agua y se fueron rápidamente, sin decir nada. Los corredores más lentos se pararon a beber y algunos a charlar un poco. Había que animar a los últimos que venían ya casi agotados.
>
> Trabajé desde las nueve de la mañana hasta las cinco de la tarde. Llegué a casa hecha polvo pero muy feliz.
>
> Valentina

1 ¿Qué vió Valentina en la televisión cuando era muy joven?

_____ [1]

2 ¿Cuántos años tiene ahora?

_____ [1]

3 ¿A qué edad se puede competir en el Maratón de Barcelona?

_____ [1]

4 ¿Qué reciben los que hacen de voluntarios en el Maratón?

_____ [1]

_____ [1]

5 ¿Cómo aprendió Valentina lo que tendría que hacer el día de la carrera?

_____ [1]

6 ¿Por qué Valentina no podía dormir la noche antes del Maratón?

_____ [1]

7 ¿Cuánto tiempo tuvo que esperar hasta que pasaron los corredores más rápidos?

_____ [1]

8 ¿Qué tenía que hacer Valentina?

_____ [1]

9 ¿Cuáles de los atletas no hablaron con Valentina?

_____ [1]

10 ¿Cómo ayudó a los corredores muy cansados?

_____ [1]

11 ¿Cómo se sentía Valentina al final del día?

_____ [1]

[Total:12]

4 **Lee el texto. Contesta las preguntas en español.**

Me llamo Santiago y quiero contarles como descubrí que es posible sobrevivir sin la tecnología digital.

El mes pasado, para saber si estaba realmente adicto a la tecnología, decidé intentar pasar siete días sin usar ningún aparato digital. Así que, durante una semana, cerré las redes sociales, quité las aplicaciones del móvil y solo usaba el portátil para hacer los deberes. Además, ni me acercaba a la videoconsola.

El primer día, me sentí un poco raro. No sabía qué hacer por la mañana al desayunar. Cuando traté de conversar con mis hermanos y mis padres, todos me miraron con sorpresa, ya que normalmente no digo nada.

Durante al día, mientras estaba en clase, podía olvidarme del experimento. Sin embargo, al llegar a casa empezé a sentirme un poco desconectado del mundo. No había más remedio que ponerme a estudiar en vez de mandar y recibir mensajes o ver fotos y vídeos. Mi hermano menor se puso contento cuando quité la mesa después de cenar porque es la tarea que normalmente le toca a él. Luego pasé un rato con mis padres y vimos las noticias en la televisión.

Poco a poco, iba acostumbrándome al cambio de rutina. Me di cuenta de que normalmente malgastaba bastante tiempo en línea, y que podía concentrarme mejor en los estudios sin distraerme con el móvil o la tableta. Pero por otra parte, no sabía cómo contactar con los amigos y esto me ponía nervioso. Imaginaba que ellos tendrían planes para el fin de semana y que me quedaría solo, sin saber qué hacer. Cuando expliqué a mis padres que estaba preocupado por eso, me contestaron que antes, cuando no existían ni los móviles ni la red, simplemente hablabas con los amigos después de clase y decidías cuándo y dónde quedar.

1 ¿Qué hizo Santiago hace un mes?

_____ [1]

2 ¿Por qué lo hizo?

_____ [1]

3 ¿Qué aparato electrónico usó durante el experimento?

_____ [1]

4 ¿Para qué lo usó?

_____ [1]

5 ¿Qué diferencia notaron sus padres y sus hermanos el primer día?

_____ [1]

6 ¿Era más fácil adaptarse al experimento en casa o en el colegio?

_____ [1]

7 ¿Quién suele quitar la mesa después de cenar en casa de Santiago?

_____ [1]

8 ¿Qué ventaja descubrió Santiago con el cambio de rutina?

_____ [1]

9 ¿Cuál fue la mayor desventaja?

_____ [1]

10 ¿Sobre qué se preocupaba?

_____ [1]

11 ¿Qué solución sugieron sus padres?

_____ [1]

[Total: 11]

¿Listo?

¡Revisemos!
• Identify environmental problems • Say how you help the environment • Use quedar in different contexts

1 Empareja el problema medioambiental con una medida para ayudar solucionarlo.

1 la falta de agua
2 la cantidad de residuos
3 la contaminación de los mares
4 la contaminación del aire
5 el cambio climático
6 la contaminación acústica

a apagar las luces
b no usar botellas ni bolsas de plástico
c reducir el volumen de tus aparatos
d ducharse en vez de bañarse
e reciclar la basura
f ir a pie o en bicicleta

2 Escucha la entrevista. Elige las palabras correctas. (1–4) 🎧102

1 Gabriel siempre desenchufa **la luz / los aparatos eléctricos / la ducha**.

2 Gabriel **reutiliza / recicla / tira** las botellas y las rellena de agua.

3 Los padres de Leonor ponen **la basura / el agua / la comida** en diferentes contenedores para reciclarla.

4 A veces la familia de Leonor se desplaza de un sitio a otro en **coche / camión / bici**.

5 Cuando se lava los dientes la hermana de Leonor deja abierto **el cuarto / grifo / tubo de pasta de dientes**.

6 Para Simón es importante no usar demasiada **energía / basura / ropa**.

7 Simón no sube **la luz / la calefacción / el volumen** cuando hace frío.

8 A Verónica no le importa **malgastar / reutilizar / cerrar** el agua y la energía.

3 Haz una encuesta. ¿Qué hacen tus compañeros para ayudar al medio ambiente y por qué lo hacen?

• ¿Qué haces para cuidar/proteger el medio ambiente?
• Separo y reciclo la basura.
• ¿Por qué lo haces?
• Para reducir la cantidad de residuos que hay.

4 **Escucha y lee. Contesta las preguntas.** 🔊103

A mí y a mi familia nos preocupa el medio ambiente y hacemos lo que podemos para cuidarlo. Queremos tener un mundo sano y por eso hemos quedado en cambiar nuestro estilo de vida.

Antes no reciclábamos nada. Pero ahora separamos la basura y ponemos el papel, el vidrio, el cartón y el plástico en un contenedor. Ponemos los residuos de la comida en el contenedor de compostaje. También damos la ropa que ya no queremos a las tiendas de organizaciones benéficas como Oxfam.

Antes yo compraba muchas cosas que no necesitaba. Pero ahora trato de reutilizar todo: las bolsas de plástico, la ropa, el papel… También compro mucha ropa de segunda mano ¡la ropa vintage me queda muy bien! Y estoy aprendiendo a coser. Me he hecho una falda muy bonita y me voy a hacer un vestido de verano.

Antes nos bañábamos todos los días pero ahora nos duchamos para no malgastar agua. Yo tengo la costumbre de cerrar el grifo cuando me lavo los dientes. Antes solíamos dejar todo enchufado y las luces dadas por toda la casa. Pero ahora tratamos de ahorrar energía y desenchufamos los aparatos eléctricos como la televisión y la radio. También apagamos la luz cada vez que salimos de una habitación.

Beatriz

1 ¿Por qué han cambiado su comportamiento Beatriz y su familia?

2 ¿Qué hacen con la comida que no comen?

3 ¿Dónde se compra la ropa Beatriz?

4 ¿Qué se va a coser para el verano?

5 ¿Cómo malgastaban el agua antes los miembros de la familia de Beatriz?

6 ¿Por qué desenchufan los aparatos eléctricos?

5 **Escribe cómo has cambiado tu estilo de vida para cuidar el medio ambiente. Utiliza la Actividad 4 para ayudarte. Menciona:**

- lo que hacías antes
- lo que haces ahora y por qué lo haces

6 **Completa las frases con las formas correctas del verbo *quedar* en el tiempo presente.**

1 No te _____ mal la chaqueta de segunda mano.

2 ¿A qué hora _____ tú y Juan en la plaza?

3 Mis amigos se _____ en un eco-hotel.

4 No _____ espacios verdes en nuestra ciudad.

5 Marta y yo _____ en ir en bici.

> ⓘ Remember to use a variety of tenses to make your writing more interesting. Give examples of what you have done in the past and what you are going to do in the future.

> **Gramática**
>
> The verb *quedar* or *quedarse* can mean a number of things in Spanish, depending on the context and how it is used. It can mean 'to remain', 'to be left'/'to meet'/'to suit'/'to arrange or agree to do something'/'to stay':
>
> *No queda agua para beber.*
> *Quedamos a las seis.*
> *¿Me quedan bien estos pantalones?*
> *¿Quedamos en vernos el sábado?*
> *Me quedé en casa.*

9.1 La comunidad en que vivimos

ℹ ¿Es importante vivir en comunidad? ¿Por qué?/¿Por qué no?

Objetivos
- Talk about community issues
- Describe how you can contribute
- Use *se* instead of the passive

1 **Escucha y lee. Empareja las frases con las fotos. (1–7)** 🎧104

1 La falta de transporte público es muy preocupante.

2 El problema número uno es la falta de ayuda para la gente que necesita ayuda.

3 Me molesta la basura en las calles.

4 Me preocupa el problema de los sin techo que duermen en las calles.

5 El desempleo entre los jóvenes es un problema grave.

6 El problema más grande es la falta de viviendas.

7 Me fastidian las pintadas en las paredes.

a   b   c   d

e   f   g

2 **Escucha y busca las opiniones del jóvenes. Escribe la(s) letra(s).** 🎧105

1 _____c_____, _____   3 _____, _____   5 _____

2 _____   4 _____

a Hay personas que no tienen donde vivir y que tienen que pasar las noches al aire libre.

b La gente no se preocupa por la apariencia de su barrio.

c La red de transporte público no se financia adecuadamente.

d Los problemas de los más vulnerables en las sociedad son varios.

e Algunas personas cometen delitos porque no tienen otra cosa que hacer.

f No hay servicios para los habitantes.

g Si se arrojan residuos a la calle, no es justo para los demás.

3 **Lee los textos otra vez. Busca las frases en pasiva con *se*. Tradúcelas.**

Gramática

The passive is used to say what is done to someone or something. It is formed with *ser* + the past participle:

Las ventanas son cerradas para no oír el ruido de los aviones.
The passive is formal and rarely used in Spanish. Instead, Spanish speakers use the pronoun *se* + the third person singular or plural of the verb:
Las ventanas se cierran para no oír el ruido de los aviones.
Se habla español.
Se vende esta casa.

¿Más? → Grammar p. 233

4 **Lee el artículo de revista. Busca las frases en español.**

¿Qué puedes hacer tú para mejorar tu comunidad?

Ayuda a las personas cuando puedas, ya sea alguien que está perdido o una persona que no puede bajar el cochecito de su bebé por las escaleras.

Compra de vendedores locales: Compra productos alimenticios en el mercado local y la ropa en una tienda que no sea una cadena. De esta manera se ayuda a la economía local.

Hazte voluntario: se necesitan voluntarios para trabajar con organizaciones comunitarias. Estas son algunas maneras de tener un efecto positivo en tu comunidad:

- Organizar días de limpieza en parques, ríos o playas.
- Recaudar fondos para construir un jardín infantil u hospital.
- Ayudar en un refugio de animales.

- Servir comida en un comedor o refugio para los sin techo.
- Limpiar pintadas y ayudar a pintar un mural.
- Trabajar en un jardín comunitario.
- Visitar ancianos en una residencia.
- Dar clases de conversación a inmigrantes que no hablan el idioma.

1 carry the baby's buggy down the stairs	5 to collect funds
2 a shop that isn't a chain	6 a refuge for homeless people
3 become a volunteer	7 old people in a care home
4 clean up days	

Para mejorar

To work out the meaning of a new word, see if it's similar to one you already know:
vender – to sell
el vendedor – seller
la venta – sale
limpiar – to clean
limpio – clean
la limpieza – cleaning/clearing up

5 **Escucha y contesta las preguntas. (1–5)** 🎧 106

1 ¿Para qué recauda fondos Pepita?
2 ¿Cómo recauda fondos Pepita?
3 ¿Qué hace Daniel para su comunidad?
4 ¿Qué han hecho Daniel y sus compañeros?

5 ¿Cómo ayuda Andrea a su comunidad?
6 ¿Qué hace Lucas para ayudar a la economía local?
7 ¿Cuántas veces a la semana trabaja Silvia de voluntaria?
8 ¿Por qué trabaja Silvia en el refugio?

6 **Túrnate con tu compañero/a. Pregunta y contesta. Usa tu imaginación – ¡no necesitas decir la verdad!**

- ¿Qué haces para ayudar en tu comunidad?/¿Haces trabajo voluntario?/¿Eres voluntario en alguna organización?
- ¿Qué tienes que hacer?/¿Cómo lo haces?
- ¿Por qué lo haces?

Remember that you can improve your answer by including more than one tense even when a question only requires one:
¿Qué haces? Recaudo fondos. Ayer hice una tarta para una venta de pasteles.

7 **Escribe un párrafo sobre tu comunidad. Usa el artículo de la Actividad 4 para ayudarte. Menciona:**

- los problemas que hay en tu comunidad
- lo que se debe hacer para solucionarlos

- qué haces tú y por qué

9.2 Ayuda a distancia

Objetivos
- Talk about natural disasters
- Describe how you can help
- Use the pluperfect tense

1 Empareja los titulares con las fotos.

1 Volcán de Fuego de Guatemala: ¿era evitable la tragedia causada por la erupción?

2 Cientos de evacuados por un incendio forestal en Cataluña

3 Sequía en Paraguay: 'Si no llueve no tendremos para comer'

4 Fuerte terremoto sacude y aterroriza a México

5 La deforestación que avanza a razón de dos campos de fútbol y medio por día en la Amazonía del Perú

6 Los destrozos que causó el huracán María a su paso por Puerto Rico

7 Devastadoras inundaciones en Europa dejan muertos y miles de víctimas

a   b   c   d   e   f   g

2 Lee los titulares otra vez. Busca el equivalente de estas frases.

1 we won't have enough to
2 shakes and terrifies
3 kill
4 at the rate of
5 as it passes through
6 the damage

3 Lee los mensajes y contesta las preguntas.

10:59

Viviana y yo ya habíamos salido de la tienda cuando empezó el terremoto. Fuimos corriendo al centro de la plaza para evitar el mayor peligro. Los temblores duraron unos treinta segundos. Cuando llegaron los servicios de urgencia ya había caído parte del supermercado. **Julián**

No había llovido en tres años. Era la peor sequía en décadas. El viento y las altas temperaturas habían alimentado los incendios forestales. Cuando por fin el incendio estaba bajo control ya habían muerto once personas, tres mil casas habían sido destruidas y se había quemado un área tan grande como Santiago, la capital. **Isa**

Gustavo
online

El impacto del huracán sobre Cuba fue peor de lo que se esperaba. Cuando llegó la tormenta ya habían sido evacuadas un millón de personas, incluidos miles de turistas. Las lluvias y oleadas del mar causaron destrucción masiva. Tan fuerte era el viento que se rompieron los aparatos para medir su velocidad. **Gustavo**

1 What started when Julian and Viviana had left the shop?
2 Who arrived after part of the building had collapsed?
3 According to Isa, how long had it been since it had rained?
4 How big was the area that had been burn by the forest fire?
5 What had been done before the hurricane hit Cuba?
6 What did the rain and waves do?

4 Lee el textos de la Actividad 3 otra vez. Busca los verbos en el pluscuamperfecto. Tradúcelos.

5 Escribe las frases con el pluscuamperfecto.

1 La tormenta (**causar**) _____ inundaciones muy destructivas.

2 Los habitantes (**ser**) _____ evacuados justo antes de la erupción.

3 Mi hermano (**correr**) _____ un maratón para recaudar fondos.

4 Yo (**donar**) _____ dinero a la organización benéfica.

5 Mis amigos y yo (**apuntarse**) _____ para ayudar a los supervivientes.

6 El terremoto (**destruir**) _____ los edificios del pueblo.

Gramática

The pluperfect tense is used to describe what someone had done or something that happened earlier than another action.

Habíamos salido del edificio.

It is formed by using the imperfect tense of **haber** + the **past participle**.

había	terminado
habías	llovido
había	salido
habíamos	
habías	
habían	

All pronouns come before **haber**.

Se había quemado el bosque.

¿Más? → Grammar p. 232

6 Escucha. Marca las frases que son falsas y corrígelas. (1–4) 🔊107

1 El colegio de Joaquín recaudó fondos para las víctimas de las inundaciones.

2 La clase de Joaquín organizó una caminata patrocinada.

3 La familia de Esmeralda donó una caja de supervivencia.

4 En la caja había cosas como mantas y latas de comida.

5 Lorenzo se hizo un traje para participar en el desfile de modas.

6 La gente que vino a ver el desfile tenía que donar ropa.

7 Daniela y sus amigos organizaron un silencio patrocinado.

8 Recaudaron noventa euros para una organización de ayuda.

¿Qué hiciste cuando te enteraste de … ?	Decidí hacer algo para ayudar.
la desforestación	Recaudé fondos para la labor de asistencia.
la erupción volcánica	Doné dinero o artículos esenciales a una organización
el huracán	de ayuda.
el incendio	Solicité donativos para una organización benéfica.
las inundaciones	Me apunté a participar en actividades.
la sequía	Colaboré/Participé en eventos patrocinados.
el terremoto	

7 Túrnate con tu compañero/a. Pregunta y contesta.

● ¿Qué hiciste cuando te enteraste del terremoto?

● ¿Qué hiciste?

● ¿Cuánto dinero recaudaste?

8 Escribe lo que hiciste para ayudar cuando te enteraste de un desastre natural.

9.3 ¡Cuida el medio ambiente!

Objetivos
- Talk about environmental issues
- Discuss changing our lifestyles
- Use the subjunctive in commands

1 Escucha y escribe el orden en que se mencionan los consejos en las fotos. (1–4) 🎧108

1 Póngase un jersey cuando tenga frío.

2 Apague las luces, el ordenador y la televisión.

3 No utilice botellas ni bolsas de plástico.

4 Reutilice todo lo posible.

5 Dúchese en vez de bañarse.

6 Recicle la basura doméstica.

7 Use la bici en vez del coche o autobús.

8 No compre cosas innecesarias.

2 Escucha otra vez. Elige las cuatro frases correctas. 🎧108

1 A Felipe le preocupa la falta de agua en el mundo.

2 Marián solo usa el lavaplatos cuando es necesario.

3 La contaminación acústica es el problema más grave para Ester

4 Si hace frío Ester sube la temperatura de la calefacción.

5 A Cecilia le preocupa la cantidad de basura que se produce.

6 Juan reutiliza los envases.

7 A Nuria le preocupa la caza ilegal de animales y la destrucción de la selva.

8 Nuria debe apagar las luces.

3 Lee las opiniones ¿Quién dice qué: Maya (M), Santiago (S), Ana (A) o Javier (J)?

> parque eólico – *wind farm*
> amenaza – *threat*

1 La vida marina está afectada por la contaminación.

2 La quema de petróleo y carbón produce grandes cantidades de dióxido de carbono.

3 El mundo se está llenando de basura.

4 Se puede producir electricidad de manera sostenible.

5 Los coches, autobuses y aviones contribuyen a la contaminación del aire.

6 Se debe aprovechar la energía del sol y el viento.

Me preocupan el calentamiento global y el cambio climático. Las temperaturas suben en todo el mundo. El hielo de los polos norte y sur está desapareciendo. Sube el nivel del mar y causa inundaciones. Debemos reducir la cantidad de combustibles fósiles que quemamos para reducir las emisiones de CO_2. **Maya**

Creo que el problema más grave es que se están agotando los recursos naturales. Hemos de buscar soluciones tales como las energías renovables. Hay muchas maneras de crear energía. Todas las casas deberían tener panales solares y donde hay espacio se pueden construir parques eólicos. **Santiago**

Para mí el peor problema es la cantidad de residuos que producimos. Me preocupa mucho el consumo incontrolado de cosas que no necesitamos. No hay espacio para la eliminación de tantos residuos y los animales que viven en o de los mares y ríos están bajo amenaza. Se debe hacer más para informar a la gente sobre el uso del plástico. **Ana**

Lo que más me preocupa en mi zona es la calidad del aire. Respiramos aire contaminado por el tráfico, los aviones y las fábricas y esto causa problemas médicos. Se calcula que en España la mayoría de la población respira aire malo y que 93 000 personas han muerto de enfermedades respiratorias en la última década. Es un problema muy grave. **Javier**

4 **Túrnate con tu compañero/a. Elige una foto. Pregunta y contesta para describir los problemas representados.**

- ¿Qué problema medioambiental te preocupa más?
- ¿Por qué te preocupa?
- ¿Qué haces para ayudar al medio ambiente?
- ¿Qué se debería hacer para proteger el medio ambiente?

Use **deber** to emphasise that something is absolutely necessary.
Debemos reducir las emisiones de coches.
Se debe reducir la cantidad de plástico que se usa.

Use **haber que**, **haber de** and **tener que** for things that are less important.
Hay que apagar la luz al salir de un cuarto.
Hemos de reciclar todo lo posible.
Tenemos que ahorrar agua y energía.

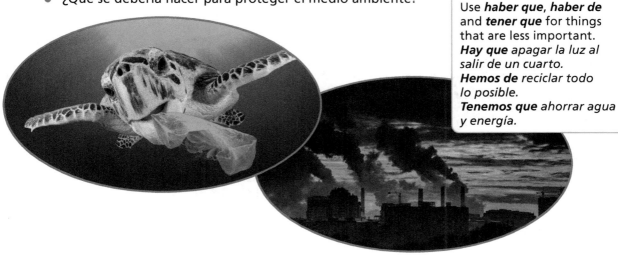

Me preocupa …
el cambio climático/el calentamiento global/la falta de agua/los animales en peligro (riesgo) de extinción, como (los elefantes/los leones/los tigres)/la cantidad de basura/la calidad del aire/la contaminación acústica.
Pone en riesgo a los animales/no hay espacio para la eliminación de residuos/el nivel del mar y las temperaturas suben/causa conflictos entre los países/no se puede dormir.
Reciclo la basura doméstica./Apago las luces./Me ducho en vez de bañarme./Reciclo los envases/el cartón./No utilizo botellas ni bolsas de plástico.
Se debería/Hay que …
ahorrar agua/no usar el coche/no comprar cosas innecesarias/reutilizar todo lo posible.

5 **Convierte las frases a órdenes en negativo usando el subjuntivo.**

1 No (**cortar** – ustedes) _____ los árboles.

2 No (**tirar** – tú) _____ basura al suelo.

3 No (**encender** – ustedes) _____ tantas luces.

4 No (**comprar** – vosotros) _____ comida en envases de plástico.

5 No (**utilizar** – tú) _____ tanta agua.

6 **No (bañarse** – tú) _____, dúchate.

7 No (**dejar** – usted) _____ las luces encendidas.

8 No (**quitarse** – tú) _____ el jersey.

Gramática

Use the present subjunctive for negative commands:

No *uses* bolsas de plástico. (tú)
No *use* tanta agua. (usted)
Remember that the present subjunctive is also used for formal positive commands.
Use *menos el coche.*

¿Más? → Grammar pp. 233–234

Use commands for giving advice and instructions when completing tasks like making a poster.

6 **Trabaja en grupo. Haz un póster dando consejos al público sobre cómo cambiar su comportamiento y proteger el medio ambiente.**

9.4 Problemas globales

Objetivos
- Talk about global issues
- Ask for opinions
- Use relative pronouns

1 **Empareja las dos partes de las frases y emparéjalas con las fotos.**

1 Miles de migrantes
2 Las guerras tienen efectos
3 Casi la mitad del mundo
4 La reciente crisis del
5 El mundo está viendo

a vive con menos de $2.50 al día.
b una disminución de los derechos humanos.
c devastadores para los niños.
d ébola causó 11 310 muertes.
e son explotados por traficantes.

i   ii   iii   iv   v

2 **Lee el texto. Busca las frases en español.**

Cinco de los problema globales más preocupantes

La crisis migratoria es gravísima. Miles de migrantes que se ahogan tratando de cruzar el Mediterráneo desde África hacen el viaje para escaparse de la terrible pobreza y la falta de oportunidades. Cuando llegan a Europa muchos se encuentran sin techo.

Las víctimas a quienes más les afecta la guerra son los niños: resultan muertos o heridos, son reclutados como soldados por grupos armados, son abusados, explotados o traficados. Los conflictos separan a las familias y dejan a miles de niños luchando por su propia subsistencia. Se calcula que hay ocho millones de niños refugiados en el mundo.

Las causas de la pobreza son muchas: la corrupción, el conflicto armado, el cambio climático, la discriminación y la desigualdad. Los resultados también son múltiples: más de 950 millones de personas sufren hambre y son 77 millones de niños los que nunca tienen la oportunidad de ir a la escuela.

Las enfermedades como el ébola y la cólera se transmiten por una combinación de alta densidad de población en chabolas, pobreza y falta agua limpia y servicios de salud pública.

En el mundo entero, los gobiernos siguen reprimiendo la libertad de expresión y los derechos de las mujeres, las personas con discapacidad y las minorías. Hay millones de personas que no tienen acceso a derechos humanos fundamentales - la comida, el agua potable, la atención médica y la vivienda.

1 they drown trying to cross
2 find themselves homeless
3 they are recruited as soldiers
4 high population density in shanty towns
5 they continue to repress freedom of expression
6 they don't have access

3 **Lee el texto otra vez y contesta las preguntas.**

1 ¿Por qué tratan de llegar a Europa tantos migrantes?

2 ¿Qué les occure a los niños cuando las familias se separan?

3 ¿Cuántas personas menores de edad tienen que marcharse de su pueblo o país?

4 ¿Cuántos niños no tienen acceso a la educación primaria?

5 ¿Qué puede pasar cuando la gente tiene que vivir en chabolas?

6 ¿Dónde se impiden los derechos humanos?

4 ¿Quién dice qué? Escribe Luisa (L), Ángela (A) o Paulo (P).
(1–3)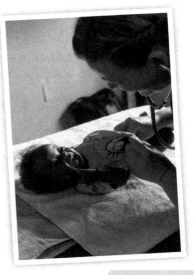

1 Muere gente de enfermedades curables en los países donde faltan los servicios médicos.

2 Lo que ayudaría eliminar la desigualdad de género sería educar mejor a las niñas.

3 Hay personas en la cárcel porque han criticado a su gobierno.

4 Las mujeres son las que más sufren por la pobreza.

5 Unos países necesitan más ayuda para mejorar la salud pública.

6 En algunos países no se permiten las manifestaciones en contra del gobierno.

5 Empareja las dos mitades de las frases.

1 Los niños son los que sufren más

2 La carretera por la cual

3 Las personas que

4 Lo que me molesta más

5 Miles de personas mueren de enfermedades

6 Se detienen a los manifestantes

a es la indiferencia de la gente.

b conducimos pasa por las chabolas.

c en los conflictos armados.

d que critican al gobierno.

e que se podían prevenir.

f necesitan ayuda son los sin techo.

> ### Gramática
>
> The relative pronoun *que* is used to refer to a person or thing
>
> *No hay médicos que puedan ayudar a los enfermos.*
>
> When a relative pronoun is separated from the word to which it refers, the definite article is included (*el/la/los/las*).
>
> *Los jóvenes son los que no tienen oportunidades.*
>
> *lo que* is used for a general or abstract idea.
>
> *Lo que necesitan es agua limpia.*
>
> ¿Más? → Grammar p. 226

6 Túrnate con tu compañero/a. Pregunta y contesta.

● ¿Cuál piensas que es el problema global más preocupante?

● ¿Por qué te preocupa?

● ¿Qué crees que se debe hacer para solucionar el problema?

Pienso/Creo/Opino que es … la crisis migratoria/la discriminación y la desigualdad/la pobreza/el abuso de los derechos humanos …
Me preocupa porque … hay personas que están en la cárcel por criticar a su gobierno/miles de personas mueren de enfermedades que se pueden prevenir …
En mi opinión/A mi modo de ver se debe … obligar a ciertos gobiernos a permitir la libertad de expresión/ ayudar a los países en vías de desarrollo a mejorar la salud pública y la educación …

7 Trabaja en grupo para hacer una presentación sobre un problema global que os preocupa.

9.5 Somos ciudadanos globales

1 Lee el artículo. Busca las palabras de la lista (1–6) y empareja cada palabra con su sinónimo o definición (a–f).

Objetivos
- Discuss what it means to be a global citizen
- Write about being aware of what's happening in the world
- Use indefinite adjectives

¿SE NECESITA PASAPORTE PARA SER UN CIUDADANO GLOBAL?

No se necesita ningún documento. Tampoco tienes que viajar muy lejos. Solo tienes que estar abierto a nuevas ideas, informarte de lo que está pasando en el mundo y participar en actividades comunitarias.

¿TENGO QUE ABANDONAR MI PROPIA IDENTIDAD?

No, no debes perder ni tu cultura ni tu identidad. Entenderás el mundo mejor si sabes más sobre los orígenes de tu familia preguntando a tus padres y abuelos. También debes aprender más sobre la historia de tu comunidad.

¿CÓMO PUEDO IDENTIFICARME CON LOS DEMÁS?

Pregunta a la gente que conoces sobre sus orígenes. Compara su historia con la tuya. Si aprendes otro idioma o viajas a diferentes países podrás identificarte más con esas culturas.

¿POR QUÉ DEBO SABER LO QUE ESTÁ OCURRIENDO EN EL MUNDO?

Debes ver y leer las noticias en los medios para comprender algunos problemas globales. Es importante que sepamos que existe la desigualdad, la pobreza, el conflicto, el abuso y la explotación.

¿CÓMO PUEDO PARTICIPAR EN ACTIVIDADES COMUNITARIAS?

Participa en festivales y otros eventos locales. Trata de conocer a más gente que vive en tu barrio: habla con los vecinos, hazte más amigos, invita a un compañero a acompañarte a una actividad. También puedes hacerte voluntario para alguna organización benéfica.

¿ES POSIBLE EXPRESAR MI OPINIÓN COMO CIUDADANO DEL MUNDO?

Sí, debes protestar si hay algo que consideras injusto. Puedes participar en algunas campañas para informar a la gente y expresarte en los medios sociales. No tengas miedo de defender tu punto de vista de manera respetuosa ante personas que no estén de acuerdo contigo.

1 ciudadano		**a** no tiene lo necesario para vivir
2 los medios		**b** habitante
3 la desigualdad		**c** discriminación
4 el vecino		**d** sin agresión
5 la pobreza		**e** periódico, emisora o sitio web
6 respetuoso/a		**f** persona que vive cerca

2 Lee el artículo otra vez. Marca las frases que son falsas y corrígelas.

1 Para ser un ciudadano del mundo hay que tener la mente abierta.
2 Debes rechazar la cultura de tu familia.
3 Cuando visitas otro país te identificarás con tu cultura.
4 Debemos ignorar lo que está pasando en el mundo.
5 Es una buena idea hacer trabajo voluntario.
6 Debes explicar tu opinión a la gente que no está de acuerdo contigo.

> ⓘ
> *con + mí = conmigo*
> *con + ti = contigo*
> **Possessive pronouns**
> *mío* – mine, *tuyo* – yours, *suyo* – his/hers

3 Escucha y elige las palabras correctas. (1–2) (110)

1 Eva aprecia su **ciudad / cultura / país**.

2 Sabe que hay muchos desastres **medioambientales / económicos / humanitarios**.

3 Eva participa en un festival de **teatro / poesía / música** en su pueblo.

4 Si no está de acuerdo con algo escribe al **alcalde / presidente / director**.

5 A pesar de ser de diferentes **nacionalidades / países / culturas** los amigos de Luis tiene muchas cosas en común.

6 Luis sabe que hay mucha **desigualdad / injusticia / discriminación** en todo el mundo.

7 Es voluntario en **un banco / una tienda / un mercado** de alimentos para personas necesitadas.

8 Luis es solidario con algunas campañas **políticas / medioambientales / militares**.

4 Escucha otra vez. ¿Quién opinas es más ciudadano global, Eva o Luis? ¿Por qué? Compara tu opinión con la de tu compañero/a y justifícala. (110)

- Creo que Eva es menos ciudadana del mundo porque …
- No estoy de acuerdo porque …

5 Túrnate con tu compañero/a. Pregunta y contesta.

- ¿Te consideras ciudadano/a del mundo?
- ¿Te identificas con gente de otras culturas y países?
- ¿Eres consciente de lo que está ocurriendo en el mundo?
- ¿En qué actividades comunitarias participas?
- ¿Expresas tu opinión sobre asuntos de importancia?

6 Escribe un artículo para la revista de tu colegio sobre lo que haces para ser un ciudadano global. Usa las preguntas de la Actividad 5 para ayudarte.

Gramática

Indefinite adjectives give general information about people or things, e.g. *mismo, todo, otro, varios, cada, demasiado, bastante.* They often give information about quantity ('too much', 'enough', etc.).

They agree in number and gender with the noun they modify but, unlike other adjectives, they always precede the noun.

Ningún lugar está libre de conflictos de algún tipo.
Cualquier persona puede trabajar como voluntaria.

¿Más? → Grammar p. 228

Pienso que soy ciudadano/a global porque …
me identifico con gente de todas las nacionalidades.
aprecio mi propia cultura y la de otras personas.

(No) Suelo leer periódicos/ver las noticias.
Sé que hay mucha injusticia en todo el mundo.
Hasta cierto punto/No mucho.

Hago trabajo voluntario./Ayudo a mis vecinos./Asisto a eventos locales.

Cuando es necesario./Pocas veces.
Escribo correos electrónicos/Firmo peticiones.
Soy solidario con varias campañas.

Los efectos de un desastre natural

Erupción del Volcán de Fuego en Guatemala: un testigo cuenta lo que vio

El pasado domingo, un río de polvo, cenizas y lava cubrió el pueblito de El Rodeo situado en las faldas del Volcán de Fuego en Guatemala. El volcán había entrado en erupción por segunda vez, 48 horas después de la primera erupción.

Las nubes de ceniza y lava comenzaron otra vez a formarse en el cielo y en pocos segundos, El Rodeo estaba a oscuras. Los gritos para que todos abandonaran la zona pronto resultaron en un caos. 'Viene la lava, viene la lava,' gritaban algunos entre el pánico. Pero las autoridades sabían que lo que se acercaba era algo mucho peor que la lava: era un cúmulo de nubes densas que prometían una mezcla de venenos y partículas que estallarían a más de 200 kilómetros por hora.

Después de la primera desastrosa erupción, el pueblo estaba lleno de equipos de rescate, oficiales, periodistas y sobrevivientes que aún esperaban noticias de sus familiares desaparecidos. Tuvieron que correr desesperadamente montaña abajo. Muchos intentaban montarse en las camionetas que habían subido hasta el pueblo para llevar alimento y agua a los sobrevivientes y equipos de rescate. Los que estábamos allí sabíamos que la única salvación era correr.

1 Completa las frases.

> nubes   correr   camionetas   pueblo   noticias   abandonar

1 Las erupciones del volcán destruyeron el _____.

2 La gente tenía que _____ el pueblo por el peligro que presentaba la segunda erupción.

3 Las _____ venenosas eran más peligrosas que la lava.

4 Los sobrevivientes querían _____ de los miembros de su familia que habían desaparecido.

5 Toda la gente tuvo que _____ para escaparse.

6 Algunas personas pudieron subirse a las _____ que habían llegado al pueblo con alimentos.

A buscar

Lee sobre un desastre natural en el mundo hispano donde hubo muchos sobrevivientes. Decide qué eran las medidas de emergencia exitosas para prevenir la pérdida de vidas.

Ya no queda ni un signo de vida en El Rodeo. Es un pueblo fantasma. Fue uno de los pueblos más afectados por la erupción del volcán.

Se calcula que al menos noventa y nueve personas murieron en Guatemala tras las dos erupciones. Casi doscientas desaparecieron y 1,7 millones fueron afectadas. Se sospecha que nunca se sabrán los números verdaderos. 'Cinco miembros de mi familia quedaron bajo las cenizas,' dice Pedro, uno de sobrevivientes que no sabe qué pasó con sus familiares. Los equipos de rescate han trabajado de día y de noche con la esperanza de encontrar sobrevivientes. Pero el tiempo y los nuevos peligros del volcán han jugado en contra de sus esfuerzos.

'Cada día que pasa, cada hora, hay menos posibilidad de encontrar a alguien con vida. Yo diría que las posibilidades están agotadas, pero seguiremos aquí hasta que sepamos con certeza que ya no queda nadie vivo debajo de las ruinas,' comenta Carlos, uno de los rescatistas.

2 **Contesta las preguntas.**

1 ¿Qué no hay en El Rodeo?

2 ¿A cuánta gente no se encuentra?

3 ¿Qué no sabe Pedro?

4 ¿Qué buscan los equipos de rescate?

5 ¿Contra qué están luchando los equipos de rescate?

6 ¿De qué hay poca posibilidades?

Conexiones

¿Hay una diferencia entre un desastre natural y un desastre humanitario?

Lo mismo …

En el valle de México hay dos volcanes, Popocatépetl e Iztaccíhuatl, que tienen una bonita leyenda azteca unida a ellos. Popocatépetl e Iztaccíhuatl eran dos amantes que no se pudieron casar y murieron de tristeza.

El Teide, en las Islas Canarias en España, también tiene una leyenda. Se dice que es la entrada al infierno y atrapado en el interior está un demonio que fue vencido después de una gran batalla.

pero diferente

Repaso

1 Escucha y elige la frase correcta para cada diálogo. (1–5) 🎧111

a Firme la petición.

b Haga una donación.

c Ayude en un comedor de beneficencia

d Hazte voluntario en un refugio de animales.

e Lávese las manos.

f Recicla los residuos domésticos.

g Limpie el entorno.

2 Escucha otra vez y contesta las preguntas. 🎧111

1 a What is transmitted by contact with other people?

 b What shouldn't you touch with dirty hands?

2 a What is wrong with the town?

 b What are the friends going to volunteer to do?

3 a Who would the boy like to help?

 b What is close to his house?

4 a What has just happened in Mexico?

 b What are friends going to donate?

5 a Where is the town council going to build houses?

 b What should the friends do?

3 Lee el texto de Clara y elige las opciones correctas.

Hay tantos problemas en el mundo que me preocupan. Para mí, lo más preocupante son los conflictos armados porque hay tantas víctimas civiles. Los habitantes pierden todo: sus hogares, sus negocios y sus familias. Las guerras causan problemas mundiales como la crisis migratoria y la pobreza. Debemos ayudar a los refugiados y pedir que nuestro gobierno trabaje más por conseguir la paz.

Otra cosa que me preocupa es la falta de igualdad entre hombres y mujeres. A los hombres se les paga más por el mismo trabajo y tienen más oportunidad para ascender en su profesión. Hay falta de respeto hacia las mujeres y en muchos países las niñas y chicas no reciben el mismo nivel de educación que los chicos. Es una vergüenza y debemos hacer más para acabar con esta situación.

Es necesario que seamos más activos en ayudar a poner fin a las injusticias que existen en el mundo. Hay que ir a manifestaciones en contra de la discriminación. También debemos escribir cartas a nuestros representantes políticos para hacer saber nuestra opinión.

1 Clara opina que es la población civil la que sufre más cuando hay

 a pobreza b migración c guerra

2 Quiere que el gobierno haga más para conseguir la

 a la paz b la pobreza c la migración

3 Clara está preocupada porque hay discriminación contra

 a los hombres b las mujeres c los sexos

4 Piensa que a las mujeres no se les da tantas oportunidades en cuanto

 a al salario b al trabajo c al hogar

5 Clara dice que es necesario que haya más igualdad con respeto a

 a la educación b la representación política c la discriminación

6 Cree que debemos asistir a

 a colegios b puestos de trabajo c manifestaciones

4 **Túrnate con tu compañero/a. Pregunta y contesta.**

- ¿Qué haces para ayudar en tu comunidad?
- ¿Por qué lo haces?
- ¿Qué problemas medioambientales te preocupan? ¿Por qué?
- ¿Qué haces para proteger el medio ambiente?
- ¿Cuáles crees que son los problemas globales más preocupantes? ¿Por qué?
- ¿Qué crees que se debe hacer para solucionar los problemas?
- ¿Te identificas con gente de otras culturas y países?

5 **Escribe un resumen de tu conversación. Contesta las preguntas de la Actividad 4 para ayudarte.**

¿Cómo te va?

Lee y copia para hacer una lista de verificación. Piensa y decide para cada objetivo: **Muy bien, Más o menos, Mal**. Repasa para mejorar.

	Muy bien	Más o menos	Mal
• hablar de problemas locales			
• describir cómo contribuyo a mi comunidad			
• usar *se* para evitar usar la forma pasiva			
• hablar de desastres naturales			
• describir lo que hago yo para ayudar			
• usar verbos en el pluscuamperfecto			
• hablar de problemas medioambientales			
• describir cómo hacer cambios en mi vida			
• hablar de problemas mundiales			
• pedir opiniones			
• usar pronombres relativos			
• hablar de cómo soy un ciudadano global			
• usar adjetivos indefinidos			

Para mejorar

You can make your writing more interesting and more detailed by giving more than one opinion on an issue, using phrases like *no solo ... sino también*. You can also give contrasting ideas using phrases such as *por una parte ... por otra parte*.

Try to expand the information you provide by giving:
- an opinion and one or more reasons for it
- one or more examples
- a contrasting view

Palabras y frases – Unidad 9

Cuidar el medio ambiente / **Look after the environment**

el cartón	cardboard/carton
el contenedor de compostaje	compost bin
los paneles solares	solar panels
el grifo	tap
el papel	paper
el plástico	plastic
la reserva (natural)	(nature) reserve
el vidrio	glass
de segunda mano	second hand
sostenible	sustainable
ahorrar energía	save energy
apagar las luces	switch off the lights
(no) usar bolsas de plástico	(don't use) plastic bags
desenchufar	unplug
ducharse en vez de bañarse	shower instead of having a bath
ir a pie o en bicicleta	go on foot or by bike
malgastar	waste
proteger	protect
quedar	be left/remain, meet, suit, arrange, stay
reciclar (la basura)	recycle (rubbish)
reducir el volumen	turn down the volume
reutilizar	reuse
separar (la basura)/ la separación	separate (rubbish)/ separation

Problemas medioambientales / **Environmental problems**

los animales en peligro de extinción	endangered animals
el calentamiento global	global warming
el cambio climático	climate change
la cantidad de residuos	amount of waste
la caza illegal	poaching
los combustibles fósiles	fossil fuels
la contaminación acústica	noise pollution
la contaminación de aire	air pollution
la contaminación de los mares	sea pollution
la eliminación de residuos	elimination of waste
las emisiones de CO_2	CO_2 emissions
las energías renovables	renewable energy
la fábrica	factory
la falta de agua	lack of water
el hielo	ice
el nivel del mar	sea level
el parque eólico	wind farm
la quema	burning
los recursos naturales	natural resources
la vida marina	marine life
abierto/a	open

cerrado/a	closed
de manera sostenible	sustainably
acercarse/aproximarse	approach
ahorrar	save
amenazar	threaten
aparecer	appear
aprovechar	take advantage of
aumentar	increase
bajar/descender	drop
cambiar	change
causar	cause
colaborar/ la colaboración	collaborate/ collaboration
consumir/el consumo	consume/consumption
desaparecer	disappear
estimular/fomentar/ animar	encourage
luchar contra/la lucha	fight against/fight
mejorar/la mejora	aimprove/improvement
poner en riesgo	put at risk
promover/la promoción	promote/promotion
reaccionar	react
reducir	decrease
respirar	breathe
reusar/reutilizar	reuse
tratar de	try to
usar/utilizar	use
el reuso/la reutilización	reuse

Problemas de comunidad / **Community issues**

la basura en las calles	rubbish in the streets
el desempleo	unemployment
la falta de transporte público	lack of public transport
la falta de viviendas	lack of housing
la gente sin techo	homeless people
el techo	ceiling, roof
las pintadas en las paredes	writing/painting on the walls, graffiti
el refugio (de animales)	(animal) refuge

Desastres naturales / **Natural disasters**

la adopción	adoption
los artículos esenciales	essential items
la deforestación	deforestation
la destrucción	destruction
los donativos	donations
la erupción	eruption
los evacuados	evacuated people
el huracán	hurricane
el incendio	fire
la inundación	flood
la sequía	drought
los supervivientes	survivors
el terremoto	earthquake
la víctima	victim

el volcán	volcano
evacuado/a	evacuated
cierto/a / verdadero/a	true
fuerte	strong
listo/a	ready
lleno/a	full
patrocinado/a	sponsored
vacío/a	empty
seguro/a	safe
adoptar	adopt
apuntarse (a)	sign up (for)
asustar/asustado/a	scare/scared
calmar/tranquilizar	calm down
colaborar/participar (en)	take part (in)
destruir	destroy
donar	donate
llorar	cry
recaudar fondos	raise funds

Problemas globales — Global issues

el abuso	abuse
la cárcel	prison
el conflicto armado	armed conflict
la corrupción	corruption
la crisis migratoria	migration crisis
la decepción	disappointment
los derechos humanos	human rights
la desigualdad	inequality
la disminución	decrease
la discriminación	discrimination
la educación	education
la enfermedad	disease, illness
el entusiasmo	enthusiasm
la epidemia	epidemic
la falta	lack
la infancia	infancy
el gobierno	government
la guerra	war
la injusticia	injustice
la juventud	youth
el libertad de expresión	freedom of speech
el migrante/inmigrante	migrant/immigrant
las oportunidades	opportunities
las personas con discapacidad	people with disabilities
la población	population
la pobreza	poverty
el racismo	racism
el refugiado	refugee
la salud pública	public health
la sorpresa/sorprendido/a	surprise/surprised
el traficante	trafficker
el susto	scare
cobarde	cowardly
encarcelado/a	imprisoned
enfadado/a / enojado/a	angry, annoyed, upset
feliz	happy
harto/a	fed up
infeliz/triste	sad
pobre	poor

reciente	recent
tacaño/a	miserly, mean
criar/(ser criado)	raise/be raised
decepcionar/ decepcionado/a	disappoint/ disappointed
dejar	let, leave
entusiasmar/ entusiasmado/a	enthuse/enthusiastic
explotar/explotado/a	exploit/exploited
prevenir/impedir	prevent
mentir/contar mentiras	lie/tell lies
preocuparse	worry
solucionar	solve
traficar/traficado/a	traffick/trafficked people
ciertamente/ definitivamente	certainly
especialmente	especially
inmediatamente/ inmediato	immediately
al fin/por fin/finalmente	at last, finally
mientras tanto	meanwhile, in the meantime
otra vez/de nuevo	again
primero/en primer lugar	firstly

Los continentes — The continents

África	Africa
América	America
América del Sur/ Sudamérica	South America
América del Norte/ Norteamérica	North America
América Central/ Centroamérica	Central America
Antártida/el Ártico	Antarctica/the Arctic
Asia	Asia
Australasia/Oceania	Australasia/Oceania
Europa	Europe

Ciudadanos globales — Global citizens

el alcalde/la alcaldesa	mayor
el presidente/ la presidenta	president
apreciar	appreciate
creer en	believe in
firmar peticiones	sign petitions
identificarse con	identify with
ser solidario/a con	be supportive of
la cultura	culture
la religión	religion
las noticias	the news
propio/a	own
otro/a	other
hasta cierto punto	up to a certain point

¡Revisemos!
• Use computer-related vocabulary • Understand how to stay safe online • Use *lo* + adjective

1 **Mira el dibujo. ¿Cuántas cosas puedes nombrar? Escribe.**

> la carpeta   el documento   la impresora   el ordenador
> la pantalla   el ratón   la tableta   el teclado   el USB

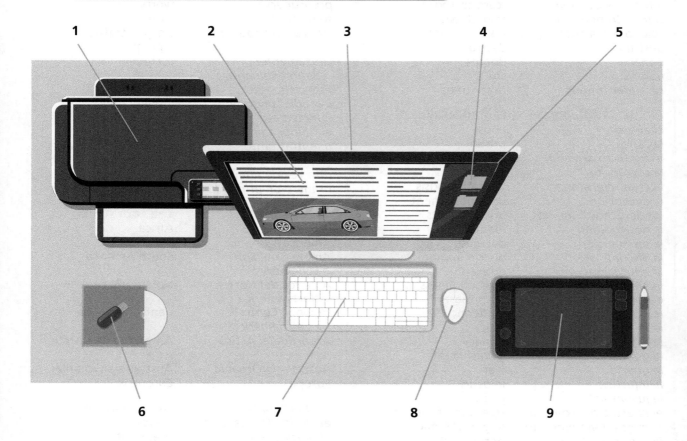

2 **Escucha y comprueba.** 🎧112

3 **Escucha. ¿Cuál es el problema? (1–4)** 🎧113

1 No funciona …

   a el ordenador   **b** el ratón   **c** la impresora

2 No puede hacer nada porque …

   a no puede conectar a Internet   **b** no puede abrir el ordenador
   c la pantalla no responde

3 Está preocupado porque cree que ha perdido …

   a un documento   **b** un correo electrónico   **c** un archivo

4 La solución para llevar la presentación a clase es …

   a imprimirla   **b** escribirla a mano   **c** guardarla en al USB

4 **Lee el texto y completa las frases.**

Consejos sobre la seguridad en línea

Lo bueno de la red es que nos permite comprar, vender, comunicar e informarnos. Lo malo es que hay mucho fraude y es importante navegar con cuidado. A continuación damos consejos para mantener la seguridad en línea.

1 Crea contraseñas difíciles de ser descubiertas. Utiliza una mezcla de letras, números y carácteres especiales (%/*¡:). No uses nombres de familia, de mascotas ni las fechas de nacimiento. No guardes tus contraseñas en archivos de word y no uses siempre la misma contraseña.

2 Descarga música, películas y programas de televisión de páginas web autorizadas. La desventaja es que tienes que pagar algo pero lo bueno es que evitas que entre un virus a tu ordenador o que recibas un ciberataque.

3 Si recibes un correo electrónico de alguien que no conoces o que parece sospechoso, ten cuidado, sobre todo si tiene errores gramaticales y ofrece ofertas de ganar premios o dinero. Si un email sospechoso tiene adjunto un archivo, no lo abras.

4 En las redes sociales, no reveles información personal sobre ti ni sobre tu familia y amigos. No publiques tu dirección ni tu colegio. No pongas fotos de donde vives.

5 En cualquier página web o servicio en Internet que pida que rellenes un nombre de usuario y una contraseña, al terminar de usarlo, haz clic en 'cerrar sesión' o 'salir'.

1 Para guardar la privacidad en línea, tienes que inventar una _____ que nadie puede saber ni adivinar.

2 Es mejor descargar de _____ oficiales.

3 No debes abrir un _____ adjunto a un correo electrónico dudoso o sospechoso.

4 Ten mucho cuidado con la información que publicas en _____.

5 Siempre debes _____ en 'cerrar sesión' al terminar de usar una página web en la cual has entrado tu contraseña.

5 **Túrnate con tu compañero/a. Haz diez frases con palabras del cuadro.**

Es fácil Puedes Es posible (No) debes Es necesario	descargar música, juegos y vídeos de Internet. buscar cualquier información en cualquier momento. hacer compras en línea fácilmente. mandar y recibir mensajes, documentos y fotos por correo electrónico. publicar tus datos personales en Internet. contestar a un correo electrónico sospechoso. revelar a nadie tus contraseñas. evitar que gente entre a tu cuenta bancaria. evitar que gente haga compras en tu propia cuenta. proteger tu ordenador contra un virus. olvidarte de tu contraseña. perder documentos y datos personales si falla el ordenador.

6 **Escribe un párrafo sobre lo bueno y lo malo de Internet.**

Lo bueno es que puedes descargar música, … y que es fácil buscar … Por otra parte, lo malo es que … Creo que lo importante es …

> ⓘ In expressions using *lo* + adjective (such as *lo bueno, lo malo, lo mejor, lo peor*), *lo* means 'the thing' or 'the concept'. The adjective is always masculine and singular.

10.1 En la era digital

i Imagina una semana cuando no puedes usar ningún
aparato de comunicación digital. ¿Cómo sería?

1 **Escucha y lee. Elige el título apropiado para el artículo.** 🔊114

1 Lo bueno y lo malo de la tecnología
2 Cómo la tecnología nos cambia la vida
3 Los problemas de la tecnología

La tecnología ha influido en muchos aspectos de la vida en unos pocos años. La revolución digital ya está aquí y los jóvenes de hoy han nacido y crecido con Internet. En México, por ejemplo, hay alrededor de 40 millones de personas que usan Internet y la mayoría de ellas tiene entre 12 y 34 años.

1 El Internet nos proporciona acceso a la información las 24 horas al día y en cualquier lugar. Solo hace falta tener wifi para conectarse. Si quieres saber o averiguar algo, lo buscas en la red y en lugar de leer las noticias en el periódico, las lees en el ordenador.

2 La tecnología está cambiando los hábitos del ocio. Según la oficina de estadística en España se pasan más horas semanales en Internet que viendo la tele. En cuanto a la música, cada uno descarga las canciones que le gusten al móvil o al mp3. También se bajan películas para ver o en el móvil o en el portátil.

3 La forma de comunicarnos ha cambiado. Las cartas y las tarjetas van a pasar a la historia. Ahora, si quieres saludar a alguien en su cumpleaños, le mandas un mensaje en el móvil. Y si vas de viaje, escribes un blog para contar tus experiencias.

4 Contactar con los amigos ya es más fácil que nunca, por las redes sociales y la mensajería instantánea en el móvil, en el portátil y en la tableta. Ahora casi nadie te llama para quedar a salir.

5 Ahorras tiempo en ir de compras porque las haces cómodamente las 24 horas al día sin salir de casa.

6 Hay aplicaciones digitales muy útiles para todo. Con las de buscar rutas, no te pierdes y llegas sin retraso. Hay algunas que te aconsejan sobre cómo ponerte en forma.

La tecnología inalámbrica nos permite conectar a la red en cualquier sitio y en cualquier momento, por consiguiente, ahora el aparato digital imprescindible es el móvil. Lo usamos para contactar con los demás, para buscar información, para escuchar música e incluso para sacar fotos y grabar videos. Ya no se puede vivir sin el móvil.

2 **Lee el texto otra vez. Marca las frases que son falsas y corrígelas.**

1 Más de la mitad de los usuarios de Internet en México tienen menos de 34 años.

2 Nos dirigimos a Internet para buscar información, aclarar dudas y enterarnos de lo que pasa en el mundo.

3 En lo que hacemos en el tiempo libre la tecnología ha tenido menos influencia.

4 Los planes entre amigos para reunirse y para salir se hacen con mensajes.

5 Ahorras dinero si haces las compras en Internet.

6 La gente va de compras menos que antes porque es más fácil hacerlo en línea.

7 Hay muchas aplicaciones que te ayudan en todos los aspectos de la vida diaria.

8 El portátil es el aparato digital más importante para la mayoría de la gente.

3 **Completa las frases.**

algo alguien cualquiera algunos nadie ninguna

1 ¡Qué curioso! Me llamó _____ pero no dejó un mensaje.

2 Hoy en día, casi _____ te llama en el teléfono fijo.

3 De las aplicaciones que utilizo, no hay _____ mejor que el WhatsApp.

4 Si quieres saber _____ sobre el horario, búscalo en la página web del colegio.

5 Hay varias marcas de móviles y _____ sirve para mandar y recibir mensajes.

6 Los portátiles son transportables y _____ son más ligeros que una revista.

4 **Escucha la conversación entre Mayra y Diego. ¿Quíen está más al favor de la tecnología?** 🔊 115

5 **Escucha otra vez. Elige M (Mayra) o D (Diego) para cada frase.** 🔊 115

1 Puedes encontrar información rápidamente.

2 No toda la información es correcta ni de buena calidad.

3 Puedes guardar programas de televisión para verlos cuando quieras.

4 Puedes descargar música y películas.

5 Si no compramos discos, es más difícil para los músicos ganarse la vida.

6 Es muy fácil contactar con los amigos en el ordenador o en el móvil.

7 Estamos perdiendo las habilidades sociales.

8 Si compras más en línea, ahorras tiempo y dinero.

9 Si todos compramos en línea, muchas tiendas van a cerrar.

10 Nadie sabe leer un mapa. La gente no sabe orientarse.

> **Gramática**
>
> Indefinite pronouns replace the words for people or things without being specific, e.g. *algo, (cada) uno, alguien, nadie, cualquiera, alguno.* *alguno, ninguno* and *uno* agree in number and gender with the person or thing they represent.
>
> *Puedes usar cualquiera de las distintas fórmulas de pagar en línea.*
>
> *Hay muchas aplicaciones útiles. Hay algunas que te aconsejan sobre cómo ponerte en forma.*
>
> ¿Más? → Grammar p. 226

> **Para mejorar**
>
> Read the questions for listening activities carefully before you listen to find out about what you are going to hear. With some knowedge of the context and the topic, you will find it easier to understand when you listen. In Activity 5, for example, the sentences 1–10 summarise the discussion you will hear between the two people.

6 **Trabaja en grupo. Pregunta y contesta. Luego escribe un resumen de las ventajas y desventajas que se han mencionado.**

¿Qué es lo bueno y lo malo de …

- buscar información en Internet?
- pasar menos horas viendo la televisión?
- descargar programas, películas y música?
- comunicarse por correo electrónico?
- contactar con los amigos en el móvil y por las redes sociales?
- hacer las compras en línea?
- usar aplicaciones?
- usar el móvil?

10.2 Hacia el futuro

Objetivos
- Talk about future technologies
- Consider the impact of future technologies
- Use indirect and direct object pronouns

1 **Escucha y lee. ¿De qué se trata? Elige la frase correcta.** 🔊116

1 La mayoría de los jóvenes creen que la tecnología traerá soluciones.

2 Algunos tienen opiniones pesimista en cuanto a la tecnología y el futuro.

3 Todos tienen una visión optimista del futuro.

El futuro conectado

Los jóvenes de hoy son la 'Generación C' – la generación conectada. Nacieron en el mundo digital y pasan gran parte de su vida en línea. Ellos mismos van a definir su propio futuro. A continuación, un grupo de jóvenes españoles nos dan sus predicciones para el año 2050.

No debemos tener miedo de la inteligencia artificial. Hay que aprovecharse de sus beneficios. En cuanto a la medicina, la inteligencia artificial nos ayudará a diagnosticar las enfermedades de una manera mucho más rápida y eficaz. Además, la tecnología permitirá llevar servicios de salud a gente que hasta ahora han tenido problemas en llegar a clínicas y hospitales. *Míriam*

La ciencia y la tecnología encontrarán soluciones prácticas para una vida sostenible en nuestro planeta. Reduciremos al mínimo el uso de combustibles fósiles, reemplazándolos con energía limpia: energía solar, eólica, hidroeléctrica, geotérmica y del mar. Además, exploraremos el espacio para buscar recursos en otros planetas y para el turismo. *Adrián*

Las impresoras 3D producirán todo lo que necesitamos, desde casas hasta medicinas. Se venderán los diseños para usar en las impresoras en vez de vender los productos. Se reducirán los gastos y las emisiones del transporte de productos. *Miguel*

Los robots nos ayudarán a hacer tareas domésticas, trabajarán en las fábricas y harán los trabajos que son peligrosos para los humanos. Desaparecerán muchos empleos pero crearemos trabajos que todavía no existen. *Lucía*

Para reducir emisiones y contaminación, todos los coches serán eléctricos. Además, no será necesario sacar el permiso de conducir porque tendremos coches sin conductor. *Claudia*

2 **Mira y lee. Empareja cada una con una opinión del texto de la Actividad 1.**

¿Sabes adónde quieres ir? Vale. Se lo dices en voz alta y el coche te lleva.

Es fantástico. Solo tienes que pedírselo y en seguida te lo hace: descargar el lavaplatos, pasar la aspiradora o prepararte un café.

1

2

3

El viaje de tu vida!

Un viaje al espacio sería la experiencia más impresionante de tu vida. ¡No te lo pierdas!

3 **Túrnate con tu compañero/a. Pregunta y contesta sobre el texto de la Actividad 1.**

1 ¿Qué actitud debemos tener en cuanto a la inteligencia artificial?

2 ¿Cómo ayudará la tecnología a los que viven en sitios remotos?

3 ¿Qué tipos de energía usaremos en el futuro?

4 ¿Por qué iremos al espacio?

5 ¿La robótica nos ayudará o traerá problemas? ¿Cómo?

6 ¿Cómo cambiará la fabricación de productos?

7 ¿Qué tipo de coches tendremos?

4 **Empareja las frases.**

1 Quiero ver las fotos.

2 Tengo un móvil nuevo.

3 Lo que te voy a decir es un secreto.

4 Mis padres tienen un coche eléctrico.

5 Robot, hace falta pasar la aspiradora.

6 La información en este documento es confidencial.

a Hazlo en seguida.

b Mándamelas por email.

c Mis padres me lo regalaron por mi cumpleaños.

d No se la enseñes a tus colegas.

e No se lo digas a nadie.

f Se lo compraron hace poco.

Gramática

When there is an indirect **and** a direct pronoun in the same sentence, the indirect pronoun comes first:
Conjugated verb: *En seguida te lo hace.*
Infinitive/affirmative imperative/gerund: *Solo tienes que pedírselo.*
Negative command: *¡No te lo pierdas!*

When both pronouns refer to the third person, the indirect pronoun se → *le/les*:
Se lo dices en voz alta y el coche te lleva.

¿Más? → Grammar pp. 224–225

5 **Escucha. ¿Qué es? Elige la descripción apropiada para cada uno. (1–4)** 🎧117

a un programa de televisión sobre diseño

b un anuncio de radio para una nueva tecnología

c un diagnóstico médico por Skype

d una conversación sobre una mascota

6 **Escucha otra vez. Empareja los textos con las descripciones de la Actividad 5.** 🎧117

1
- Se lo comió el perro.
- ¡No me digas!

2
- Póntelas y podrás grabar vídeos y hacer búsquedas.

3
- Me duele la garganta.
- Vamos a ver. Enséñemela.

4
- Lo que sobra, lo guarda en baterías.

Para mejorar

Use a variety of ways of asking for and giving opinions.
¿Qué opinas de …? ¿Crees que …? ¿Qué te parece …?
En mi opinión … Creo/Pienso que … . Me parece que … Desde mi punto de vista … No estoy seguro. No estoy de acuerdo.

7 **Trabaja en grupo. Habla de las opiniones expresadas en la Actividad 1.**

- Escribe una lista de las tres ideas más interesantes.
- Habla de tus propias predicciones para el futuro.
- Escribe una lista de las cinco predicciones más interesantes.

10.3 Hacia el año 2050

1 Empareja las fracciones con las palabras.

1/2   1/4   1/3   3/4   tercio   tres cuartos   mitad   cuarto

2 Escucha y lee. Elige las opciones correctas. (1–6) 🎧118

El futuro en cifras

1 Alrededor de 4000 millones de personas viven en zonas urbanas, lo cual representa más de la mitad de la población del mundo. Se calcula que, en el año 2050, casi tres cuartos de la población del mundo vivirá en ciudades.

2 El 36%, es decir más de un tercio, de la población mundial vive actualmente en regiones de sequías y falta de agua. Es posible que, en treinta años, alrededor del 50% de las personas no tenga acceso al agua.

3 Las bacterias ya empiezan a ser resistentes a los antibióticos y como resultado es probable que las superbacterias lleguen a matar a millones de personas al año.

4 El cambio climático hará que las tormentas sean más intensas. Los huracanes serán más fuertes y más frecuentes. Habrá más inundaciones. Subirán las temperaturas y hacia 2050 la temperatura media global será entre uno y dos grados más altos que ahora.

5 El calentamiento global reducirá la cantidad de comida que la agricultura puede producir en un 2% en los próximos años y por consiguiente, mucha gente pasará hambre. Para alimentar al mundo en 2050, hará falta el doble de kilocalorías que se consumen en el mundo hoy.

6 Si seguimos destruyendo las selvas tropicales al ritmo actual, entre un tercio y la mitad de las selvas tropicales habrán desaparecido a mediados de este siglo. Se calcula que una cuarta parte de los animales y otras especies estará en peligro de extinción.

1 Casi el **50% / 75%** de la población del mundo vivirá en zonas urbanas.

2 Es posible que **la mitad / un cuarto** de la población no tendrá suficiente agua.

3 Probablemente mucha gente **morirá / sobrevivirá** a causa de las superbacterias.

4 La temperatura media subirá **a 2° / de 1° a 2°**.

5 En el futuro, para alimentar a todos, hará falta **dos / tres** veces más kilocalorías que ahora.

6 Se calcula que en los próximos treinta años, pueda desaparecer entre el **25% / 33%** y el **50% / 75%** de las selvas tropicales.

7 Es posible que en 2050, el **25% / 4%** de las especies esté en peligro de extinción.

3 Trabaja con tu compañero/a. Completa las frases.

a El recurso más importante para la vida es el _____. No debemos malgastarla.

b Será importante diseñar las zonas urbanas de modo que sean sitios agradables para _____.

c En cuanto a la _____, hay que desarrollar métodos nuevos para cultivar los alimentos necesarios para la población del mundo.

d La investigación en ciencia, en tecnología y en _____ nos ayudará a encontrar soluciones para los problemas de la salud.

e Tendremos que desarrollar buenos sistemas de _____ público. Deben ser más eficientes y deben producir pocas emisiones para reducir la _____ del aire.

f Debemos proteger el medio ambiente, tanto en nuestros propios barrios y ciudades, como en las _____ tropicales en Amazonas y otros lugares del mundo.

g Tenemos que usar _____ combustibles fósiles. Por ejemplo, usar menos el coche, la calefacción y el aire acondicionado.

4 Escucha y comprueba.

5 Empareja los problemas de la Actividad 2 con las soluciones de la Actividad 3.

6 Trabaja en grupo. Decide cuál es el problema global más preocupante y por qué.

7 Túrnate con tu compañero/a. Escribe predicciones sobre los estudiantes de tu clase.

- Más de la mitad de la clase prefiere vivir en la ciudad.
- Tres cuartos de la clase …

> prefiere vivir en la ciudad más que en el campo
> normalmente usa el transporte público para llegar a clase
> siempre intenta evitar malgastar agua y comida
> casi siempre apaga las luces al salir de su habitación/del cuarto de baño
> es vegetariano
> cree que el problema más preocupante es el calentamiento global
> espera que con la ciencia y la tecnología, podamos solucionar la mayoría de los problemas del futuro

8 Haz preguntas para averiguar vuestras predicciones.

- ¿Quién prefiere vivir en la ciudad? Levanta la mano.

9 Trabaja en grupo para hacer una presentación. Elige entre:

- Las diez especies en mayor peligro de extinción
- Un sistema de transporte público que funciona bien
- Cómo preparar nuestra ciudad para el año 2050

$1/2$ – *la mitad*
$1/3$ – *un tercio*
$1/4$–$1/10$ – use the ordinal numbers (*un cuarto, un quinto,* …)
These are often used with **parte.**

Entre un tercio y la mitad de las selvas tropicales habrán desaparecido a mediados de este siglo.
En el año 2050, casi tres cuartos de la población del mundo vivirá en ciudades.
Se calcula que una cuarta parte de los animales y otras especies estará en peligro de extinción.

¿Más? → Grammar p. 237

Ways of expressing approximate numbers:
alrededor de *4 millones de personas*
aproximadamente *mil habitantes*
unas *cincuenta especies en peligro de extinción*
entre *veinte* **y** *treinta años*

10.4 Si fuera presidente ...

Objetivos
- Say what you would do
- Say how you would achieve your aims
- Use the imperfect subjunctive

1 Escucha. ¿Qué harían las personas? Completa cada frase con la opción correcta. (1–6) 🔊120

1	Si fuera presidente,	**a**	pondría fin al hambre.
2	Si tuviera el poder,	**b**	acabaría con la discriminación contra las minorías.
3	Si gobernara,	**c**	erradicaría la pobreza.
4	Si fuera rico,	**d**	lucharía por la paz mundial.
5	Si fuera primera ministra,	**e**	aprobaría leyes contra la desigualdad social.
6	Si fuera rica,	**f**	establecería clínicas de salud por todo el mundo.
		g	financiaría escuelas y colegios en países pobres.
		h	trabajaría para defender los derechos humanos.
		i	lucharía por una sociedad pacífica y tolerante.
		j	trabajaría para lograr la igualdad de género.
		k	aprobaría medidas para un medio ambiente sostenible.
		l	mejoraría la economía.

2 Pon las opciones de la Actividad 2 (a–l) en el orden de importancia para ti. Compara tu lista con la de tu compañero/a.

3 Escucha la discusión entre Hugo, Martina, Mario y Valeria. Contesta las preguntas. 🔊121

1 ¿Por qué quiere Hugo que más compañías extranjeras inviertan en el país?

2 ¿Por qué construiría Martina más granjas eólicas?

3 Para Mario ¿cuál es la prioridad?

4 ¿Qué construiría?

5 Según Valeria, ¿qué es menos importante que el bienestar de la población?

6 ¿Qué trataría de eliminar Valeria?

7 ¿Qué construiría?

8 ¿Qué no habría si la población viviera en buenas condiciones?

Para mejorar

In listening and reading activities, you will often find that the questions and the text use different words and phrases to refer to the same ideas and information. Knowing a wide range of vocabulary for each topic will help you identify the connections between the text and the questions and understand the implied meaning.

4 Completa las frases con los verbos en el imperfecto subjuntivo.

1 Si yo (**tener**) _____ mucho dinero, crearía un parque infantil en mi barrio.

2 Si yo (**ser**) _____ alcalde, mejoraría el transporte público en mi ciudad.

3 ¿Si tú (**poder**), _____ qué harías?

4 Si nosotros (**hablar**) _____ con el presidente, pediríamos mejores servicios sociales.

5 Si ellos (**ganar**) _____ más dinero, vivirían mejor

6 Si vosotros (**hacer**) _____ trabajo voluntario, ayudaríais a la gente necesitada.

Gramática

The imperfect subjunctive is used in the same way as the present subjunctive but to refer to the past. You also use it for hypothetical events (in the 'if' clause in sentences with the conditional).

To form the imperfect subjective, take the third person plural of the preterite (*ellos/ellas*) and add: *–ra, –ras, –ra, –ramos, –rais, –ran*.

Si la población viviera en buenas condiciones, produciría más.

¿Más? → Grammar p. 234

| Si fuera presidente, ...
Si fuera rico/a, ...
Si gobernara, ...
Si tuviera dinero/el poder, ... | pondría fin al hambre.
acabaría con la discriminación.
erradicaría la pobreza.
lucharía por la paz mundial.
aprobaría leyes contra la desigualdad.
establecería clínicas de salud.
financiaría escuelas y colegios.
mejoraría la economía. |

Daría más oportunidades a (compañías extranjeras).
Emplearía a (más médicos y enfermeras).
Aprobaría leyes para (mejorar el acceso la a educación).
Mejoraría (el transporte).
Construiría (más viviendas públicas).

5 Trabaja en grupo. Discute lo que haríais si fuerais el gobierno de tu país.

- Si gobernáramos, mejoraríamos ...
- También emplearíamos ...

6 Costa Rica es el país número uno en el ranking de Happy Planet. Lee y empareja las dos partes de las frases sobre el país.

Costa Rica
Pura Vida

1 La economía de muchos países

2 Los habitantes de los Estados Unidos

3 Si Costa Rica no hubiera abolido su ejército,

4 Si los costarricenses no pagaran impuestos sobre la gasolina,

5 Si Costa Rica no tuviera energía renovable,

6 Si el país redistribuyera mejor los ingresos,

a no podría gastar tanto en educación.

b mejoraría la desigualdad de riqueza.

c es más grande que la de Costa Rica.

d el gobierno no podría proteger sus bosques.

e tienen una vida más corta que los costarricenses.

f no produciría tanta electricidad sostenible.

7 Escribe un artículo sobre cómo se podría mejorar tu país. Usa el imperfecto subjuntivo y el condicional.

10.5 ¿Qué harás en el futuro?

1 Empareja las fotos con las frases. Escucha y comprueba. 🎧122

1 **2** **3** **4**

5 **6** **7** **8**

a Tengo la intención de montar mi propio negocio.

b Espero encontrar el trabajo de mis sueños.

c Iré al extranjero para encontrar trabajo.

d Me gustaría casarme.

e Voy a tener hijos.

f Quiero ser feliz.

g Quisiera independizarme de mis padres.

h ¡Tendré éxito en la vida!

2 Escucha. ¿Quién dice qué? Escribe Alfonso (A), Raquel (R), Martina (M), Gonzalo (G) o Julián (J). (1–5) 🎧123

1 Quiere marcharse del hogar familiar.

2 Le gustaría formar una familia.

3 Tendrá que terminar los estudios antes de empezar a trabajar.

4 Es pesimista sobre el futuro.

5 Espera tener mucho dinero y ser muy conocido.

6 Va a tener que dejar el país para seguir su carrera.

7 Tiene la intención de empezar un negocio.

8 Le gustaría ayudar a otras personas.

3 Escucha otra vez y completa. 🎧123

1 Alfonso va a emigrar a otro país para poder trabajar como _____.

2 En el país de Alfonso faltan _____ para los jóvenes.

3 Antes de todo Raquel tiene que acabar los _____.

4 Gonzalo dice que hay muchos jóvenes que no encuentran _____.

5 A Martina no le importará trabajar _____ para conseguir su sueño.

6 Abrir una _____ será un sueño hecho realidad.

7 Julián no quiere tener un trabajo con un _____ bajo.

8 No quiere depender de sus _____.

4 Túrnate con tu compañero/a. Pregunta y contesta.

- ¿Qué quieres hacer en el futuro y por qué?
- ¿Tienes la intención de … ?

Tengo la intención de … Quiero … Espero … Me gustaría … Quisiera … Pienso …	buscar un trabajo. seguir estudiando. trabajar. encontrar un buen trabajo. montar mi propio negocio. ir a la universidad. casarme. tener niños. independizarme.
Cuando … gane bastante dinero, vaya a la universidad, sea mayor, tenga un buen salario, encuentre el trabajo de mis sueños, termine los estudios,	alquilaré un piso. iré al extranjero. me casaré. formaré una familia. abriré un negocio. seguiré estudiando. seré arquitecto. me marcharé de casa. emigraré.

5 Escribe un párrafo sobre tus planes para el futuro.

6 Lee el artículo y busca las frases en español.

Según un estudio, más de 50 por ciento de los jóvenes creen que tendrán que emigrar para encontrar trabajo. La juventud ha sido afectada por la crisis económica que ha resultado en una tasa de paro del 35,7 por ciento entre los 20 y los 29 años. Además sufren de inestabilidad en el empleo y bajos salarios. No es de extrañar que la mitad de los encuestados cree que tendrá menos oportunidades laborales que sus padres.

Los datos dan una visión negativa del futuro laboral para los jóvenes, ya que un 74 por ciento considera 'bastante' o 'muy probable' tener que trabajar en lo que sea y un 67 por ciento piensa que dependerá económicamente de sus padres.

Menos de dos de cada diez jóvenes en España (19,5 por ciento) se marcha de la casa de los padres para vivir por su cuenta mientras que en Europa, la tasa media de independizarse es del 52,1 por ciento. La edad media de abandono del hogar familiar es de 29 años entre los españoles y de 26 de los europeos. Esta situación es causada por la falta de trabajo y el alto precio de las viviendas.

El estudio fue realizado por el Centro Reina Sofía sobre Adolescencia y Juventud y 2013 jóvenes fueron encuestados por los autores.

1 level of unemployment	**5** leave home
2 job instability	**6** live on their own
3 it's not surprising	**7** the average rate
4 get whatever job	**8** the high cost of housing

7 Lee el artículo otra vez y escribe a qué se refieren las cifras.

1 más de 50 por ciento	**5** 19,5 por ciento
2 35,7 por ciento	**6** 52,1 por ciento
3 74 por ciento	**7** 29
4 67 por ciento	**8** 2013

1 el porcentaje de jóvenes españoles que cree que tendrá que emigrar por trabajo

8 Lee el artículo otra vez. Busca cuatro ejemplos de la forma pasiva en la Actividad 6. Reescribe las frases con verbos activos.

You can express future plans with a variety of phrases using the infinitive:
Tengo la intención de abrir una tienda.
Espero ir al extranjero.

To talk about the future in a more interesting and complex way, use *cuando* + the subjunctive:
Cuando termine los estudios, me buscaré un trabajo.

If you are not certain of your plans, use words like *tal vez, posiblemente* and *quizás:*
Quizás encontraré el trabajo ideal.

Gramática

The passive is formed using *ser* + past participle. The person or thing performing the action is introduced by *por*. Remember that the past participle agrees with the subject.
Su trabajo es admirado por todo el mundo.
La tasa de paro ha sido provocada por la crisis.
El salario fue reducido por la empresa.
It is more common to use the reflexive form of the verb and not the passive form.
El salario se redujo por la crisis.

¿Más? → Grammar p. 233

Inventos tecnológicos españoles

La calculadora digital

El español Leonardo Torres Quevedo fue el que creó la primera calculadora digital sobre el año 1914. Realizaba los cálculos de forma autónoma (algunos de ellos bastante complejos).

El teleférico

Fue Leonardo Torres Quevedo quién en 1887 inventó lo que llamó 'Un sistema de camino funicular aéreo de alambres múltiples'. Es decir, el teleférico.

En 1907 construyó el primer teleférico para el transporte de personas, en San Sebastián. Fue un éxito y el teleférico se exportó por todo el mundo.

El submarino

Este invento fue creado por el ingeniero Isaac Peral quien diseñó un buque sumergible impulsado por energía eléctrica. El primer submarino fue construido en 1888. El submarino original se puede ver hoy en día en el puerto de Cartagena.

El futbolín

Alejandro Campos Ramírez fue el poeta, editor e inventor que creó el futbolín. En 1936 fue herido en Madrid durante la Guerra Civil española. Mientras estaba en el hospital conoció a muchos niños heridos que ya no iban a poder jugar al fútbol. Por esto se le ocurrió la idea del futbolín que ha dado placer a millones de personas.

1 Elige las opciones correctas.

1 La primera calculadora digital fue inventada

   a a principios del siglo XX   **b** en el siglo XXI   **c** hace doscientos años

2 El primer teleférico fue construido para

   a la exportación al extranjero   **b** transportar al público   **c** conseguir la fama mundial

3 El primer submarino se puede

   a sumergir   **b** visitar   **c** impulsar

4 El inventor del futbolín quería

   a ayudar a los niños heridos   **b** enseñar a jugar al fútbol   **c** luchar en la guerra

Tres inventos de jóvenes estudiantes

1 En México, tres estudiantes, a pesar de tener muy pocos recursos, encontraron una solución para uno de los grandes problemas del país, la contaminación del agua. Los jóvenes que viven en una de las zonas más pobres del país, se inspiraron en las técnicas de los pueblos indígenas de su región para purificar el agua con nopal, un cactus que abunda en la zona. Los jóvenes crearon una técnica para obtener un polvo purificador del nopal.

2 Un joven español ha conseguido un premio por su invento de un bastón electrónico para personas con discapacidad visual. El bastón tiene un sensor que detecta la presencia de obstáculos y el invento facilita la autonomía de la persona en lugares desconocidos mejor que un bastón tradicional y un perro guía. Por medio de vibraciones avisa de la presencia de obstáculos y facilitar la orientación con tecnología GPS.

3 Una invención para evitar que se desperdicien cientos de alimentos en los supermercados fue creación de una joven chilena. Hasta un tercio de los alimentos se estropea o se desperdicia sin ser consumido por las personas. La solución de la estudiante es una app que varía el precio del producto con respeto al tiempo que lleva en los estantes del supermercado.

el bastón – walking stick

A buscar

Lee sobre otro invento español o latinoamericano. Decide qué impacto ha tenido en las vidas de las personas que lo usan.

Conexiones

¿Qué invento crees que es el más importante de la historia?

Lo mismo ...

España se ha convertido en el país con más smartphones por habitante del mundo junto a Singapur: el 92% de los españoles dispone de uno. Además el 85% de los españoles utiliza Internet.

En Latinoamérica solo el 54,4% de los habitantes usa Internet. El porcentaje de personas con smartphones también es más bajo que en España pero va en aumento y se espera que en 2020 sea el segundo mercado del mundo después de Asia con más de 605 millones usuarios.

pero diferente

2 Contesta las preguntas.

1 a What did the Mexican students find a solution to?

b What inspired their invention?

c What did they create from the cactus plant?

2 a Who is the walking stick intended for?

b How does the walking stick detect obstacles?

c How does it warn users of an obstacle in their path?

3 a What is the Chilean student's invention for?

b How much supermarket food goes to waste?

c What does the app vary?

Repaso

1 Escucha. Pon las fotos en el orden en que se mencionan los aparatos. 🔊124

a b c d e

2 Escucha otra vez y contesta las preguntas. 🔊124

1 What does Clara say has changed her life?

2 What does she say is marvellous about the Internet?

3 When does Pablo think a Smartphone is particularly useful?

4 Who found his future wife on a dating app?

5 What else does Clara think has changed our lives?

6 What does Margarita love about digital cameras?

7 Why does Ramón think the MP3 player is so impressive?

8 How does Margarita think that technology has changed our lives?

3 Lee el artículo. Busca las palabras de la lista (1–6) y empareja cada palabra con su sinónimo o definición (a–f).

Tanto ha cambiado en los últimos años pero, ¿cómo será el mundo dentro de 10 años? Estas son algunas de las tecnologías que podrían cambiar la forma en que vivimos.

Es posible que en pocos años podamos transmitir y compartir sensaciones como olores y sabores así como hoy se envía una selfie. Se están desarrollando tecnologías para que la gente pueda compartir experiencias sensoriales de forma remota.

Según unos expertos en 10 años no tendremos medios para teletrasportarnos, pero sí tendremos hologramas y estos serán la tecnología más divertida a la hora de comunicarnos con otros. Se piensa, además, que en un futuro más lejano se podrán mandar pensamientos a la mente de otras personas.

Es probable que en el futuro cercano cada persona tendrá su propio dron personal: un pequeño robot que sigue a su dueño. El dron se podrá usar para hacer teleconferencias caminando por la calle y se podrá controlar por voz o por un 'wearable' especial.

En pocos años la inteligencia artificial (IA) será fundamental. Especialistas de todo el mundo están trabajando para elaborar tecnologías que podrán, por ejemplo, aprender conceptos complejos y relacionarlos 'pensando' por sí mismas, sin errores humanos.

El sector de la salud experimentará algunos de los más importantes avances. Se sabe que hay científicos que trabajan para que las personas puedan vivir 500 años en un futuro. Tratan de convertir a los seres humanos en superhombres inmunes a la enfermedad gracias a la biotecnología.

No obstante no todo es un futuro de rosas. Los avances tecnológicos traerán problemas en cuanto al aumento de la población mundial. Además, el empleo de robots podrá causar más desempleo e inestabilidad laboral.

1 mandar	a fabricar	
2 producir	b lejano	
3 distante	c dueño	
4 el amo	d enviar	
5 elaborar	e desarrollar	
6 transformar	f convertir	

4 **Lee el artículo otra vez y contesta las preguntas.**

1 ¿Qué se podrá mandar en unos años?

2 ¿Cuál será la tecnología más divertida?

3 ¿Cuándo podremos enviar nuestros pensamientos a la mente de otros?

4 ¿Cómo se controlarán los robots personales?

5 ¿Quiénes están elaborando dispositivos con inteligencia artificial?

6 ¿Qué podrán aprender y relacionar sin error los dispositivos inteligentes?

7 ¿Cuánto tiempo podrán vivir los seres humanos con la tecnología del futuro?

8 ¿De qué no morirán las personas gracias a biotecnología?

9 ¿Qué causará problemas en cuanto el mundo del trabajo?

5 **Túrnate con tu compañero/a. Pregunta y contesta.**

- ¿Cómo ha cambiado tu vida la tecnología?

- ¿Cuál piensas que será el avance tecnológico más importante en el futuro? ¿Por qué?

- ¿Qué problemas puede causar la tecnología?

- ¿Qué harías tú para cambiar el mundo si tuvieras el poder?

- ¿Qué quieres hacer en el futuro y por qué?

6 **Escribe un resumen de tu conversación.**

¿Cómo te va?

Lee y copia para hacer una lista de verificación. Piensa y decide para cada objetivo: **Muy bien, Más o menos, Mal**. Repasa para mejorar.

	Muy bien	Más o menos	Mal
• describir cómo la tecnología nos ha cambiado la vida			
• hablar de las ventajas y desventajas de la comunicación digital			
• usar pronombres indefinidos			
• hablar de tecnologías futuras			
• usar pronombres directos e indirectos de objeto combinados			
• discutir sobre los problemas globales			
• usar fracciones			
• decir lo que haría si tuviera el poder			
• describir cómo lograría mis propósitos			
• usar el tiempo condicional con el imperfecto subjuntivo			
• hablar de mis planes para el futuro			
• describir mis ambiciones			
• usar la forma pasiva			

Para mejorar

Use connectives in your writing to help you link your ideas.
Use words like *además, también, incluso* to add ideas or give more information about the same ideas.
You can contrast ideas with connectives such as *sin embargo, aunque, no obstante, a pesar de*.
To express the consequences of the information you've given you can use words like *entonces, así que, por lo tanto, por eso, en consecuencia*.

Palabras y frases – Unidad 10

Ordenadores — Computers

el altavoz	speaker
el documento	document
el cargador	charger
la carpeta	folder
la cuenta bancaria	bank account
la grabación	recording
la impresora	printer
el ordenador	computer
la pantalla	screen
la pantalla táctil/ interactiva	(interactive) touchscreen
el portátil	laptop
la privacidad	privacy
el ratón	mouse
la seguridad en línea	online safety
la tableta	tablet
el teclado	keyboard
el USB	memory stick
en línea	online
buscar (letras de canciones)	look/search for (song lyrics)
descargar/bajar (las películas)	download (films)
evitar	avoid
grabar (videos)	record (videos)
hacer clic (en)	click (on)
hacer compras	shop
imprimir	print
mandar	send
olvidar	forget
perder	lose
publicar	publish
recibir (los correos electrónicos)	receive (emails)
sacar/tomar fotos	take photos
sospechoso/a	suspicious

La era digital — Digital era

Spanish	English
al archivo	file
el blog	blog (post)
el ciberataque	cyber attack
la contraseña	password
los datos personales	personal data
la foto(grafía)	photo(graph)
el fraude	fraud
la información (personal)	(personal) information
las noticias	news
la página web	webpage
el red social	social network
la robótica	robotics
la tecnología inalámbrico	wireless technology
el videoblog/ videoaficionado/a	vlog/vlogger

Spanish	English
el virus	virus
el wifi	WiFi
guardar	save
proteger tu ordenador	protect your computer
revelar	reveal

Tecnología en el futuro — Future technologies

Spanish	English
el coche eléctrico	electric car
el coche sin conductor	driverless car
el gasto	use, expenditure
la inteligencia artificial	artificial intelligence
la impresora 3D	3D printer
los robots	robots
el tratamiento	treatment
la vida sostenible	sustainable living
la visión	vision
la zona urbana	urban area
el dinero	money
el billete	bank note
la moneda	coin
desarollar	develop
diagnosticar	diagnose
erradicar	eradicate
explorar el espacio	explore space
intentar	try
mejorar	improve
solucionar	solve
conectado/a	connected
eficiente	efficient
optimista	optimistic
pesimista	pessimistic
preocupante	worrying
previo/a	previous
similar/parecido/a	similar

Si fuera presidente … — If I were president

Spanish	English
Si fuera primer ministro, …	If I were prime minister, …
Si fuera rico/a, …	If I were rich, …
Si gobernara, …	If I governed, …
Si tuviera el poder, …	If I had the power, …
acabaría con (la discriminación)	I'd stop (discrimination)
aprobaría leyes contra (la desigualdad)	I'd approve laws against (inequality
construiría más viviendas públicas)	build (more public housing)
daría (más oportunidades)	give (more opportunities)
emplearía (más médicos)	employ (more doctors)
erradicaría (la pobreza)	I'd eradicate (poverty)
establecería (clínicas)	I'd establish (clinics)
financiaría (escuelas)	I'd finance (schools)

lucharía por (la paz mundial/una sociedad tolerante) — I'd fight for (world peace/a tolerant society)
mejoraría (la economía) — I'd improve (the economy)
pondría fin al (hambre) — I'd put an end to (hunger)
trabajaría para defender (los derechos) — I'd work to defend (rights)

Planes para el futuro — **Future plans**
Espero … — I hope to …
Me gustaría/Quisiera … — I'd like to …
Pienso … — I'm thinking of …
Quiero … — I want to …
Tengo la intención de … — I intend to …
Voy a … — I'm going to …
la boda — wedding
el hogar familiar — family home
la jubilación — retirement
el matrimonio — marriage
el novio/la novia — boyfriend/girlfriend
la pareja — partner
el prometido/ la prometida — fiancé/fiancée

casado/a — married
comprometido/a — engaged
divorciado/a — divorced
soltero/a — single
abrir un negocio — open a business
alquilar un piso — rent a flat
buscar un trabajo — look for
casarse — get married
emigrar — emigrate
encontrar el trabajo de mis sueños — find the job of my dreams
(estar) embarazada — (be) pregnant
formar una familia — have a family
independizarse — be independent
ir a la universidad — go to university
ir al extranjero — go abroad
jubilarse/jubilado/a — retire/retired
lograr — achieve, manage to
marcharse de casa — leave home
montar/poner mi proprio negocio — set up my own business
mudarse — move house
pertenecer (a) — belong (to)
seguir estudiando — keep studying
ser (arquitecto) — be an architect
tener niños — have children
trabajar — work
pronto — soon
quizás — perhaps
tal vez — maybe
seguro/a de sí mismo — self-confident
Es absurdo. — It's ridiculous.

tú mismo — you yourself [for emphasis]
yo mismo — I myself [for emphasis]
Cuando gane bastante dinero — When I make enough money
Cuando vaya a la universidad — When I go to university
Cuando sea mayor — When I'm older
Cuando tenga un buen salario — When I have a good salary
Cuando encuentre el trabajo de mis sueños — When I find the job of my dreams
Cuando termine los estudios — When I finish my studies

Escuchar

1 **Vas a oír una entrevista en la radio con Martín, que cuenta sobre su trabajo como voluntario en Nepal. Vas a escuchar la entrevista dos veces.**
Hay una pausa durante la entrevista.
Para cada pregunta indica tu respuesta escribiendo una X en la casilla correcta (A–D).
Ahora tienes unos segundos para leer las preguntas. 🎧125

1 Lo que Martín ofrece a la organización benéfica es …

   A su experiencia en la educación

   B su habilidades como ingeniero

   C sus conocimientos del país

   D su labor como constructor   [1]

2 Martín aprendió sobre la ONG …

   A gracias a sus contactos

   B a través de su trabajo

   C con ayuda de sus colegas

   D por los medios   [1]

3 Cada vez que visitó Nepal era para …

   A supervisar una etapa de la obra

   B pasar las vacaciones

   C asistir a las fiestas navideñas.

   D construirse una casa   [1]

4 La infraestructura del pueblo nepalí …

   A depende de las familias locales

   B es igual en todo el país

   C le recuerda a Martín su propio país

   D necesita ser mejorada   [1]

5 ¿Qué no encuentra fácil Martín?

   A Respetar las tradiciones extranjeras.

   B Implantar métodos europeos.

   C Comunicarse con los constructores nepaleses.

   D Resolver los problemas.   [1]

6 ¿Qué hará Martín en el futuro?

   A Aprenderá un idioma nuevo. ☐

   B Comenzará otra obra en el extranjero. ☐

   C Mejorará su vida. ☐

   D Buscará otro trabajo. ☐ [1]

[Total: 6]

2 **Vas a oír una entrevista con Ana, estudiante brillante. Vas a oír la entrevista dos veces. Hay dos pausas durante la entrevista.**
Para cada pregunta indica tus respuestas escribiendo una X en las dos casillas correctas (A–E).
Ahora tienes unos segundos para leer las preguntas. 🎧126

1 **A** Se encuentran más chicos que chicas entre los mejores alumnos. ☐

   B La inteligencia es menos importante que el esfuerzo y la persistencia. ☐

   C Ana tuvo tiempo para hacer deporte de vez en cuando. ☐

   D A Ana se le da bien tocar el piano. ☐

   E Ana sabe equilibrar los estudios con el ocio. ☐ [2]

[PAUSA]

2 **A** La duración de la conferencia fue dos semanas. ☐

   B Varios expertos de diversas especialidades dieron charlas. ☐

   C Ana empezará los estudios universitarios el año próximo. ☐

   D Ana quiere ayudar a mejorar la condición humana. ☐

   E Ana va a estudiar francés en Francia. ☐ [2]

[PAUSA]

3 **A** En la carrera que ha elegido Ana hay pocas oportunidades de trabajo. ☐

   B A Ana no le gustaría trabajar en el extranjero. ☐

   C A Ana le encantaría encontrar empleo en la investigación. ☐

   D Ana piensa que hay que trabajar para ser feliz. ☐

   E Ana trabajará mucho después de decidir que hacer. ☐ [2]

[Total: 6]

Leer

3 **Lee el texto. Contesta las preguntas en español.**

Hola Geraldo,

El verano pasado asistí a un campamento de verano muy original que se llama 'Ecologistas en Marcha'. Es un campamento de verano para jóvenes de 12 a 17 años y tiene lugar en una granja en el campo aragonés. Ofrece actividades para aprender sobre la ecología de una manera práctica y divertida.

La actividad qué más me gustó a mí y a mis compañeros fue el cuidado de animales. Dábamos de comer a los pollos y los cerdos, ordeñábamos las vacas para la leche y aprendimos a hacer queso y yogur. También cultivamos todo tipo de legumbres y hacíamos el pan que comíamos todos los días.

Se hace campamento en tres lugares diferentes del valle y se camina entre las bases. Así aprendimos a apreciar la belleza de la naturaleza y la importancia de cuidar y preservarla.

El lema del campamento es 'Menos para vivir mejor'. Los monitores tratan de enseñarnos cómo vivir de una manera ecosostenible y con menos consumo. Lo llevamos a la práctica día a día en el campamento: dando los restos de comida para los animales o el compostaje, no usando jabones contaminantes, aprovechando la huerta y los animales de la granja.

El campamento va ganando popularidad porque creo que hay más comprensión en la sociedad sobre cuestiones ecológicas. Me he apuntado a volver al campamento el año que viene, ¿me acompañas?

Raquel

1 ¿Qué edad tienen los jóvenes que asisten al campamento?

_____ [1]

2 ¿Dónde está el campamento?

_____ [1]

3 ¿De qué forma se enseña la ecología a los jóvenes?

_____ [1]

4 ¿Qué les gustó a los jóvenes más que nada?

_____ [1]

5 ¿Qué alimento se comía a diario en el campamento?

_____ [1]

6 ¿Cómo se va de una base a otra?

_____ [1]

7 ¿Qué aprendieron los jóvenes a valorar?

_____ [1]

8 ¿Qué mensajes quieren dar los monitores a los jóvenes?

(i) _____ [1]

(ii) _____ [1]

9 ¿Qué no se utiliza en el campamento?

_____ [1]

10 Según Raquel, ¿sobre qué hay más comprensión?

_____ [1]

11 ¿Qué quiere hacer Raquel el verano próximo?

_____ [1]

[Total: 12]

4 **Lee el texto. Contesta las preguntas en español.**

> ### Generación Z, más allá de los milenarios
>
> Prácticamente han nacido y crecido con un smartphone en la mano. Por primera vez en la historia, emerge una generación que ha disfrutado de Internet para sociabilizarse y aprender desde pequeños. Así son los jóvenes que nacieron después de 2000 y forman la Generación Z.
>
> Nacieron, vivieron y crecieron mano a mano con una crisis económica que afectó a sus entornos e influyó en sus personalidades. Los sueldos a los que optan para trabajar son bajos y su relación con el dinero ha cambiado. Así, ahora existen aplicaciones como BlaBlaCar, que permite a sus usuarios compartir los gastos de sus viajes en coche. Quieren disfrutar de las cosas, pero no quieren tenerlas.
>
> La Generación Z rechaza la educación formal y opta por la formación más vocacional. Tendremos que cambiar el sistema educativo, el empleo y muchos valores ya anticuados para acomodar sus nuevas necesidades.
>
> Lo que preocupa a esta generación no es tener un trabajo fijo, sino encontrar un empleo que les agrade y que esté de acuerdo con su personalidad. Cuentan con habilidades y conocimientos que las otras generaciones no tienen y con las cuales podrán solucionar los problemas del mundo en que vivimos. Por ejemplo: ¿Cómo podemos luchar contra el cibercrimen sin saber cómo opera un hacker? El cibercrimen es una de las principales amenazas de todas las empresas y necesitamos personas con talento que tienen habilidades para combatirlo.
>
> A la Generación Z le apasiona la justicia, no concibe un mundo sin ella. Tampoco entiende que no se respete el medio ambiente. Han crecido con compañeros de clase que son de distintas culturas y razas por lo tanto dan por supuesto la diversidad. Esa actitud inclusiva es muy diferente a las generaciones anteriores. Esperemos que sea el motor para que haya un mundo mucho mejor.

1 ¿En qué se distingue la generación de hoy en día?

_____ [1]

2 ¿Qué fue lo que cambió la relación de los jóvenes con el dinero?

_____ [1]

3 ¿Qué no quieren tener los jóvenes?

_____ [1]

4 ¿Qué tipo de educación prefiere la Generación Z?

_____ [1]

5 ¿Para qué habrá que cambiar muchas cosas?

_____ [1]

6 ¿Qué tipo de trabajo buscan los jóvenes?

(i) _____ [1]

(ii) _____ [1]

7 ¿Por qué nos hace falta entender cómo trabaja un hacker?

_____ [1]

8 ¿Qué no pueden imaginar los jóvenes?

(i) _____ [1]

(ii) _____ [1]

9 ¿Qué podría mejorar el mundo?

_____ [1]

[Total: 11]

Grammar

Contents

1 Nouns 223
- gender
- singular/plural

2 Articles 223
- definite article ('the')
- indefinite article ('a'/'an'; 'some')
- *lo* + adjective

3 Pronouns 224
- subject pronouns
- direct object pronouns
- indirect object pronouns
- use of direct and indirect pronouns
- pronouns used after prepositions
- possessive pronouns
- relative pronouns
- demonstrative pronouns
- indefinite pronouns

4 Adjectives 226
- agreement and position
- comparative
- superlative
- possessive adjectives
- indefinite adjectives
- demonstrative adjectives

5 Adverbs 228

6 Verbs 228
- present tense:
  - regular verbs
  - *ser* & *estar*
  - stem-changing verbs
  - reflexive verbs
  - other irregular verbs
  - informal and formal 'you'
- present continuous tense
- immediate future tense
- future tense
- preterite tense
- imperfect tense
- imperfect continuous tense
- perfect tense
- pluperfect tense
- impersonal verbs: *gustar*, etc.
- weather verbs
- imperative
- passive
- impersonal *se*
- conditional
- present subjunctive
- imperfect subjunctive

7 Negatives 234

8 Prepositions 235

9 Conjunctions 235

10 Interrogatives 236
- how questions are formed
- question words

11 Numbers 236
- numbers
- ordinal numbers
- fractions and percentages

12 Time 237
- time expressions
- clock
- days
- months
- dates

1 Nouns

Gender

In Spanish, all nouns are either masculine or feminine. This is their gender. You need to know a noun's gender as this can affect other words used with it, such as adjectives and articles (**el**, **una**, etc.).

You can tell if a noun is masculine or feminine by looking it up in a dictionary, but there are also some simple rules:

masculine

- most nouns ending in –o: el libro (book)

Exceptions: **la foto** (photo), **la radio** (radio), **la mano**, (hand), **la moto** (motorbike)

- nouns for male people and animals: el niño (boy), un toro (bull)
- generally, nouns ending in –l or –r: el hotel (hotel), el flor (flower)
- days of the week: el lunes (Monday)
- languages: el español (Spanish)

feminine

- most nouns ending in –a: la casa (the house)

Exceptions: **el mapa** (map), **el día** (day), **el planeta** (planet), **el tranvía** (tram), **el problem** (program), **el programa**, (program), **el sistema** (system), **el clima** (climate)

- nouns for female people and animals: una niña (girl), una vaca (cow)
- nouns ending in –ción, –sión, –dad, –tad: la estación (station), la expresión (expression), la ciudad (city), la libertad (freedom)

Some nouns have masculine and feminine forms, e.g. el amigo/la amiga.

Some nouns can be either masculine or feminine, depending on who they refer to, e.g. el/la estudiante (student), el/la deportista (sportsperson).

Singular/plural

To make a noun plural:

- nouns which end in a vowel: add –s

  el libro – los libros (books)

  el estudiante – los estudiantes (students)

- nouns which end in a consonant: add –es

  el balón – los balones (balls)

  la ciudad – las ciudades (cities)

- nouns ending in –z: the –z changes to –c:

  el lápiz – los lápices (pencils)

- nouns ending in –s do not change in the plural:

  el paraguas **– los** paraguas (umbrellas)

Note the use of accents in singular and plural:
la estación – las estaciones (stations),
el examen – los exámenes (exams),
el jóven – los jovenes (young people)

2 Articles

Definite article ('the')

	singular	plural
masculine	el **libro** the book	los **libros** the books
feminine	la **mochila** the backpack	las **mochilas** the backpacks

The definite article is often used in Spanish the same way as in English. But note the following differences:

Used in Spanish (but not in English)

1. when referring to things in a general way

   Me gustan los **animales.** I like animals.

   El **azúcar es dulce.** Sugar is sweet.

2. when talking about abstract things

   El **tiempo es oro.** Time is money.

3. with colours

   El **azul es mi color favorito.** Blue is my favourite colour.

4. with parts of the body

   Tiene los **ojos verdes.** She has green eyes.

5. with titles (when talking about – not to – someone)

   El **doctor Vidal no está.** Dr Vidal isn't here.

6. with institutions

   en el **colegio** at school

7. meals, games and sports

   La **cena es a las ocho.** Dinner is at eight.

   Me gusta el **tenis.** I like tennis.

8. with days of the week (to mean 'on')

   Te veo el **lunes.** I'll see you on Monday.

9. time

   Son las **tres.** It's three o'clock.

10 with prices and rates

Cuesta dos euros la **hora.** It costs 2 euros an hour.

11 with an adjective, to stand for a noun

Voy a comprar las **rojas.** I'm going to buy the red ones.

When the definite article **el** follows the prepositions **a** or **de**, the words combine.

al **cine**   del **autor**

Indefinite article ('an'/'an'; 'some')

	singular	plural
masculine	un **periódico** a newspaper	unos **periódicos** some newspapers
feminine	una **revista** a magazine	unas **revistas** some magazines

The definite article is often used in Spanish the same way as in English. But note the following differences:

Not used in Spanish (but used in English)

1 with jobs

Es profesor. He's a teacher.

2 with some numbers

cien euros a hundred euros

mil años a thousand years

3 in exclamations:

¡Qué sorpresa! What a surprise!

4 after **tener, buscar, llevar (puesto)** + one item

No tengo coche. I don't have a car.

¿Llevaba sombrero? Was he wearing a hat?

5 with **sin**

sin casa without a house

lo + adjective

The article **lo** is used with an adjective, not a noun. It is used to mean 'the thing' or 'the concept'. The adjective is in the masculine singular form.

Lo bueno **es que puedes descargar música.** The good thing is that you can download music.

Lo peor **es que cuestan mucho.** The worst thing is that they cost a lot.

3 Pronouns
Subject pronouns

A subject pronoun is used for the person or thing which carries out the action expressed by the verb.

yo	I
tú	you
usted	polite you (singular)
él	he
ella	she
nosotros/as	we
vosotros/as	informal plural you (Spain)
ustedes	formal you (plural), informal plural you (Latin America)
ellos/as	they

In English, subject pronouns are used all the time, but in Spanish they are only used for emphasis or clarity.

¿**Y** tú **qué piensas?** And what do you think about it?

Yo **estudio español pero** ella **estudia francés.** I study Spanish but she studies French.

Soy yo**.** It's me.

Spanish has different forms for 'you', depending on the number of people and the level of formality.

• with people you <u>know well</u>, young people or people you know less well but in an informal situation

– one person: use **tú**

– more than one person: use **vosostros** (for boys/men/a mixed group) or **vosotras** (for girls/women)

• with people you <u>don't know well</u>, especially in a more formal situation, such as talking to people like your teacher, your boss or a stranger

– one person: use **usted**

– more than one person: use **ustedes**

Note that in Latin America, **usted** is much more common than *tú* (even when you know people well) and **ustedes** is generally used instead of *vosostros/as*.

Direct object pronouns

A direct object pronoun is used for the person or thing <u>affected directly</u> by the action of the verb.

It normally comes <u>before</u> the verb, but can be

added to an infinitive, a present participle (–ing form) or an affirmative imperative. You often have to add an accent to preserve the spoken stress when you add a pronoun to a verb.

me	me
te	you (sing)
lo/la	him/her/you (formal sing)/it
nos	us
os	you (pl)
los/las	them/you (formal pl)

Te quiero. I love you.

Voy a comprarlo. I'm going to buy it.

or

Lo voy a comprar. I'm going to buy it.

Practicándolo, aprenderás. You'll learn by practising it.

Ayúdame. Help me.

but

No los toques. Don't touch them.

Indirect object pronouns

An indirect object pronoun is used for the person or thing an action is intended to affect. It refers to something happening <u>for</u> or <u>to</u> them.

It normally comes <u>before</u> the verb, but can be added to an infinitive, a present participle (–ing form) or an affirmative imperative. You often have to add an accent to preserve the spoken stress when you add a pronoun to a verb.

me	me, to/for me
te	you, to/for you
le	him/her/you/it, to/for him, to/for her, to/for you, to/for it
nos	us, to/for us
os	you, to/for you (pl)
les	them/you, to/for them, to/for you

Le estoy escribiendo una carta. I'm writing a letter to her.

Cómprales un regalo. Buy them a present.

Use of direct and indirect object pronouns

Direct or indirect?

Note that you use the **direct object pronoun** (not the indirect object pronoun) in the following cases:

– with **mirar** (look <u>at</u>), **esperar** (wait <u>for</u>) and **buscar** (look <u>for</u>)

Las buscamos. We're looking for them.

– when the pronoun replaces the personal **a** + noun

Vi a Teresa. → **La vi.**

Order of pronouns

When direct and indirect object pronouns are used in the same sentence, the order is **indirect** <u>before</u> **direct**.

Conjugated verb:

*Ana **os lo** mandará mañana.* Ana will send it to you tomorrow.

Infinitive, imperative, present participle:

No quiere prestárnosla. He won't lend it to us.

No me lo digas. Don't tell me that.

Todos estaban pidiéndotelo. They were all asking you for it.

When the indirect object pronouns **le** and **les** are used before the direct object pronouns **lo**, **la**, **los**, **las**, they change to **se**.

Se lo di ayer. I gave it to him yesterday.

Pronouns used after prepositions

A separate set of pronouns is used after prepositions, such as *a*, *para*, *en*, *hacia*, *de*.

mí	me
ti	you (sing)
usted	you (formal sing)
él	he
ella	she
nosotros/as	we
vosotros/as	you (pl)
ustedes	you (formal pl))
ellos/ellas	they

Es un regalo para ti. It is a present for you.

No he sabido nada de él. I haven't heard from him.

Note the accent on **mí** and **él** (to distinguish from **mi** (my) and **el** (the)).

When **mí** and **ti** follow **con**, the forms change:

Ven conmigo. Come with me.

Me gusta estar contigo. I like being with you.

Possessive pronouns

A possessive pronoun replaces a phrase like **mi mochila**, **tu perro**, **sus libros**, etc., and means 'mine', 'yours', 'theirs', etc.

It agrees in gender and number with the thing it describes (<u>not</u> the person who owns the thing).

singular		plural		
masculine	feminine	masculine	feminine	
el mío	la mía	los míos	las mías	mine
el tío	la tuya	los tuyos	las tuyas	yours (sing)
el suyo	la suya	los suyos	las suyas	his, hers, its; yours (formal sing)
el nuestro	la nuestra	los nuestros	las nuestras	ours
el vuestro	la vuestra	los vuestros	las vuestras	yours (pl)
el suyo	la suya	los suyos	las suyas	theirs; yours (formal pl)

¿Qué equipo ha ganado, el suyo o el nuestro? Which team won, theirs or ours?

Ana pensó que esos libros eran los suyos. Ana thought those books were hers.

Prefiero tu coche al mío. I prefer your car to mine.

Relative pronouns

A relative pronoun refers back to someone or something mentioned earlier in a sentence. It introduces more information about that person or thing to clarify who/what you are referring to. **que** can refer to people or things. **quien** (plural form **quienes**) is used only for people.

el hombre que vino ayer the man who came yesterday

Si no entiendes algo, es tu profesor quien te puede ayudar mejor. If you don't understand something, it's your teacher who can help you best.

When **que** is separated from the word to which it refers, the definite article (**el/la/los/las**) is included.

las mujeres con las que estaba hablando the women she was talking to

el chico del que te hablé the boy I told you about

To refer to a thing or concept, **lo cual** and **lo que** are used. **lo cual** is only used to refer to something mentioned previously in the sentence. **lo que** can be used to refer to anything.

Siempre llega tarde, lo cual me molesta. She is always late, which annoys me.

Lo que dijo tu madre es importante. What your mother said is important.

Demonstrative pronouns

A demonstrative pronoun is used to refer to a particular item (like 'this one', 'those ones', etc.). It agrees with the person or thing it replaces. In Spanish, there are three forms, covering this one, that one (close by) and that one (further away).

singular		plural		
masc	fem	masc	fem	
este	esta	estos	estas	this one/these ones
ese	esa	esos	esas	that one/those ones (close by)
aquel	aquella	aquellos	aquellas	that one/those ones (further away)

Necesito estos libros y aquellos. I need these books and those over there.

Indefinite pronouns

An indefinite pronoun replaces a person or thing without being specific. The most common one are: **algo** (something/anything), **alguien** (someone/anyone), **alguno*** (some/a few), **cada uno*** (each one), **cualquiera** (anyone/any), **mucho*** (much/many), **nada** (nothing), **nadie** (no one/anyone), **ninguno*** (none/any), **otro*** (other), **poco*** (little/few), **tanto*** (so much/so many), **todo*** (all/everything).

*These agree with the nouns they replace in number and gender.

¿Has visto a alguien? Have you seen anyone?

4 Adjectives
Agreement and position

An adjective describes a person or thing, giving details of their appearance, colour, size or other qualities. It agrees with the noun it describes – this means that the adjective ending may change, depending on whether the person or thing you are referring to is masculine or feminine, singular or plural.

Ends in	singular		plural	
	masculine	feminine	masculine	feminine
o	**divertido**	**divertida**	**divertidos**	**divertidas**
e	**interesante**	**interesante**	**interesantes**	**interesantes**
l	**fácil**	**fácil**	**fáciles**	**fáciles**
z	**feliz**	**feliz**	**felices**	**felices**
or	**hablador**	**habladora**	**habladores**	**habladoras**
other consonant	**joven**	**joven**	**jóvenes**	**jóvenes**
ista	**optimista**	**optimista**	**optimistas**	**optimistas**

Adjectives normally go <u>after</u> the noun they describe.

una cama blanda a soft bed

Adjectives of nationality ending in a consonant add **–a** in the feminine.

un periódico inglés y una revista inglesa an English newspaper and an English magazine

When an adjective describes a mixture of masculine and feminine words, use the masculine plural form.

El pan y la fruta son baratos. The bread and the fruit are expensive.

The following adjectives drop the final **o** before a masculine singular noun:

bueno	un buen **periódico**	a good newspaper
malo	mal **tiempo**	bad weather
alguno	algún **libro**	some book
ninguno	ningún **hombre**	no man
uno	un **día**	one day
primero	el primer **hijo**	the first child
tercero	el tercer **mes**	the third month

Comparative

A comparative adjective is used to compare two things (like 'faster', 'more interesting').

more/less than

To say something is 'more …' or 'less …', you use **más** or **menos** before the adjective and **que** after.

Esta bicicleta es más barata. This bicycle is cheaper.

el pájaro menos grande **en la rama** the smaller bird on the branch

El chico es más alto que **la chica.** The boy is taller than the girl.

La madre es menos alta que **el padre.** The mother is less tall than the father.

When a verb phrase follows, use **de lo que** (instead of **que**):

Está más cansada de lo que **parece.** She is more tired than she seems.

There are some irregular comparatives.

adjective	comparative	
bueno	mejor	better
malo	peor	worse
grande	mayor	older
pequeño	menor	younger

These don't change form in the feminine, but add **–es** in the plural (so, **mejor**es, **mayor**es, etc.)

as … as

To compare people or things by saying they are similar, you use **tan … como**:

Mi sombrero es tan suave como **mi abrigo.** My hat is as soft as my coat.

Note that in expressions with **tener** which use a noun in Spanish, you use **tanto** instead of **tan**:

Pablo tiene tanto miedo como **yo.** Pablo is as frightened as I am.

Superlative

A superlative adjective is used to compare more than two things (like *fastest*, *most interesting*).

You use **el/la/los/las** + noun + **más/menos** + adjective.

el perro más viejo the oldest dog

la casa menos pequeña the least small house

los hoteles más baratos the cheapest hotels

To refer to a concept, **lo** is used.

Lo mejor **que puedes hacer es tener fe.** The best thing you can do is have faith.

There are some irregular superlatives.

adjective	superlative	
bueno	el mejor	the best
malo	el peor	the worst
grande	el mayor	the oldest
pequeño	el menor	the youngest

These don't change form in the feminine, but add **–es** in the plural (so, **mejor**es, **mayor**es, etc.).

Augmentatives/–ísimo forms

For emphasis, you can use **–ísimo** (meaning 'really'/'extremely') as an ending. You add this to the end of an adjective. If the adjective ends in a vowel, the vowel is lost.

It agrees with the noun it describes.

Note that any accent on the adjective is dropped because of the accent on the ending.

Es facilísimo **de hacer.** It's really easy to make.

una casa carísima a very expensive house

Possessive adjectives

A possessive adjective is used to show possession or relationship (like *my book*, *his brother*). It agrees in gender and number with the thing it describes (not the owner).

singular		plural		
masc	fem	masc	fem	
mi	mi	mis	mis	my
tu	tu	tus	tus	your (sing)
su	su	sus	sus	his, hers, its; yours (formal sing)
nuestro	nuestra	nuestros	nuestras	our
vuestro	vuestra	vuestros	vuestras	your (pl)
su	su	sus	sus	their; your (formal pl)

Pablo ha perdido su **libro y** sus **bolígrafos.** Pablo has lost his book and his pens.

As **su** and **sus** can mean 'his'/'her'/'its'/'your'/ 'their', to avoid ambiguity, you can use **de** + pronoun.

su **casa** → **la casa** de él (his house) / **la casa** de ellas (their house)

Indefinite adjectives

An indefinite adjective refers to a person or thing without being specific. See under **Indefinite pronouns** on p. 226 for a list of forms.

¿Tienes otra **revista?** Do you have another magazine?

Demonstrative adjectives

A demonstrative adjective is used to indicate a particular item (like 'this', 'those', etc.). It agrees with the person or thing it refers to. In Spanish, there are three forms, covering this, that (close by) and that (further away).

singular		plural		
masc	fem	masc	fem	
este	esta	estos	estas	this/these
ese	esa	esos	esas	that/those (close by)
aquel	aquella	aquellos	aquellas	that/those (further away)

Este **bolí no escribe.** This pen isn't working.

No me gustan esos **zapatos. Prefiero** aquellas **sandalias.** I don't like those shoes. I prefer those sandals over there.

5 Adverbs

An adverb gives more information about a verb, an adjective or another adverb.

You can form many adverbs by adding **–mente** to the feminine singular form of the adjective.

Habla muy lentamente. He speaks very slowly.

Normalmente **llego a las nueve.** I normally arrive at nine o'clock.

Note the irregular adverbs **bien** and **mal**:

Habla bien **el español.** He speaks Spanish well.

Está muy mal **escrito.** It is very badly written.

Other useful adverbs include:

Adverbs of manner – how something happens/is done	Adverbs of degree – how much
rápido – quickly	**muy** – very
peor – worse	**bastante** – enough
mejor – better	**mucho** – a lot
despacio –slowly	**poco** – a little
con/de manera/de modo + noun/adj	**demasiado** – too much
con prisa – quickly [literally: with hurry]	**más** – more
	nada – nothing
de manera/modo dulce sweetly	**menos** – less
	tanto – so much

Adverbs of place	Adverbs of time
aquí – here	**a veces** – sometimes
allí – there	**antes** – before
cerca – near	**después** – after
lejos – far	**todavía** – still
	nunca – never
	ahóra – now
	ya – already
	siempre – always

6 Verbs

A verb gives information about what someone or something does or is, or what happens to them. Verb endings change depending on the subject and the tense. A subject pronoun is not generally used.

Present tense

The present tense is used to talk about what is true at the moment, what happens regularly and what is happening now.

Regular verbs

Regular verbs have the same endings. There are three types: the infinitive forms end in **–ar**, **–er** and **–ir**.

To make the present tense, you add the following endings to the stem of the verb (the infinitive minus **–ar/–er/–ir**), so **habl–, beb–, viv–**.

	–ar	–er	–ir
yo	**habl**o	**beb**o	**viv**o
tú	**habl**as	**beb**es	**viv**es
él/ella/usted	**habl**a	**beb**e	**viv**e
nosotros/as	**habl**amos	**beb**emos	**viv**imos
vosotros/as	**habl**áis	**beb**éis	**viv**ís
ellos/ellas/ustedes	**habl**an	**beb**en	**viv**en

Manolo habla español. Manolo speaks Spanish

Ellos beben café. They drink coffee

Vivo aquí. Antonio lives here.

ser & estar

ser and estar are irregular verbs (they don't follow the patterns of the regular verbs). Both mean 'to be' but are used in different contexts.

	ser	estar
yo	soy	estoy
tú	eres	estás
él/ella/usted	es	está
nosotros/as	somos	estamos
vosotros/as	sois	estáis
ellos/ellas/ustedes	son	están

ser is used

- with characteristics

  Mi hermano es alto. My brother is tall.

  Son **rojos.** They're red.

- a fact

  Madrid es la capital de España. Madrid is the capital of Spain.

- for possession

  La casa es de Javier. It's Javier's house.

- to say where someone is from or what job they do

  Soy **de Barcelona.** Soy **médico.** I'm from Barcelona. I'm a doctor.

- with time

  Son **las tres y media.** It is half-past three.

- with a past participle to describe an action

  Son **fabricados en España.** They're made in Spain.

estar is used

- for location

  ¿Dónde está el mercado? Where is the market?

- for temporary states/changes in condition/ unexpected conditions

  El café está frío. The coffee is cold.

- with a present participle (–ing form) to form a continuous tense

  No puedo salir. Estoy **estudiando.** I can't go out. I'm studying.

  A las diez estábamos **durmiendo.** At 10 o'clock, we were sleeping.

- with a past participle to describe a state

  Está **roto.** It's broken.

- when talking about health

  ¿Cómo estás**?** How are you?

Stem-changing verbs

Stem-changing verbs contain a change in the vowel in the main part of the verb (the stem) for all forms except *nosotros*. Apart from this, they follow the same rules on endings as other verbs.

	pensar to think e → ie	*poder* to be able o → ue	*servir* to serve e → i	*jugar* to play u → ue
yo	pienso	puedo	sirvo	juego
tú	piensas	puedes	sirves	juegas
él/ella/usted	piensa	puede	sirve	juega
nosotros/as	pensamos	podemos	servimos	jugamos
vosotros/as	pensáis	podéis	servís	jugáis
ellos/ellas/ustedes	piensan	pueden	sirven	juegan

Verbs like **pensar**: **cerrar** (to close), **entender** (to understand), **empezar** (to begin), **preferir** (to prefer), **perder** (to lose), **tener*** (to have), **venir*** (to come)

*Note that **tener** and **venir** are irregular in the 1st person: tengo, **tienes**, … vengo, **vienes**, …

Verbs like **servir**: **repetir** (to repeat), **decir*** (to say/tell), **vestirse** (to get dressed), **pedir** (to ask for)

*Note that **decir** is irregular in the 1st person: digo, **dices**, …

Verbs like **poder**: **acostarse** (to go to bed), **almorzar** (to have lunch), **costar** (to cost), **dormir** (to sleep), **probar** (to try), **recordar** (to remember), **soler** (to be accustomed to), **volver** (to return)

Reflexive verbs

Reflexive verbs have the same subject and object – this is shown by the inclusion of a reflexive pronoun, e.g. **me levanto** ('I get (myself) up'). The pronoun isn't always translated in English. The pronoun usually comes before the verb.

Many reflexive verbs are regular and so have the usual endings.

	*lavar*se to get washed
yo	me **lav**o
tú	te **lav**as
él/ella/usted	se **lav**a
nosotros/as	nos **lav**amos
vosotros/as	os **lav**áis
ellos/ellas/ustedes	se **lav**an

Useful reflexive verbs: **acostarse** (to go to bed), **bañarse** (to have a bath/swim), **dormirse** (to go to sleep), **ducharse** (to have a shower), **enfadarse** (to get angry), **levantarse** (to get up), **llamarse** (to be called), **secarse** (to get dried), **sentarse** (to sit down), **vestirse** (to get dressed)

Some reflexive verbs are also stem-changing, e.g. **me acuesto** (I go to bed).

The reflexive pronoun goes before the verb <u>except</u> with infinitives, affirmative imperatives and present particles.

Hay que relajarte de vez en cuando. You have to relax from time to time.

Acostándose temprano, se descansa mejor. You feel more rested by going to bed early.

¡Cállate! Be quiet! (but **No te levantes.** Don't get up.)

If the infinitive/present participle follows another verb, the reflexive pronoun can come before.

Quiero bañarme./Me quiero bañar. I want to have a bath.

¿Estás duchándote?/¿Te estás duchando? Are you having a shower?

Other irregular verbs

	ir
yo	voy
tú	vas
él/ella/usted	va
nosotros/as	vamos
vosotros/as	vais
ellos/ellas/ustedes	van

Voy al cine. I go to the cinema

¿Adónde vas de vacaciones? Where do you go on holiday?

Some verbs are irregular in the first person only, e.g.

hacer (to make/do) hago
salir (to go out) salgo
conocer (to know) conozco
dar (to give) doy
poner (to put) pongo

saber (to know) sé
traer (to bring) traigo
ver (to see) veo

Informal and formal 'you'

In Spanish, there are different 'you' forms depending on who you are addressing: see **Subject pronouns** p. 224 for details. You use the appropriate verb form each time.

Present continuous tense

The present continuous tense is used to talk about something that is happening at this very moment.

It is formed using the present tense of **estar** + the present participle (–ing form) of the verb.

The present participle is formed using the stem + **–ando** (**–ar** verbs), **–iendo** (**–er** verbs and **–ir** verbs).

No puedo salir. Estoy trabajando. I can't go out. I'm working.

¿Por qué no estas comiendo? Why aren't you eating?

Immediate future tense

The immediate future tense is used to talk about the immediate future or our future plans.

It is formed using: present tense of **ir + a + infinitive**.

Voy a asistir al bautizo de mi primo. I'm going to attend my cousin's christening.

Mañana vamos a ir al cine. Tomorrow we are going to go to the cinema

Future tense

The future tense is used to talk about something that will happen or will be true in the future.

Most verbs form the future by adding endings to the infinitive of the verb. The endings are the same for all verbs.

yo	**hablar**é
tú	**hablar**ás
él/ella/usted	**hablar**á
nosotros/as	**hablar**emos
vosotros/as	**hablar**éis
ellos/ellas/ustedes	**hablar**án

Hablaré con ella. I'll speak to her.

No volverá. He won't come back.

Si no te levantas, perderás el autobús. If you don't get up, you'll miss the bus.

Some verbs are irregular in the future. The endings are the same, but they use the following stems:

decir (to say) dir–

haber (to have) habr–

hacer (to do/make) har–

poder (to be able to) podr–

poner (to put) pondr–

querer (to want) querr–

saber (to know) sabr–

salir (to leave) saldr–

tener (to have) tendr–

venir (to come) vendr–

Preterite tense

The preterite tense is used to talk about completed actions in the past. Regular verbs add the following endings to the stem. Note that the endings for **–er** and **–ir** regular verbs are the same.

	–ar	–er	–ir
yo	hablé	bebí	viví
tú	hablaste	bebiste	viviste
él/ella/usted	habló	bebió	vivió
nosotros/as	hablamos	bebimos	vivimos
vosotros/as	hablasteis	bebisteis	vivisteis
ellos/ellas/ustedes	hablaron	bebieron	vivieron

Bailé **con mi hermana.** I danced with my sister.

Comimos **en un restaurante.** We ate in a restaurant.

¿Cerraste **la ventana?** Did you close the window?

Here are some key irregular verbs in full. Note that **ir** and **ser** have the same forms in the preterite.

	ir to go **ser** to be	**estar** to be	**hacer** to make/do	**tener** to have	**ver** to watch
yo	fui	estuve	hice	tuve	vi
tú	fuiste	estuviste	hiciste	tuviste	viste
él/ella/usted	fue	estuvo	hizo	tuvo	vio
nosotros/as	fuimos	estuvimos	hicimos	tuvimos	vimos
vosotros/as	fuisteis	estuvisteis	hicisteis	tuvisteis	visteis
ellos/ellas/ustedes	fueron	estuvieron	hicieron	tuvieron	vieron

Imperfect tense

The imperfect tense is used to talk about regular or repeated actions in the past, and for descriptions in the past.

Regular verbs add the following endings to the stem. Note that the endings for **–er** and **–ir** regular verbs are the same.

	–ar	–er	–ir
yo	hablaba	bebía	vivía
tú	hablabas	bebías	vivías
él/ella/usted	hablaba	bebía	vivía
nosotros/as	hablábamos	bebíamos	vivíamos
vosotros/as	hablabais	bebíais	vivíais
ellos/ellas/ustedes	hablaban	bebían	vivían

The following verbs are irregular in the imperfect tense:

	ser to be	**ir** to go	**ver** to watch
yo	era	iba	veía
tú	eras	ibas	veías
él/ella/usted	era	iba	veía
nosotros/as	éramos	íbamos	veíamos
vosotros/as	erais	ibais	veíais
ellos/ellas/ustedes	eran	iban	veían

Imperfect and preterite

The imperfect is also used to say what was happening when an action or event took place. (The preterite tense is used for the action/event.)

Me caí cuando cruzaba **la carretera.** I fell over when I was crossing the road.

Imperfect continuous tense

The imperfect continuous tense is used to say what was happening at exactly the moment another event or action occurred.

It is formed with the imperfect tense of **estar** + the present participle (–ing form) of the verb.

The present participle is formed using the stem + **–ando** (–**ar** verbs), **–iendo** (–**er** verbs and –**ir** verbs).

Estaba durmiendo **cuando llegaste.** I was sleeping when you arrived.

Perfect tense

The perfect tense is used to refer to actions and events in the recent past or which start in the past and continue into the present.

It is formed using the present tense of **haber** (to have – **he, has, ha, hemos, habéis, han**) + the past participle of the verb.

The past participle is formed using the stem of the verb + **–ado** (**–ar** verbs) or **–ido** (**–er/–ir** verbs).

He terminado el libro. I've finished the book.

Ya se han ido. They've already left.

Nunca ha estado en Bolivia. He's never been to Bolivia.

Todavía no hemos comprado un ordenador. We still haven't bought a computer.

Object pronouns go <u>before</u> the whole verb.

No lo he visto. I haven't seen it.

¿La has hecho ya? Have you done it yet?

desde/desde hace/hace ... que

<u>Don't</u> use the prefect tense with **desde** and **desde hace** to talk about how long something has been going on for. These are used with the <u>present tense</u>.

Está enfermo desde julio. He's been ill since July.

Conduce este coche desde hace tres meses. She's been driving that car for three months.

¿Cuánto tiempo hace que vives aquí? How long have you lived here?

Note the following irregular past participles:

abrir – abierto (opened), **decir** – dicho (said), **escribir** – escrito (written), **hacer** – hecho (done/made), **poner** – puesto (put), **romper** – roto (broken), **ver** – visto (seen), **volver** – vuelto (returned)

Pluperfect tense

The pluperfect tense is used to refer to actions and events which happened before other actions and events in the past.

It is formed using the imperfect tense of **haber** (to have – **había, habías, había, habíamos, habíais, habían**) + the past participle of the verb.

The past participle is formed using the stem of the verb + **–ado** (**–ar** verbs) or **–ido** (**–er/–ir** verbs).

Había vendido su coche. She had sold her car.

Llegué a las siete, pero ya habían comido. I arrived at 7.00, but they had already eaten.

See above under **Perfect tense** for details of irregular past participles.

Object pronouns go <u>before</u> the whole verb.

No lo había visto. I hadn't seen it.

<u>Don't</u> use the pluperfect tense with **desde** and **desde hacía** to talk about how long something

has been going on for. These are used with the <u>imperfect tense</u>.

Jugaba al fútbol desde hacía diez minutos cuando empezó a llover. He had been playing football for 10 minutes when it started to reain

Impersonal verbs: *gustar*, etc.

When impersonal verbs like **gustar** are used with nouns, the verb form depends on the person or thing which is liked (not the person/thing which likes).

Me gusta el programa. I like the programme. [literally: The programme is pleasing to me.]

Me gustan los caballos. I like horses. [literally: Horses are pleasing to me.]

encantar, **interesar** and **doler** behave in the same way:

Me encantan los libros. I love books.

Me interesan los idiomas. I'm interested in language.

Me duelen las piernas. My legs hurt.

Weather verbs

The verbs **hacer**, **estar** and **haber** are used to describe the weather.

Hace/Hacía calor. It is/was hot.

Hay/Había niebla. It is/was foggy.

Está/Estaba lloviendo. It is/was raining.

Use the preterite to describe a weather event in the past with a clear start and finish.

Esta tarde llovió. This afternoon it rained.

Imperative

The imperative form of the verb is used to give orders and instructions. It has a different form depending on whether:

- the order/instruction is positive or negative
- you are using **tú/vosotros/usted/ustedes**

For the *affirmative imperative* (Speak! Eat! Decide!):

	–ar	–er	–ir
tú	habla	come	decide
vosotros/as	hablad	comed	decidid
usted	hable	coma	decida
ustedes	hablen	coman	decidan

For the *negative imperative*, (Don't speak! Don't eat! Don't decide!):

	–ar	–er	–ir
tú	no hables	no comas	no decidas
vosotros/as	no habléis	no comáis	no decidáis
usted	no hable	no coma	no decida
ustedes	no hablen	no coman	no decidan

Note that **–er** and **–ir** verbs have the same endings. This is the present subjunctive form (for more on the subjunctive, see **Present subjunctive** and **Imperfect subjunctive** pp. 233–234).

decir (to say), **hacer** (to make/do), **ir** (to go), **poner** (to put), **salir** (to go out) and **tener** (to have) are irregular in the imperative.

Note the position of object pronouns.

With *negative imperatives*, the pronouns go <u>before</u> the verb.

¡No me molestes! Don't disturb me!

With *affirmative imperatives*, the pronouns are <u>added to the end</u> of the verb.

¡Tírame la bola! Throw me the ball!

¡Explícamelo! Explain it to me!

Passive

The passive voice is used when you don't know who or what caused something to happen. You also use it to draw attention to the person or thing affected by the action, rather than the person/thing doing the action. In Spanish, the passive is quite formal and so not often used.

The passive can be used to talk about the present, past or future. It is formed using the appropriate tense of **ser** + a past participle.

The past participle is formed using the stem of the verb + **–ado** (–ar verbs) or **–ido** (–er/–ir verbs). It agrees with the subject of the verb in the same way an adjective would. See **Perfect tense** pp. 231–232 for a list of irregular past participles.

The person or thing doing the action is introduced by **por**.

Es hecho a mano. It's made by hand.

Fue escrito por Cervantes. It was written by Cervantes.

Los documentos han sido revisados. The documents have been revised.

La casa será modernizada. The school will be modernised.

Impersonal *se*

se is often used in impersonal expressions to refer to people in general or as an alternative to a passive construction.

Se dice que es rico. People say he's rich.

Aquí se puede parcar. You can/It is possible to park here.

Se necesitan camareros. Waiters required.

Conditional

The conditional form of the verb is used for a range of purposes:

- to say what you'd like to do

  Me gustaría conocerlo. I'd like to meet him

- to make polite requests or suggestions

  ¿Podrías abrir la ventana? Could you open the window?

- to give advice

  Deberías hacer más ejercicio. You should do more exercise.

- to say what you would do

  Le dije que los ayudaría. I told him I would help them.

- to talk about hypothetical situations

  Si yo fuera tú, lo compraría. If I were you, I would buy it.

It is formed using the same stem as used for the future tense (see pp. 230–231) and the following endings. The endings are the same for all verbs.

yo	**hablaría**
tú	**hablarías**
él/ella/usted	**hablaría**
nosotros/as	**hablaríamos**
vosotros/as	**hablaríais**
ellos/ellas/ustedes	**hablarían**

Present subjunctive

The subjunctive form of the verb is used for a range of purposes:

- after verbs of wishing or emotion

  Quiero que vengan. I want them to come.

  Me sorprende que no sea creyente. I'm surprised that he isn't religious.

- after verbs of asking, advising or command

  Te aconsejo que no llegues tarde. I'd advise you not to be late.

- to express purpose, after conjunctions such as **para que, de manera/modo que, a fin de que**

  Es para que lo entiendas. It's so that you understand.

- to express points of view

  Es importante que vayas. It's important for you to go.

- to express doubt or uncertainty

  No creo que venga. I don't think she'll come.

  No revisaré el móvil hasta que termine **de cenar.** I won't check my phone until after dinner.

- to talk about the future with **cuando**

  ¿Que quieres hacer cuándo seas **mayor?** What do you want to do when you're grown up?

- for negative imperatives

  No empujes, **Ana.** Don't push, Ana.

  No tiréis, **chicos.** Don't pull, boys.

- with **Ojalá**

  Ojalá pueda **comprar un coche.** If only I could buy a car.

To form the present subjunctive, regular verbs add the following endings to the <u>stem for the first person</u> of the present tense. Note that the endings for **–er** and **–ir** regular verbs are the same.

	–ar	–er	–ir
yo	hable	beba	viva
tú	hables	bebas	vivas
él/ella/usted	hable	beba	viva
nosotros/as	hablemos	bebamos	vivamos
vosotros/as	habléis	bebáis	viváis
ellos/ellas/ustedes	hablen	beban	vivan

Note the forms for verbs with an irregular first person in the present tense: **decir:** diga, … **hacer:** haga, … **poner:** ponga, …, **salir:** salga, …, **tener:** tenga, …, **venir:** venga, …

Key verbs which are irregular in the subjunctive:

ser to be	**estar** to be	**ir** to go	**haber** to have	**dar** to give	**saber** to know
sea	esté	vaya	haya	dé	sepa
seas	estés	vayas	hayas	des	sepas
sea	esté	vaya	haya	dé	sepa
seamos	estemos	vayamos	hayamos	demos	sepamos
seáis	estéis	vayáis	hayáis	deis	sepáis
sean	estén	vayan	hayan	den	sepan

If the subject of both verbs is the same, you can use an infinitive instead of the subjunctive.

Siento no poder **venir.** I'm sorry I can't come.

[but: **Siento que no** puedas **venir.** I'm sorry that you can't come.]

Imperfect subjunctive

The subjunctive form of the verb is used in the same situations as the **present subjunctive**.

If the verb in the first part of the sentence is in the present/future/imperative, the second verb will usually be in the present subjunctive.

The **imperfect subjunctive** is generally used if the verb in the first part of the sentence is in the conditional or a past tense.

Me gustaría que llegaras **temprano.** I'd like you to arrive early.

Les pedí que me esperaran. I asked them to wait for me.

To form the imperfect subjunctive, regular verbs add the following endings to the stem <u>for the third person plural</u> (**ellos/ellas** form) of the preterite tense. Note that the endings for all verbs are the same.

yo	hablara
tú	hablaras
él/ella/usted	hablara
nosotros/as	habláramos
vosotros/as	hablarais
ellos/ellas/ustedes	hablaran

There is a second set of imperfect subjunctive forms, ending in –se. Either can be used – they mean the same thing. The –ra form is more common.

7 Negatives

To make a verb negative, you add no in front of it.

Mi hermana no **lee mucho.** My sister doesn't read much.

Other negative structures:

No voy nunca **al cine.** I never go to the cinema.

No hay nada **interesante aquí.** There is nothing interesting here.

No hablé con nadie. I didn't speak to anybody.

No quiero ir al cine. No **quiero ir** tampoco. I don't want to go to the cinema. I don't want to go either.

No vinieron ni **Carlos** ni **Ana.** Neither Carlos nor Ana came.

No **tiene** ningún **interés en ir.** She's got no interest in going.

No **le he visto** jamás. I've never seen him.

Many of these negative words can also be used without **no** provided they come before a verb.

Nunca **la veo.** I never see her.

Nada **pasa aquí.** Nothing happens here.

Nadie **vino.** Nobody came.

Ni **Pedro** ni **Pablo fuman.** Neither Pedro nor Pablo smokes.

8 Prepositions

Prepositions can be used to describe the location of people, objects or places.

enfrente de opposite

delante de in front of

detrás de behind

debajo/bajo de under, below

sobre on/on top of

encima de above

al lado de to the side of

a la derecha de to the right of

a la izquierda de to the left of

al final de at the end of

junto a next to

entre between

en on, in

La casa está al lado del **teatro.** The house is next to the theatre.

El libro está encima del **armario.** The book is on top of the wardrobe.

Remember that when **de** and **a** are followed by **el**, they change to del and al.

por and *para*

There are two words in Spanish for 'for', **por** and **para**.

Use **por**:

* to mean 'for the benefit of' or 'because of'

  Lo hice por **mis padres.** I did it for my parents.

* for reasons

  Lo hice por **todo eso.** I did it because of all that.

* to mean 'along' or 'over'

  por **ese camino** along that path

  por **tierra** overland, by land

* for time

  por **la mañana** in the morning

* for transport

  por **avión** by plane

Use **para**:

* for purpose

  Necesito un pincel para **pintar la valla.** I need a brush to paint the fence.

* to say what person/destination/purpose something is intended for

  Para **mí, un zumo de naranja.** An orange juice for me

  Salen para **Cádiz.** They are leaving for Cadiz.

  ¿Para **qué lo quieres?** What do you want it for?

personal **a**

When the direct object of a verb is a specific person or pet animal, a is used before it.

Querían mucho a **sus hijos.** They loved their children very much.

The personal **a** is <u>not used</u> with **tener**.

Tienen dos hijos. They have two children.

The direct object pronoun is used to replace personal **a** + noun (not the indirect).

¿Has visto a María**? Sí,** la **vi ayer.** Have you seen Maria? Yes, I saw her yesterday.

9 Conjunctions

A conjunction is a word such as 'and', 'but', 'or', 'so', 'if' and 'because' that links two words, phrases or clauses together.

el coche y **la casa** the car and the house

patatas fritas o **arroz** chips or rice

Me gustaría ir, pero **estoy muy cansado.** I'd like to go but I am very tired.

Es el único que **tengo.** It's the only one (that) I have.

Me gusta porque **es interesante.** I like it because it is interesting.

Como **llueve, no puedo ir.** As it is raining, I can't go.

Si **abres la ventana, las moscas entrarán.** If you open the window, flies will come in.

Cuando **entré, estaba leyendo.** She was reading when I came in.

Mi hermana es muy dinámica, mientras que **yo soy más tranquila.** My sister is very dynamic whereas I'm more laidback.

Seguí andando aunque **me dolía mucho la pierna.** I went on walking even though my leg hurt a lot.

No soy española sino **chilena.** I'm not Spanish but Chilean.

Note: when **y** is followed by **i** or **hi** (but not **hi** + another vowel), **y** → **e**

español e **inglés**

Similarly, when **o** is followed by **o** or **ho**, **o** → **u**

diez u **once**

10 Interrogatives
How questions are formed

Questions words, or interrogative pronouns, are used to ask questions and are placed at the beginning of the sentence.

¿Qué **te gusta estudiar?** What do you like to study?

¿Cómo **te llamas?** What is your name?

It is also possible to include question marks around a statement, and raise your voice at the end to ensure it is pronounced as a question.

¿Comes chocolate? Do you eat chocolate?

Question words

Question words are used in the same way as in English. Note the accent on all question words.

¿adónde?	where … to?
¿cómo?	how?
¿cuál?/¿cuáles?	which?/what?
¿cuándo?	when?
¿cuánto/a?	how much?
¿cuántos/as?	how many?
¿dónde?	where?
¿para qué?	what for?
¿por qué?	why?
¿qué?	what?/which?
¿quién?	who?

11 Numbers
Numbers 0, 1, 2, …

0 cero

1 uno (un, una before nouns)

2 dos

3 tres

4 cuatro

5 cinco

6 seis

7 siete

8 ocho

9 nueve

10 diez

11 once

12 doce

13 trece

14 catorce

15 quince

16 dieciséis

17 diecisiete

18 dieciocho

19 diecinueve

20 veinte

21 veintiuno/una (**veintiún** before a masculine noun)

22 veintidós

30 treinta

31 treinta y uno/una (**treinta y un** before a masculine noun)

40 cuarenta

50 cincuenta

60 sesenta

70 setenta

80 ochenta

90 noventa

100 ciento (**cien** before a masculine noun)

101 ciento uno/una (**ciento un** before a masculine noun)

102 ciento dos

110 ciento diez

142 ciento cuarenta y dos

200 doscientos/as

201 doscientos/as uno/una (**doscientos un** before a masculine noun)

202 doscientos/as dos

300 trescientos/as

400 cuatrocientos/as

500 quinientos/as

600 seiscientos/as

700 setecientos/as

800 ochocientos/as

900 novecientos/as

1000 mil

2000 dos mil

1 000 000 un millón

2 000 000 dos millones

Ordinal numbers

1° / 1ª primero/a (**primer** before a masculine noun)

2° / 2ª segundo/a

3° / 3ª tercero/a (**tercer** before a masculine noun)

4° / 4ª cuarto/a

5° / 5ª quinto/a

6° / 6ª sexto/a

7° / 7ª séptimo/a

8° / 8ª octavo/a

9° / 9ª noveno/a

10° / 10ª décimo/a

Ordinal numbers agree in gender and in number with the noun, which they normally precede

la primera **vez** the first time

primero and **tercero** drop the -o before a masculine singular noun:

el primer **premio** the first prize

el tercer **día** the third day

Fractions and percentages

$\frac{1}{2}$ la mitad

$\frac{1}{3}$ un tercio

$\frac{1}{4}-\frac{1}{10}$ use the ordinal number, so un cuarto, un quinto, …

$\frac{2}{3}$ dos tercios

$\frac{3}{4}$ tres cuartos

$\frac{4}{5}$ cuatro quintos

Use the article with percentages:

el **30%/treinta por ciento de la población** 30% of the population

Los precios han subido un **15%/quince por ciento.** Prices have gone up by 15%.

12 Time

Time expressions

¿Cuándo? When?

hoy today

esta mañana this morning

esta tarde this afternoon

esta noche this evening

¿Con qué frecuencia? How often?

cada día/todos los días/diariamente/a diario every day

cada dos días every other day

una vez por semana once a week

dos veces por semana twice a week

una vez al mes once a month

¿Cuándo pasó? When did it happen?

por la mañana in the morning

por la noche in the evening

ayer yesterday

ayer por la mañana yesterday morning

anoche last night

anteayer the day before yesterday

hace una semana a week ago

hace quince días two weeks ago

la semana pasada last week

el año pasado last year

¿Cuándo va a pasar? When is it going to happen?

mañana tomorrow

mañana por la tarde tomorrow afternoon

pasado mañana the day after tomorrow

la semana próxima/siguiente the following week

el mes que viene next month

el año que viene next year

cada año/annual/anualmente every year

Clock

¿Qué hora es? What time is it?

Es ... (1 o'clock, midnight, noon)

Son las ... (other times)

a **la una** at 1.00

a **las seis** at 6.00

a **las dieciocho horas** at 18.00

y **cinco** 5 past

y **diez** 10 past

y **cuarto** quarter past

y **veinte** 20 past

y **veinticinco** 25 past

y **media** half past

menos **veinticinco** 25 to

menos **veinte** 20 to

menos **cuarto** quarter to

menos **diez** 10 to

menos **cinco** 5 to

Es medianoche. It's midnight.

Es mediodía. It's midday.

Days

Days and months don't start with a capital letter.

lunes

martes

miércoles

jueves

viernes

sábado

domingo

el lunes on Monday

los lunes on Mondays

todos los lunes every Monday

el martes pasado last Tuesday

el viernes que viene next Friday

Months

enero

febrero

marzo

abril

mayo

junio

julio

agosto

se(p)tiembre

octubre

noviembre

diciembre

Dates

¿Qué día es hoy? What day is it today?

¿A qué día (*or* fecha) estamos? What's the date today?

Es (el) ... It's the ...

Estamos a ... It's the ...

uno/primero de mayo 1st of May

dos de mayo 2nd of May

veintiocho de mayo 28th of May

lunes tres de octubre Monday the 3rd of October

mil novecientos noventa y nueve in 1999

en dos mil veinte in 2020

Use cardinal numbers for dates. Only for the first of the month can the ordinal number sometimes be used.

Acknowledgements

p.14t Iakov Filimonov/Shutterstock; p.14c dubassy/Shutterstock; p.14c ninafotoart/Shutterstock; p.15t Roberto Epifanio/Shutterstock; p.15c Cassandra MoHer/Shutterstock; p.22(1) Lillac/Shutterstock; p.22(2) Grigorita Ko/Shutterstock; p.22(3) Dorottya Mathe/Shutterstock; p.22(4) kiraziku2u/Shutterstock; p.22(5) Chaikom/Shutterstock; p.22(6) photomaster/Shutterstock; p.22(7) Sonsedska Yuliia/Shutterstock; p.22(8) effective stock photos/Shutterstock; p.24t Cultura Creative (RF)/Alamy Stock Photo; p.24cl wavebreakmedia/Shutterstock; p.24cr AOMCHANI/Shutterstock; p.24b Vikulin/Shutterstock; p.25 AJR_photo/Shutterstock; p.27 SMarina/Shutterstock; p.28a Dean Drobot/Shutterstock; p.28b Monkey Business Images/Shutterstock; p.28c Tetra Images/Alamy Stock Photo; p.28d michaeljung/Shutterstock; p.28e DonSmith/Alamy Stock Photo; p.28f Martin Lee/Alamy Stock Photo; p.28g Wavebreak Media ltd/Alamy Stock Photo; p.28h Piotr Adamowicz/Shutterstock; p.29 silverkblackstock/Shutterstock; p.30(1) David Hughes/Shutterstock; p.30(2) riekephotos/Shutterstock; p.30(3) Edaccor/Shutterstock; p.33l Andy Dean Photography/Shutterstock; p.33r AJR_photo/Shutterstock; p.34 ferrantraite/Getty Images; p.35 Xinhua/Alamy Stock Photo; p.36 Henryk Sadura/Shutterstock; p.40(1) YulyYulia/Shutterstock; p.40(2) HN Works/Shutterstock; p.40(3) Gelp/Shutterstock; p.40(4) Karramba Production/Shutterstock; p.40(5) Fourleaflover/Shutterstock; p.40(6) Sashkin/Shutterstock; p.40(7) SoleilC/Shutterstock; p.40(8) NotionPic/Shutterstock; p.40(9) VectorA/Shutterstock; p.40(10) fullempty/Shutterstock; p.41(all) IhorZigor/Shutterstock; p.43 Monkey Business Images/Shutterstock; p.44l Halfpoint/Shutterstock; p.44r Monkey Business Images/Shutterstock; p.45t Artem Mashchenko/Shutterstock; p.45c Franck Boston/Shutterstock; p.45b Oksal/Shutterstock; p.46(1) Mindof/Shutterstock; p.46(62 alphaspirit/Shutterstock; p.46(3) PHOTOCREO Michael Bednarek/Shutterstock; p.46(4) Maridav/Shutterstock; p.46(5) Finchen/Shutterstock; p.46(6) Lightfield Studios/Shutterstock; p.46(7) George Muresan/Shutterstock; p.46(8) Gajus/Shutterstock; p.46(9) Larisa Lofitskaya/Shutterstock; p.46t Monkey Business Images/Shutterstock; p.46b Monkey Business Images/Shutterstock; p.47 Valery Orlov/Shutterstock; p.48 Barry Barnes/Shutterstock; p.49 antoniodiaz/Shutterstock; p.50tl rohappy/Shutterstock; p.50tr BSIP SA/Alamy Stock Photo; p.50l Foto2rich/Shutterstock; p.50r franz12/Shutterstock; p.51 Denis Pogostin/Shutterstock; p.52 Roxana Gonzalez/Shutterstock; p.53 Everett Collection Inc/Alamy Stock Photo; p.54(1) LStockStudio/Shutterstock; p.54(2) NaruFoto/Shutterstock; p.54(3)0 Monkey Business Images/Shutterstock; p.54(4) Antonio Guillem/Shutterstock; p.54(5) Monkey Business Images/Shutterstock; p.54(6) Syda Productions/Shutterstock; p.55 stockfour/Shutterstock; p.61(1) Anna Kraynova/Shutterstock; p.61(2) Zdenka Darula/Shutterstock; p.61(3) mimagephotography/Shutterstock; p.61(4) Rido/Shutterstock; p.61(5) mimagephotography/Shutterstock; p.62r Vladimir Gjorgiev/Shutterstock; p.62l GaudiLab/Shutterstock; p.63a GJS/Shutterstock; p.63b agefotostock/Alamy Stock Photo; p.63c Nita Yuko/Shutterstock; p.63d wk1003mike/Shutterstock; p.63e Baloncici/Shutterstock; p.63f maradon 333/Shutterstock; p.63g MilanMarkovic78/Shutterstock; p.63h Nor Gal/Shutterstock; p.64(1) Paul Cowna/Shutterstock; p.64(2) etorres/Shutterstock; p.64(3) Deenida/Shutterstock; p.64(4) Luca Santilli/Shutterstock; p.64(5) jultud/Shutterstock; p.64(6) Lesya Dolyuk/Shutterstock; p.64(7) bonchan/Shutterstock; p.64a Antonio Guillem/Shutterstock; p.64b Africa Studio/Shutterstock; p.64c Zoom Team/Shutterstock; p.64d MBI/Alamy Stock Photo; p.65a Ahturner/Shutterstock; p.65b CREATISTA/Shutterstock; p.65c Rido/Shutterstock; p.65d Tracey Whiteside/Shutterstock; p.66(all) ekler/Shutterstock; p.67t Monkey Business Images/Shutterstock; p.67c Vangengeim/Shutterstock; p.67b frantic 00/Shutterstock; p.68(1) Evgenyrychko/Shutterstock; p.68(2) Dmitri Kazitsyn/Shutterstock; p.68(3) Zonda/Shutterstock; p.68(4) Africa Studio/Shutterstock; p.68(5) sritakoset/Shutterstock; p.68(6) White bear studio/Shutterstock; p.68(7) Africa Studio/Shutterstock; p.68(8) Mmaxer/Shutterstock; p.69(1) yatate/Shutterstock; p.69(2) Paul Winward/Shutterstock; p.69(3) Victor Brave/Shutterstock; p.69(4) Victor Brave/Shutterstock; p.69(5) BlueRingMedia/Shutterstock; p.69(6) NotionPic/Shutterstock; p.70t iMoved Studio/Shutterstock; p.70b FooTToo/Shutterstock; p.71 Baloncici/Shutterstock; p.72 Atelier KNOX/Shutterstock; p.73 Intellistudies/Shutterstock; p.74 Ververidis Vasillisa/Shutterstock; p.75 Danilo Moroni/Alamy Stock Photo; p.76 fizkes/Shutterstock; p.77 Boryana Manzurova/Shutterstock; p.80 tanjasmirnova/Shutterstock; p.82a Maria Galen/Alamy Stock Photo; p.82b Naypong Studio/Shutterstock; p.82c joserpizarro/Shutterstock; p.82d Carlos Amarillo/Shutterstock; p.82e ingehogenbijl/Shutterstock; p.82f ariadna de raadt/Shutterstock; p.83 Monkey Business Images/Shutterstock; p.84 Danita Delimont/Alamy Stock Photo; p.84r agefotostock/Alamy Stock Photo; p.85a Air Images/Shutterstock; p.85b DR-images/Shutterstock; p.85c Tow Hai Nguang/Shutterstock; p.85d Ana Aguirre Perez/Shutterstock; p.85e Gundy Wongthai/Shutterstock; p.85f Sarunyu L/Shutterstock; p.85g stockshoppe/Shutterstock; p.86l Fazakas Mihaly/Shutterstock; p.86a kalen/Shutterstock; p.86b Skalapendra/Shutterstock; p.86c Hennadii H/Shutterstock; p.86d Ansty/Shutterstock; p.86e Hennadii H/Shutterstock; p.86f olegtoka/Shutterstock; p.86g OLEG525/Shutterstock; p.86h studioworkstock/Shutterstock; p.86i uiliaaa/Shutterstock; p.86j Alfmaler/Shutterstock; p.86k studioworkstock/Shutterstock; p.86l KsushaArt/Shutterstock; p.87a baibaz/Shutterstock; p.87b hfng/Shutterstock; p.87c lasha/Shutterstock; p.87d Jeffrey Blacker/Alamy Stock Photo; p.87e m4c1e7/Shutterstock; p.89a Ekaterina Kondratova/Shutterstock; p.89b Alexander Prokopenko/Shutterstock; p.89c Tim UR/Shutterstock; p.89d nito/Shutterstock; p.90 Artem Mashchenko/Shutterstock; p.91 Syda Productions/Shutterstock; p.92 Tono Balaguer/Shutterstock; p.93 stockcreations/Shutterstock; p.94 Maxim Larin/Shutterstock; p.101a Norb_KM/Shutterstock; p.101b ZouZou/Shutterstock; p.101c cheapbooks/Shutterstock; p.101d tigristiara/Shutterstock; p.101e Andy Dean Photography/Shutterstock; p.102(1) Minerva Studio/Shutterstock; p.102(2) Minerva Studio/Shutterstock; p.102(3) michaeljung/Shutterstock; p.102(4) Pressmaster/Shutterstock; p.102(5) Tyler Olson/Shutterstock; p.102(6) SpeedKingz/Shutterstock; p.102(7) ESB Professional/Shutterstock; p.102(8) Roman Rybaleov/Shutterstock; p.103a Diego Cervo/Shutterstock; p.103b SpeedKingz/Shutterstock; p.103c Minerva Studio/Shutterstock; p.103d Flashon Studio/Shutterstock; p.103e George Rudy/Shutterstock; p.103f Monkey Business Images/Shutterstock; p.104a Cultura Creative (RF)/Alamy Stock Photo; p.104b espies/Shutterstock; p.104c Sabphoto/Shutterstock; p.104d Mint Images Limited/Alamy Stock Photo; p.104e John Powell/Alamy Stock Photo; p.104f stockfour/Shutterstock; p.106a Kamil Macniak/Shutterstock; p.106b Tyler Olson/Shutterstock; p.106c Antonio Guillem Fernández/Alamy Stock Photo; p.106d Africa Studio/Shutterstock; p.106e John Birdsall/Alamy Stock Photo; p.106f Dragon Images/Shutterstock; p.106(1) AJR_photo/Shutterstock; p.106(2) cheapbooks/Shutterstock; p.106(3) AJR_photo/Shutterstock; p.106(4) Gelpi/Shutterstock; p.106(5) GSPhotography/Shutterstock; p.106(6) AJR_photo/Shutterstock; p.107 industryviews/Shutterstock; p.108l wavebreakmedia/Shutterstock; p.108r lightwavemedia/Shutterstock; p.109 F8 studio/Shutterstock; p.111t Andy Dean Photography/Shutterstock; p.111r Daniel M Ernst/Shutterstock; p.111bl AJR_photo/Shutterstock; p.111br Andriy Nechiporenko/Shutterstock; p.112(1) Roman Samborskyi/Shutterstock; p.112(2) Monkey Business Images/Shutterstock; p.112(3) Africa Studio/Shutterstock; p.112(4) Dean Drobot/Shutterstock; p.112(5) Billion Photos/Shutterstock; p.112(6) ESB Professional/Shutterstock; p.112(7) leungchopan/Shutterstock; p.112(8) Tashatuvango/Shutterstock; p.113 India Picture/Shutterstock; p.114 Vytautas Kielaitis/Shutterstock; p.115 Elnur/Shutterstock; p.116 LStock Studio/Shutterstock; p.117 VICTOR TORRES/Shutterstock; p.120a natthadon hanasa/Shutterstock; p.120b John T Takai/Shutterstock; p.120c iadams/Shutterstock; p.120d tassel78/Shutterstock; p.120e laduhis72/Shutterstock; p.120f 32 pixels/Shutterstock; p.120g Kakigori Studio/Shutterstock; p.120h GraphicsRF/Shutterstock; p.120a ANCH/Shutterstock; p.120b Jon Chica/Shutterstock; p.120c Stefano_Valeri/Shutterstock; p.120d Botond Horvath/Shutterstock; p.121a gresei/Shutterstock; p.121b Mr. Thanachat Ousagul/Shutterstock; p.121c Jin young-in/Shutterstock; p.121d MANDY GODBEHEAR/Shutterstock; p.121e Watcharapong Saiboot/Shutterstock; p.121f Neirfy/Shutterstock; p.121g gomolach/Shutterstock; p.122l Stockforlife/Shutterstock; p.122c VAlekStudio/Shutterstock; p.122r